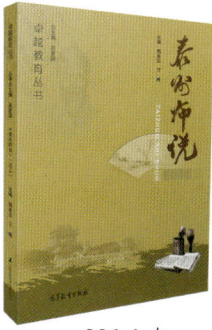
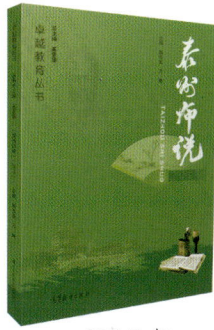

2014 年   2015 年   2016 年

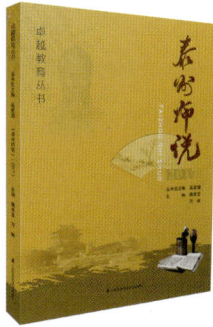

2017 年   2018 年

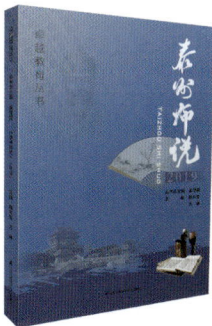
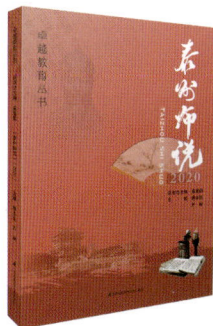
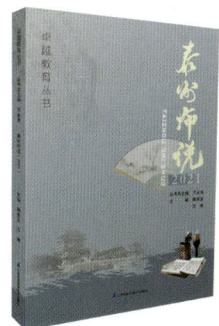

2019 年   2020 年   2021 年

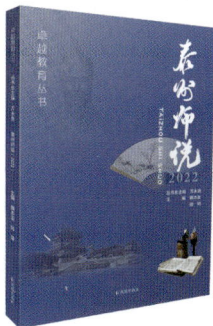
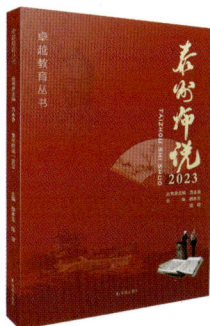

2022 年   2023 年

《泰州师说》十年书影

泰州师说

2023

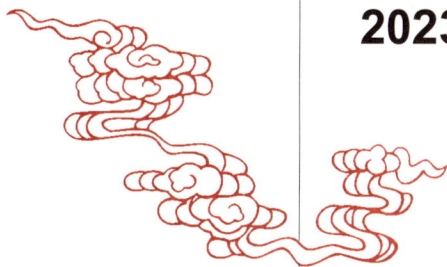

丛书总主编　万永良

主　编

副主编

魏本亚　陆　璿

李剑秋　曹浩明　胡唐明

凤凰出版社

图书在版编目（ＣＩＰ）数据

泰州师说. 2023 / 魏本亚，陆璐主编. -- 南京 ：
凤凰出版社，2023.10
　（卓越教育丛书）
　ISBN 978-7-5506-3973-7

　Ⅰ. ①泰… Ⅱ. ①魏… ②陆… Ⅲ. ①教学研究－泰
州－文集 Ⅳ. ①G420-53

中国国家版本馆CIP数据核字(2023)第131730号

———

书　　　名	泰州师说(2023)
主　　　编	魏本亚　陆　璐
责 任 编 辑	杜锦瑞
责 任 监 制	程明娇
出 版 发 行	凤凰出版社(原江苏古籍出版社)
	发行部电话 025-83223462
出版社地址	江苏省南京市中央路165号,邮编:210009
印　　　刷	江阴金马印刷有限公司
	江苏省江阴市滨江西路803号,邮编:214443
开　　　本	787毫米×1092毫米　1/16
印　　　张	21
字　　　数	318千字
版　　　次	2023年10月第1版
印　　　次	2023年10月第1次印刷
标 准 书 号	ISBN 978-7-5506-3973-7
定　　　价	42.00元

(本书凡印装错误可向承印厂调换,电话:0510-86626799)

序

万永良

十年磨一剑，霜刃展锋芒。

习近平总书记强调："人才培养，关键在教师。"作为推进泰州教师专业发展的重要平台和抓手，"泰州师说"发轫于 2014 年，当年与时任教育部教师工作司司长王定华曾有"十年之约"。如今，在泰州教育人接续努力之下，"泰州师说"从初探走向深耕，从稚嫩走向成熟，今年已是第十个年头。回望来时路，眺望奋进路，泰州教育在师资培训和教师发展方面步履铿锵，逐梦前行。

"泰州师说"是一个接地气的名字，目的是让泰州教师边教边"说"，说自己、说学生、说教育；让全国的教育大家、专家引领"说"，说理念、说课程、说经验。十年来，我们坚持以问题为导向、以科研为引领，确定教学规律、教学原则、教学方法、专业发展等方面共 83 个主题。毫无疑问，这些主题都是泰州一线教改实践中需要面对、亟需破解的真问题。我们认为，教师成长的根本路径就是发现实践中的真问题，并在实践中解决真问题。十年来，我们制作视频课程 749 节，总时长超过 300 小时，通过讲述如何上好一门课、如何做合格教师、如何践行立德树人使命等话题，努力为教师专业发展量身打造具有原创性、前瞻性和实用性的网络培训课程。每年课程上线，都受到全市 4 万多名中小学教师的好评。老师们普遍认为，这样的课程才是一线教师真正需要的课程，这样的课程才能够帮助教师走向专业化的道路。2017 年，《泰州师说》入选国家首批"四有好教师"师德教育案例资源库和全国教师暑期阅读推荐书目。

一件事情，我们坚持了十年，风雨兼程中充满太多的感动和感恩。十年来，江苏省教育科学研究院、北京师范大学、华东师范大学、江苏师范大学、南通大学、扬州大学、盐城师范学院等高校院所的专家不辞辛苦奔赴泰州，参与每一节课程讲稿的审阅、每一集培训视频的录制，这每一个瞬间我们都铭记于心。我们深深懂得，正是因为能与这些教育行家、大家"零距离"交流，泰州的教师才能洞察教育改革的前沿和方向，才能在学术和专业上快速成长。

党的二十大报告第一次将教育、科技、人才整合到一起进行系统谋划，共同服务于创新型国家建设，具有重要的现实意义和深远的战略考量。教育是民族振兴、社会进步的重要基石，必须坚持教育优先发展。泰州已连续三年聚焦办好人民满意的教育召开"新春第一会",明确以最好的资源、最强的改革、最大的关爱支持教育,并出台一系列高含金量的惠师利教政策文件,致力培育一批有理想信念、有道德情操、有扎实学识、有仁爱之心的"四有"好教师。

站在十年的节点上,今年必将是一个全新起点。新起点、新征程、新出发。泰州教育系统切实把思想和行动统一到党的二十大精神上来,贯彻落实"新春第一会"精神,把教师作为第一资源,全面落实新时代教师职业行为十项准则,深入推进名家培养、领军人才建设、全员网络培训、"强师计划"改革实验区建设,着力构建"面向全员、瞄准高端、提升薄弱、项目推进、整体优化"的教师培训体系,以"优质"回报"优先",以师资的"高水平"回馈政策的"含金量",为泰州教育高质量发展持续提供蓬勃动力。

今年"泰州师说"的培训内容分为三个板块,共九个专题:集体备课、精准作业、国家精品课、跨学科主题学习、教师核心素养、学业质量水平测试分析、家校沟通艺术、名著导读和理论之光。我们广泛征求一线教师意见,切合实际需求,优化学习内容,充分保障"泰州师说"学习课程的高水平、高质量。与往年一样,我们在网络培训课程上线的同时,同步推出《泰州师说》图书,将文字与视频有机地结合起来,便于教师、读者充分利用不同信息载体的优势进行学习,在观看视频中思考,在阅读文本中提高。

路虽远,行则将至;事虽难,做则必成。让我们永葆奋斗之志,点燃奋斗激情,努力推动泰州教育高质量发展再上新台阶。

全力奔跑,梦在彼岸!

2023 年 7 月

(万永良,泰州市委教育工委书记、市教育局局长)

泰 州 师 说

让 泰州教师 说

让 教育大家 说

成 就 学 生

发 展 教 师

变 革 教 育

目录

跨学科主题学习

教师核心素养

学业质量水平测试分析

家校沟通艺术

名著导读

理论之光

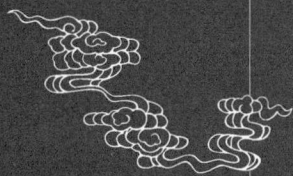

集体备课

蒋静

上海市宝山机关幼儿园园长，正高
级教师，上海市特级教师

评价指南引领下的集体教学审议的新探索

一、《幼儿园保育教育质量评估指南》的解读

2022 年 2 月教育部印发了《幼儿园保育教育质量评估指南》（以下简称《评估指南》），聚焦幼儿园保育教育过程及影响保育教育质量的关键要素，同时附了详细的评估指标，围绕办园方向、保育与安全、教育过程、环境创设、教师队伍 5 个方面提出了 15 项关键指标和 48 个考查要点。如何更好地理解并落实《评估指南》的有关要求？如何促进幼儿的发展？

《评估指南》将"坚持儿童立场"的理念融入了指标体系，以参与环境创设和教学策略，聚焦师幼互动质量等方式，确立了儿童的主体地位。确保儿童健康、良好发展已成为学前教育质量的生命线。我们就要先回到儿童立场上，儿童立场是基于"儿童的视角"支持儿童发展。

此次颁发的《评估指南》强调，注重过程评估，强化自我评估，聚焦班级观察，教育评估不再是简单的量化指标或资料呈现，而是需要评估者回到教育现场去，深入其中，让教育评估更鲜活、更真实、更有温度。

在幼儿园，课程建设是个没法回避的问题。因为没有课程，就没法落实儿童全面发展的教育任务。没有课程，也很难谈幼儿园教育质量的提升。在《评估指南》背景下，什么样的课程才是幼儿园真正需要、真正适合孩子的课程？

我们需要重新审视对课程的认识，需要厘清幼儿园课程的价值取向和理念。《幼儿园保育教育质量评估指标》提到："充分尊重和保护幼儿的好奇心和探究兴趣，相信每一个幼儿都是积极主动、有能力的学习者，最大限度地支持和满足幼儿通过直接感知、实际操作和亲身体验获取经验的需要。不提前教授小学阶段的课程内容，不搞不切实际的特色课程。"

其实幼儿园课程是促进幼儿学习与发展的载体，它不是静态的用来呈现知识的"课"，而是一个动态的不断实现意义的"程"。课程既要源于幼儿生活，又要归于幼儿的发展。在课程开发与实施中，幼儿园不仅要关注幼儿的生活经验，更要关注幼儿知识经验获得的过程，为幼儿提供主动参与活动的情境和机会，让他们在探究和学习的过程中体验主动学习、合作学习和创造学习的乐趣，养成终身学习和发展所必需的宝贵品质。

1. 预设课程与生成课程

在幼儿园里，我们有预设课程，也有生成课程。预设课程主要是指那些较早预设好固定内容的课程，比如有着固定教材、教学方案的预设课程，也包括诸如上学期或者上个月就把下学期或者下个月活动内容预设好的课程。一旦有了教材、教案，课程内容就会固定下来，一般教师在实施预设课程内容时不会轻易临时改变课程内容。

何谓"生成课程"？

生成课程既不是教育者预先设计好的、在教育过程中不可改变的僵死的计划，也不是儿童无目的的、随意的、自发的活动。它是在师生互动过程中，通过教育者对儿童的需要和感兴趣的事物作出价值判断，不断调整活动，以促进儿童更加有效学习的课程发展过程，是一个动态的师生共同学习，共同建构对世界、对他人、对自己的态度和认识的过程。

2. 生成课程的特点

生成课程的很多优点弥补了预设课程的一些不足。

（1）生成课程的目标具有动态性，教师会随着幼儿兴趣的变化以及新的活动的生成，调整原先的活动目标，甚至是放弃原先的活动目标。因为生成课程的活动目标具有很强的宽泛性、灵活性、动态性。

（2）生成课程的课程内容更多是随机生成的，一般是在追随幼儿当前兴趣的基础上延伸而来，幼儿往往是课程内容的决策者，其内容一般会比较贴近幼儿当下的游戏、生活、学习以及发展需求。

例如，孩子上午在户外活动场地上进行游戏，部分孩子弄湿了衣裤，发现这个情形后，活动临近结束时，教师与幼儿讨论决定下午开展一个"晒衣服"的活动。又比如，幼儿园种了很多桂花树，每年9月开学时期，幼儿园充满了桂花香，引起了幼儿的强烈关注。我们的孩子经常会去捡地上的桂花闻一闻，也有的喜欢抓在手心里，还有的藏在口袋里。教师和孩子一起针对桂花开展讨论后，决定接下来的几天开展有关"桂花"的小主题活动。

（3）预设课程的课程评价比较注重对课程目标达成度的评价。与预设课程的评价相比，生成课程的课程评价更加注重活动过程，更加关注活动过程中幼儿的学习与游戏状态，更加在意幼儿在活动过程中的成长与表现。生成课程也会关注幼儿的全面发展，只是更加看重课程给幼儿带来的长期效应，比如幼儿的主动性等优良学习品质。

比如，我们大班孩子在践行幼小衔接课程中，开展了一个"我是小小志愿者"的活动。我们关注大班孩子的社交能力，比如，与弟弟妹妹如何互动；关注孩子解决问题的能力，比如，当孩子遇到困难时，是否会发现问题、尝试解决问题，是否有对问题思考的专注力。这些品质都是我们在过程评价中非常关注的。

二、对"审议"的思考

1. 什么是审议？

审议，即审议主体针对幼儿园主题设计、实施及评价中的现象、问题进行观察、讨论、对话、协商，从而对主题相关的目标、内容、实施方式与策略作出判断选择的过程。

虞永平教授提出，课程审议是指课程开发的主体对具体教育实践情境中的问题反复讨论权衡，以获得一致性的理解与解释，最终作出恰当的、一致的课程变革的决定及相应的策略。

在课程审议中，课程开发者看清并深入分析现实问题，将自己的价值观渗透到课程之中。从这个意义上说，课程审议也是行使课程决策权，即决定教什么和如何教。

那么，谁在审议课程？课程审议的主体有哪些？

这在不同的制度、不同的文化中，在不同性质的课程中，是有所不同的。一般说来，教师、校（园）长、家长、政府行政人员、专家、社区人员等等都有可能参与课程审议。

幼儿园课程审议特指以幼儿园课程开发为目的的审议。

幼儿园集体教学审议特指幼儿园集体教学活动设计与实施的审议。

2. 何时审议？

（1）前审议：关键词——全面设计

在前审议阶段，教师要从主题与教学内容适配度、主题与幼儿园所处的文化、资源、社会氛围等方面的融合性进行筛选和重组，让教学活动能够更好地服务教学、服务幼儿，促进幼儿成长。

（2）中审议：关键词——追随发展

从构思到实施，课程的全过程都是为幼儿的学习服务，在这一过程中，应该以幼儿为中心，课程应该随着幼儿的反应进行调整。因此，"课程"的全过程应该是一个动态过程。幼儿教师要根据幼儿的表现进行改进，让幼儿成为学习的主人，而并非一句简单的口号。在课程实施过程中，幼儿教师不仅要完成预设的主题目标，更为重要的是要追随幼儿。此阶段中，幼儿成长档案必不可少，教师应将每个幼儿在主题活动中的表现，以照片、文字、视频等形式记录在册，通过档案积累幼儿的成长，也记录教师的教学活动，为后续的教学反思、教学探究提供参考和依据。

故事缘起

春天是万物复苏生长的季节，春天的大自然总是能给我们带来无数的喜悦。4月雨后天晴的一个午后，在屋顶花园里，一个小朋友举着小手小跑着来到老师的面前，说道："老师我找的蜗牛，快看！"一句话引来了好多小朋友的围观，孩子们围着蜗牛，你一言我一语地讨论了起来。

明明：蜗牛的背上有个壳。

星星：那是它的家。

丁丁：看它有触角，它有4个触角。

霖霖：它有眼睛吗？

言言：我看到蜗牛爬过的地方有亮亮的线。

阿宝：蜗牛身上软软的，你碰它，它会缩回去。

小花：我也找到一只蜗牛，在这个石头下面。

嘻嘻：我也来找找，还有吗？

孩子们对蜗牛充满了好奇，这也是他们亲近自然、喜欢探究的表现，也正是他们的好奇心，促使孩子们保持了探究的热情和积极性。

作为教师，我们要思考：孩子们都认识蜗牛，关于蜗牛，孩子们到底还知道些什么？还想知道什么呢？

活动一：蜗牛我想问问你

我们围绕着蜗牛进行了一次"蜗牛我想问问你"的讨论，孩子们提出各种各样的问题。

活动二：蜗牛知识大搜查

带着这样的问题，孩子们和爸爸妈妈一起展开了"蜗牛知识大搜查"的活动。有的家庭通过网络查阅蜗牛吃什么的资料，有的则是爸爸把自己了解到的蜗牛本领讲给孩子们听。

活动三：蜗牛小博士

我们进行了"蜗牛小博士"的宣传活动。基于问题，孩子们自主地寻找解决问题的答案，还通过科普视频更直观地去认识蜗牛。

通过观察，孩子们发现蜗牛有长长的触角，蜗牛的身体软软的，蜗牛有眼睛和嘴巴，蜗牛大触角上面两个小小的圆点就是蜗牛的眼睛，蜗牛还是世界上牙齿最多的小动物。

活动四：不一样的蜗牛

随着对蜗牛的深入了解，孩子们对蜗牛的兴趣依然浓厚。在一次早锻炼的活动中，有孩子在一棵树上发现了蜗牛。问题又来了：这一次的蜗牛和之前发现的蜗牛不一样！通过观察，孩子们发现这只蜗牛并没有死，可是它到底怎么了？

于是我带着孩子们一起查资料，了解到，原来当蜗牛极度缺水时，会有黏液封住蜗壳，保持身体的水分不流失。那么死掉的蜗牛是怎样的？孩子们了解到蜗牛壳会发白，身体会发臭。

随着孩子们的不断发现，教室里已经安置了10多只蜗牛了，空间越来越小，那么蜗牛在教室里可以住在哪里？

活动五：蜗牛搬新家

于是我们又进行了一次"蜗牛搬新家"的投票活动。投票前孩子们想到用盒子、彩泥罐、彩笔罐、矿泉水瓶、饮料瓶等做新家，必须是透明的盖子。老师在活动中应该引导孩子通过实验验证猜测、实验结果，引导孩子们发现问题、分析问题和解决问题。帮助孩子们不断积累经验，并运用于新的学习活动中，形成终身受益的学习方法和能力。接下来，老师提供了孩子们讨论出来的容器，孩子们根据他们的兴趣进行实践操作活动，在这个过程当中发现透明蜡笔罐子更有利于观察。

（3）后审议：关键词——关注评价

后审议阶段，是幼儿教师进行反思、交流、总结不足、梳理教学经验的阶段。这一过程中，教师会对集体教学有更加正确、更加清晰的认知。如，在幼儿发展方面，关注幼儿的学习方式是否发生了改变。在实施过程中，幼儿状态是否从玩耍、不认真的状态转变为真正意义上"学"的状态；幼儿是否在学习过程中、在生生互动、在师生互动中形成沟通能力、合作能力；是否真正参与到活动中来；是否真的变成了学习的主人。同时，要关注教师教学过程中是否引导幼儿提问和思考，所呈现的状态是否积极正向，在教学方面是否有所长进。

3. 审议的方式

教师在日常课程实施中会遇到很多问题，出现的问题内容和形式都不同，采用千篇一律的审议方式是不合理的。例如，"某集体教学活动中的难点目标如何达成""师幼互动的有效性该如何做好""班级常规管理中如何帮助中班幼儿明确自己的值日任务，产生主人翁意识""某班的生成课程遇到了瓶颈怎么推动继续"，等等。这些问题不断涌现后，需要有一个平台去展示教师的问题，然后对问题进行梳理、归类，再决定解决这些问题的审议形式。

（1）现场式审议

针对幼儿在学习与生活活动中某些环节出现的问题，可以由做得较好的班级进行半日活动或展示，让有困惑的教师在现场观摩中寻找答案，进行消化后调整并改进自己的教育行为。

（2）分享式审议

教师对某些教育问题有深入与清晰思考的、有成功经验的，可以在课程审议中进行分享与借鉴。这种分享式的审议可以是正规的，也可以是随机的分享。

（3）辩论式审议

针对某个问题教师有不同的见解，如在户外自主游戏中，当孩子遇到困难时，一部分教师认为要及时介入游戏推动游戏的进程，一部分教师遵循"尊重儿童，放手游戏"的理念，选择不介入游戏，继续等待。辩论式的审议让教师在进行思辨中不断清晰自己的思路，并达成更合适的教育行为。具体问题需要具体分析，因此，审议形式应该是创造性的。

那么在游戏场上，我们教师不可能一味地放手等待，我们在相信孩子有解决问题能力的同时，教师也可以因人因事、适时适宜地介入，这样更有助于培养孩子解决问题的能力。所以我们还要讲究介入"问题"的时机。介入早了，容易打断孩子的思考，失去解决问题的能力。介入晚了，也许孩子会放弃游戏，产生挫败感。

在实际的研讨中，我们还可以采用分析幼儿作品、解读教师观察记录、共读专业书籍、举办畅所欲言的沙龙等不同的审议形式解决不同的问题，也能让我们的课程审议更高效，更能激发教师的积极性。

（4）分层式审议

将课程审议主要目标与教师培养的具体目标相结合，对课程审议的人员进行分组，形成合作互助式小组。小组人员可以根据自身情况进行不同程度的参与研讨与任务承担。青年教师互助组可以集中研讨课程实施中一些经验不足导致的问题，比如，如何在阅读绘本时设计更适宜的提问引导幼儿思考、如何与幼儿进行有效的课堂互动等。

"老带新"合作组主要研讨蓝本课程的优化与园本课程开发等问题。骨干教师在审议中发挥主力军作用，新教师可以参与研讨结果的梳理与整理等工作。还可以根据教师兴趣的不同分组，如美术活动组、环境优化组、课程故事撰写小组等。这些合作小组具有更大的灵活性，能更及时、有效地帮助教师解决课程实施过程中的问题。

王咏梅

盐城市第一小学教科室主任，正高级教师，江苏省特级教师，万人名师

深研"五步"备课　助推"双减"落地

——以五年级上册 Unit6 My e-friend 为例

2021年，国家颁布的"双减"政策提出要减轻学生过重的作业负担。面对"双减"带来的新要求、新考验、新机遇，如何既要全面落实"双减"任务，又要确保教育教学质量稳步提高，是全社会最关心的一个现实问题，也是教育工作者急需探讨和研究的新课题。2022年新修订的课程标准提出要凝聚智慧，建立教师学习和研究共同体，创新教学研究和教师培训机制，提升教师课程育人能力。在"双减"政策和《义务教育英语课程标准（2022年版）》的双重背景下，盐城市第一小学围绕"双减"的提质减量核心主题，组织各学科教研组深入学习课程标准，改革和创新集体备课模式，探索出"五步"备课法，拓展了教学思路，提升了教研水平，助推"双减"政策落地见效。

"五步"备课法包括五个基本环节：梳理教材——微课展示——互动点评——作业研讨——智慧分享。

第一步，梳理教材。每次集体备课安排1名教师作为主备教师，主备教师在两个层面上对教材进行梳理：一是对全册进行备课，认真研读教材，明确本年段的教学目标和任务，梳理全册脉络，注意各个单元之间的关联；二是从单元入手，抓住单元教学的主线，解读本单元具体的学习目标、重难点，并对教学的侧重点分别进行解读。在此基础上就其中一课详细展开，同时要有一周教学内容的整体规划，确保教学内容的全覆盖。其他组员也要自主钻研教材，以备集体研讨时交流。

第二步，微课展示。微课是课堂教学层面的教学实施活动，本环节要求年级所有教师人人参与，精心制作 PPT，全程脱稿，讲解过程流畅，重难点突出，有师生互动，时间 10 分钟。展示内容为本周学习内容中的一课，主要展示教师教材解读能力、教学设计能力、语言表达能力、书写能力、教学评价能力等方面。目的是用微课助力教研，为每一位教师提供互相学习、交流研讨的机会和平台。

第三步，互动点评。此环节采取的是专家点评＋"花落谁家"相结合的方式，就是指定人员点评＋随机抽取教师参与评课，确保人人参与，人人思考。在互动中点评，并给予建议：有哪些地方是上得好的，哪些地方还有欠缺，哪些地方教学意图不够清晰，问题设计不够准确……以便教师们及时调整方向和课堂中的着力点，落实补救措施，给执教微课的教师带来专业成长的满足感和教学能力提升的效能感。

第四步，作业研讨。此环节主要由三个部分组成：首先是上周作业反馈，通过作业的批改，反馈学生对知识的掌握情况，针对学情适当调节，总结问题；其次是针对新一周的作业设计早做准备，最大化地巩固课堂所学，精选题型，满足不同学生的学习需求，精准落实；最后是专题作业研究，可以是骨干型教师对作业设计指导的微讲座，可以是单元作业设计的集体研讨，也可以是配套练习的删繁就简，作业的优化设计等，最终形成"一小好作业"范本。

第五步，智慧分享。教学过程中生成及处理策略的启发、瞬间的灵感、备课时的困惑或对上周教学实践的拾遗补阙等迸发思维的火花分享，可以是资深教师自己的独家秘诀大揭秘，最终实现有效的资源共享；也可以是围绕学科话题展开，根据各学科特点，提前告知教师讨论话题，与会教师有准备、有质量地相互切磋、启迪提升，争创更加高效的课堂，全面实现"共享共赢"。

"双减"政策实施一年多来，盐城市第一小学始终将集体备课作为落实"双减"工作的支点，坚持素养导向，遵循"基于课标、长于课堂、成于课外"备课理念，加强集体备课管理，在各学科试行"五步"备课法，取得了较好的成效。2023年3月1日，盐城市教育局教科院在盐城市第一小学举行"双减"工作现场推进会。全市各县区小学教研员、部分学校校长及骨干教师300余人参加了活动。在此次活动中，盐城市第一小学英语组面向全市小学英语教学同行现场展示了"五步"备课法的研讨模式。下面我以五年级上册Unit6 My e-friend为例，介绍一下我校"五步"备课法的实施过程。

第一步，教材梳理。本次集体备课的主讲教师是五年级的郑娟，她主要从学情背景、课程目标、单元主题、单元完整解读四个大的方面进行梳理。学情背景：从学生和话题两方面着手，主要分析学生目前的英语基础和语言能力，以及前面学过的和本单元相关的话题，实现旧知和新知的衔接和迁移。课程目标：结合《义务教育英语课程标准（2022年版）》的总目标，将本单元具体的教学目标确定为："树立正确交友观念，形成健康生活态度。"单元主题：新修订的《义务教育英语课程标准（2022年版）》有三大主题范畴：人与自我、人与社会、人与自然。本单元My e-friend属于"人与自我""人与社会"的主题范畴，涉及"生活与学习""做人与做事""社会服务与人际沟通""文学、艺术与体育""科学与技术"等主题群。《义务教育英语课程标准（2022年版）》提出大单元的理念。单元完整解读包括单元内容分析、各板块的具体内容、单元核心语言知识和技能与策略、单元主题内容建构。我们根据本单元各板块的教学内容，将单元大主题建构成四个层次的板块主题：1.了解网友的基本信息，初步感受交友带来的乐趣；2.分享朋友信息，深入感受交友带来的乐趣；3.讨论交友活动，清楚朋友之间的互帮互助；4.介绍朋友信息，形成健康的结交朋友的态度。层层递进，相互关联，逐步深化对主题意义的理解，逐步实现英语学科育人的价值。

第二步，微课展示。本单元进行微课展示的是严瑾老师，微课内容为第一课时Story time。教师精心制作课件，用微课的方式进行上课演示，给其他教师尤其是新入职教师提供教学的范本，同时教师设计的教案和课件都进行资源共享。

第三步，互动点评。采取专家点评和随机抽取的形式。专家点评是事先预约好的，主要是对大家做好专业引领。随机点评则用了一个"花落谁家"的游戏，我们用了一个 flash 小程序，将英语组 28 名教师的名字全部输入进去，随机抽取两到三名教师对微课进行点评。所有的评课都是即兴的，随机生成的。这样英语组的所有教师都是参与者，没有旁观者。在观摩微课的时候，每一位成员思想高度重视，思维同频共振，课例点评也真实鲜活。实践表明，教师们即兴评课的水平还是很高的，有时候甚至能有一些妙语连珠、火花四射的意想不到的效果。

第四步，作业研讨。主要包括上周作业回顾和本周作业设计。首先是对上周作业的完成情况进行总结和反馈，主讲人是彭银慧老师，针对基础性作业、拓展性作业和发展性作业的完成情况和作业质量进行分析，并选出优秀作品进行表扬和展示。下周作业设计内容有教材各板块作业要求，各板块的作业设计。以 Story time 板块为例，有课前作业、课堂作业和课后作业，其他板块也以此类推。作业安排分为基础性作业、拓展性作业和发展性作业。本单元的基础性作业主要是让学生完成课本配套练习《课课练》的题目。拓展性和发展性作业分四个层次：我能理解、我会归纳、我能拓展、我会表达。需要说明的是以上作业有必做作业和选做作业，学生可以根据自己的兴趣和特长，自主选择。

第五步，智慧分享。主要是进行阅读分享，可以是教学理论的学习，也可以是案例的设计；可以是一本理论专著的导读，也可以是杂志上热点文章的介绍。本单元的智慧分享环节，我分享了发表在《小学教学设计》2022 年第 10 期的一篇文章，题目是《基于修订版课标理念的小学英语复习课教学策略》，作者杭燕楠，是常州市的英语学科带头人。这篇文章基于修订版的课标理念，提出了小学英语复习课的四个有效策略：1. 纵横结合，提炼"大主题"，实现学科育人；2. 联系生活，创设"大情境"，促进知行合一；3. 指向产出，设计"大任务"，助力"教—学—评"一体；4. 巧用导图，构建"大思维"，促进知识结构化。在分享的过程中，我有意识地引导教师们关注文章中和我们不谋而合、异曲同工的做法，帮助教师们高位审视我们的教学设计；而文章中做得好的成功经验，正是我们欠缺的薄弱的地方。他山之石，可以攻玉，这些好的成功经验顺利解决了我们备课中的困惑。最后，和教师们共同总结我们在教学策略上有哪些精妙的做法，鼓励教师们将实践经验上升到理论高度，整理成文。

"五步"备课法是我们基于"双减"政策和新课标理念的对集体备课新模式

的实践探索，我们既有课标理念，又有教学案例；既有微课展示，也有同伴点评；既有教师的作业设计，又有学生的作品展示；既有集体智慧，也有分工协作，用我们特有的方式书写集体备课的大文章。

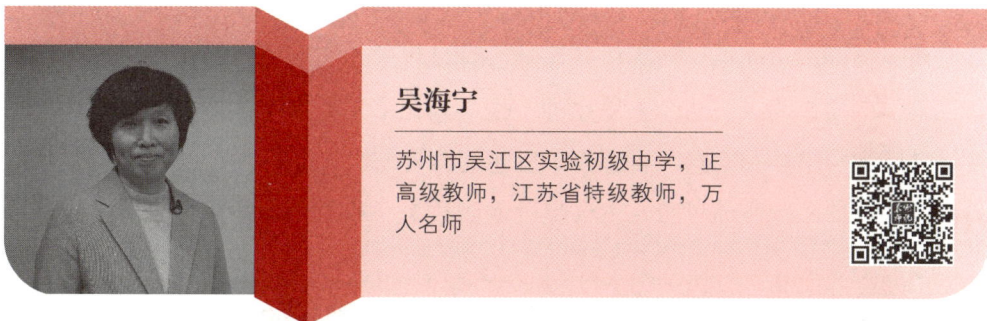

吴海宁

苏州市吴江区实验初级中学，正高级教师，江苏省特级教师，万人名师

思想的交换：从"集体备课"到"备课集体"

　　集体备课，是指有共同教学任务和目标的教师群体，基于课程标准要求，集中开展研读课标教材、分析学情现状、交流教法学法、反馈教学信息等一系列专题研修活动的过程。通常经过集体备课，针对需要完成的教学内容，形成凝聚集体智慧的教案、学科教学计划、备课提纲、练习作业等。

　　通观当前的集体备课，听不到和风细雨式的述说，也看不到面红耳赤的争论，没有了教师的全员参与和共同研讨，结果往往是没有思考碰撞的"哪哪都好的大众评课"，平均分摊任务后没取舍、不甄别的"复制教案拼盘"，组长前辈的"基于经验的陈旧试卷"，所有的课件如出一辙，教师们原封不动地搬进自己的教室，照本宣科。

　　怎样改变这一现状呢？我认为应该将参与集体备课的教师组成一个有机的集体，磨合成目标一致、互通有无的教研团队，变集体备课为备课集体。在备课的过程中实现个人思想的呈现与交换，这是集体备课发展的应然结果。备课集体，指的是围绕共同的备课任务而耦合一体的教师团队。打造备课集体，对教学管理和教师人格都提出了新的挑战。

　　鉴于此，我的工作室开展了一次主题为"基于集体备课 体悟数学课堂"的专题研讨活动，意在探讨在集体备课的磨合过程中，实现思想的交换，最终打造备课集体的研修路径：从个人思想的产生，到在课堂上的实践检验与生成，再到集体备课中的交换和丰富，再到多个思想的糅合与深化。

本次研修，围绕苏科版八上《反比例函数》一章的内容，分为四个环节。

环节一：明确任务，提出问题，这是个人思想的产生

本次活动前两天，我给出了研修备课，将成员分为三组，每组分别完成一项任务，各组根据完成情况，推举一人主备发言，其他人补充不同观点。研修备课内容：

第一组：依据课程标准、教材等，制订第十一章《反比例函数》教学计划、课时安排，绘制出思维导图。制订全章和每一课的教学重难点，设计作业，安排随堂练习和单元检测的框架和难度设想、难度预测、选题范围等，每一个环节都有设计意图和思路。根据上述内容，写出集体备课的发言稿。

第二组：依据课程标准、教材等，设计本章的起始课，写出详细的教案及课件，每一个环节都有设计意图和思路，以及教学反思。如果条件允许，可以录制一节视频课。根据上述内容，写出集体备课的发言稿。

第三组：依据课程标准、教材等，设计本章的复习课，写出详细的教案及课件，每一个环节都有设计意图和思路，以及教学反思。如果条件允许，可以录制一节视频课。根据上述内容，写出集体备课的发言稿。

我的想法是，每一次集体备课活动之前，都应该制定详细的研讨要求，让每一位教师都明确任务，并有针对地钻研课标、教材，在了解学生现有知识储备的基础上明确教学目标、教学内容、教学重难点、教法学法、教具准备以及教学进度。最终，在集体备课之前就能够让每一位教师基本做到：脑中有课标、腹中有教材、目中有学生、心中有教法、胸中有教案。最重要的是在这一过程中，深入研究教材，创新教学手段，备出教参上没有的教学设计，备出章节之间知识的过渡、衔接、拓展和深化，产生自己的教学思想。

环节二：课堂展示，发现问题，这是对个体实践的检验

集体备课研修活动当天，我们先观摩了两节研讨课，一节基于任务 2 的"反比例函数的章节起始课"，一节基于任务 3 的"反比例函数的复习课"，两位授课教师基于自己对教材课标的理解，大胆创新，设计了两节很有启发意义且颇有研究价值的精彩研讨课。大家在听课观摩中，受到不同的启发意义、有了与自己之前不同的想法，发现了问题，产生了疑问，授课的教师将自己的设计思想贯彻到课堂实践中，进一步明晰自己的设计思路，也发现了备课中没有想到的问题。所有成员带着这些问题和想法进入下一个环节——集体备课研讨，才能做到有话可说，实现真正的教研。

环节三：研讨碰撞，分析问题，实现多个思想的交换

观摩完两节课，三个小组的组长将本组优选的三到四份教案或讲稿，提供给所有成员，然后由三个组的主备教师根据之前的思考，基于观摩的两节研讨课进行详细讲解，过程中多达十二位教师不断补充不同的见解和观点。

第一组制订的单元教学方案，大多实现了对教材的通读，确定知识网络，加强对教学知识体系的把握，能将零碎的每一节课整合成有整体架构的教学方案。最后规划课时，制订每一课时的目标、教学重难点、教学活动设计思路和意图、随堂练习的思路和意图、单元检测的形式框架和难度预设。对于单元教学设计，还有另外一种新想法：在掌握课程标准、认真分析教材的基础上，先构建单元检测的双向细目表框架并预示难度，然后根据课程标准及双向细目表框架设计出单元检测卷，再依据课标、教材内容和单元检测卷中的内容，进行教学目标教学重难点的梳理及全章大单元整体教学流程的设计、作业的设计。在具体教学中根据教学进度、学生情况，调整课时及作业。不限定每节课必须学习多少内容、完成多少练习，只要完成整章教学，达到全章既定目标即可。大家觉得，后一种想法新颖独到，也可以尝试。

第二组主要基于"反比例函数的章节起始课"，阐述单元起始课主要解决为

什么学、学什么、怎么学的问题，所以不能等同于第一节"反比例函数概念新授课"，而是要在全章学习的开始，以第一课时概念学习为根基，运用适当的方法，展现本单元宏观知识结构，揭示新旧知识之间的联系。要解决碎片化学习的弊端，让学生通过单元起始课学习，对整章内容有一个整体的认知，在头脑中形成全章学习的知识导图。本节起始课基于比较反比例函数与一次函数的异同，用不同的地方进行对比、相同的地方进行类比的方式学习，建构函数、一次函数、反比例函数的知识网络。本阶段的学生抽象能力、画图能力、借助图形分析性质能力有限，所以本节课教学设计只要求学生利用已有的一次函数的学习经验进行类比学习，能够进行方法的思考，搭建基本知识的架构就可以。章起始课之后的第二课如何设计才能有效衔接和过渡也成为全体成员热议的问题。

第三组主要基于"反比例函数复习课"，阐述单元复习的目标是解决知识间有怎样的实质联系、方法如何运用、运用的智慧在哪里的问题。因此，"反比例函数的复习课"不能只是知识的简单重复，而是知识、方法、思想的深度重构，即对学过的知识重新认识，建立联系，梳理知识关联，感悟一般观念，实现认识的升华。本章的复习要点有哪些？从课程要求看，本章复习课的教学要点要突出两个内容：一是操作层面的知识回顾，帮助学生梳理反比例函数的知识点；另一个是课程层面的系统架构，要呈现单元复习的整体性、融合性和创新性。可以创设开放而多元的问题情境，激发学生的参与度和成就感；设计紧扣教材的经典例题，如函数值比较和面积问题，帮助学生树立模型观念，提炼思想方法，学会准确表达和多样思考，突出层次与典型、变式与方法；设计跨学科或实际生活中的应用问题和创新探究问题，可以锻炼学生的思维品质，提升学生思考问题的深度和广度。

所以，集体备课是思想的交换，是灵感的碰撞，是恍然大悟的释然，是不约而同的相视一笑，长此以往地研讨与磨合，备课集体不断形成。

环节四：独立思考，解决问题，这是个体思想的深化必经之路

交流碰撞才能使教师进入研究状态，实现互相切磋、启迪、提升的目的。实

现思想的交换是集体备课的实质和目的。教师收获了多个思想，还需要独立思考，将其糅合深化，才能产生新思想观念。

只有在交流碰撞中才能形成有群体思想的集体教案。教师都应在集体教案的基础上，带着深化后的新思想，新观念，根据自己面对的学情、教学要求、教学风格，进行二次备课，形成个人教案，并将其应用于教学实践，之后还需对各环节进行修改、反思，撰写教后记。

许志勤

江苏省泰州中学副校长，正高级教师，江苏省特级教师，"苏教名家"培养对象

"三新"背景下的集体备课

集体备课是中小学的教学管理制度，也是学校教学研究的主要形式，在促进教育教学质量提升、教师专业发展等方面有着不可替代的作用。我们从集体备课的意义、内容和策略三个角度来展开话题，也就是讨论为什么、是什么、怎么做这三个问题。

第一个问题：为什么要强化高质量的集体备课

首先，强化集体备课是新课程改革的应然要求。课程改革逐步推进，从宣讲政策、理论解读、学科培训到研讨示范层层深入，集体备课就是实现从理论到实践最后一公里突破的重要推动力。

学校教育的主阵地是课堂，课改的重要任务是改课，而当下的课堂现状可能还是传统模式居多，识记内容多、思维培养少，碎片知识多、系统建构少，理论讲授多、实践体验少。这和我们期待的要基于情境、问题导向的互动式、启发式、探究式、体验式的"新课堂"之间还有相当的差距。实现从学科知识到学科本质、再到学科育人的转变，教师教育教学理念的提升以及教学行为的优化，基于学情的新课堂模式的建构等措施都需要通过集体备课这一校本教研方式落实。

其次，强调高质量集体备课可以更好地发挥集体智慧。学校教育教学质量提升的关键环节是课堂教学。备好课是上好课的前提。备课是一种复杂的专业活动，对教材的理解是否到位，制订的教学目标是否精准，创设的教学情境是否切合教学内容，未经集体交流和讨论，教师往往容易陷入不确定的状态。集体备课作为一种有别于个人备课的形式，能够很好地克服个人思维的局限性。通过集体备课这个平台，分享教学经验、提升教学理念，能把个人的"长板"建设成集体的"长板"，同时弥补教师个体存在的可能的"短板"，缩小教学过程中的教师个体差距和校际、地域差异，提高教育优质均衡发展的整体水平。

再次，强化高质量集体备课能够促进全体教师的专业成长。集体备课是建构教师学习共同体的有效路径。每个学校都有经验丰富的资深教师，也有刚入职的青年教师。资深教师能在集体备课过程中为青年教师传授经验、指明方向、做好专业引领。青年教师在理念的更新和技术的学习方面有天然的优势。平等、和谐的集体备课促使了教师之间产生思维碰撞，彼此学习，相互促进，提高团队整体的学科理解能力和课程实施能力，促进全体教师成长，特别是促进青年教师成长，也有利于培养学校交流、合作、研究的学术氛围。

第二个问题：高质量集体备课备什么

常规的集体备课往往关注"五统一"：统一进度、统一核心教案、统一教学重难点、统一作业、统一测试。以上内容仅仅是课堂教学的基础。而我们备课的价值指向不仅仅是写出教案，更应该是以此为抓手，更新教师思维方式和优化教学行为。"三新"背景下的集体备课要关注课标要求、把握教学起点、诊断学生学习难点，以单元为研究对象，凝练大概念、确定单元目标、划分课时、创设情境、教学设计和评价反馈内容。

崔允漷先生指出新课程实施在教学层面最需要突破的方面有：真正落实"基于课程标准的教学"，深入推进大单元教学。那么，我们倡导集体备课要用整体构建的思路，设计单元教学方案。以大概念引领下的大单元教学，凝练大概念是关键。大概念体现教学单元的学科本质，是知识高度结构化的反映，是发展学生核心素养的基础。凝练大概念需要集体备课的深度研讨完成。大概念必然要到单元教学中去落实，大单元则是以素养为目标，围绕大概念来组织的单元教学。

单元教学是知识结构化的必由之路，是减轻学生记忆负担和改变低效刷题的根本举措，是通过课堂教学发展学生学科核心素养的唯一通道。而新课程理念下的单元教学的设计仅仅靠教师个人的力量很难推进，需要教师们分工合作。

我以高中化学必修一为例。我们学校化学教研组经过数次集体备课的研讨，把必修的五个主题进行结构化重组，设计了九个学习单元，其中从海水中获取的物质、铁与金属材料、硫氮应用及污染防护、生活中的有机物四个单元讨论的都是学生生活中相对熟悉的物质。统领这部分的主题大概念是物质转化和应用。再往下分析，单元大概念有以下几点：在一定条件下物质能发生化学变化，化学变化有新物质生成；化学变化的本质是原子的重新组合、化学键的断裂和形成，可以从微观视角解释化学变化的本质；化学变化遵循一定的规律，化学变化的速率和限度是可调控的。实验探究与实践应用是认识和研究物质化学变化的最常用方法。利用化学变化，转化和创造物质，以满足人类生产生活的需要，推动现代社会文明和科技的进步。根据以上的研究成果，备课组逐层细化单元目标、课时目标，明确知识要求、分工合作完成共 42 个教学设计并已经完成了两轮教学实践，取得了很好的教学效果。这部分内容在高一必修部分完成，即使学生以后不选修化学，经历这样的学习，他也形成了基本的化学知识体系，具有初步学科特征的思维方式（如宏观和微观相结合的视角分析问题，基于证据的推理，建立认知模型，并能运用模型解释化学现象），充分发挥了化学课程的整体育人功能。所以，高质量的集体备课为教育教学提质增效奠定了坚实的基础。

第三个问题：高质量集体备课的策略，也就是集体备课怎么做的问题

缺乏有效管理的集体备课往往变成作业批改会、主备承包会、生活漫谈会。有些备课组虽然定时定点，人也到位了，但各干各的事或东扯西拉聊一通，白白浪费时间。这样只"集"不"备"，或者"备"而缺"集"的情况必然导致集体

备课敷衍了事、纸上谈兵、缺乏落实、效率低下。

如何做到"1+1 > 2"？我们要在集体备课的制度、方式、主题及具体任务上有新举措。所以，根据学校具体情况和学科特点，设计严谨的集体备课模式，规范集体备课流程，开发更有吸引力的活动形式，才能把每位教师真正卷入，才能让高效备课真正发生。

刚才我们观看了江苏省泰州中学高三化学组的一个集体备课的片段。研讨主题是新高考背景下化学实验方案设计。这个内容是高考备考中的重难点之一，内容涉及面广，对学生的综合能力要求高，学生在前期模拟考试中整体表现偏弱，因而教学的增值空间大。本次活动首先是陆艳春老师开设研讨课"化学实验中试剂加入顺序初探"。针对实验方案设计中学生容易忽略的试剂滴加顺序问题，陆老师从试剂滴加顺序和滴加速率两个维度，以历年高考题为契机，引导学生关注物质性质、反应过程、反应介质、环境保护、原料利用率等因素，从多个方面分析实验操作对增加产量、提高纯度、节约能耗、控制反应速率、环境保护的影响。既梳理了知识，也总结了方法，同时建构了这类问题的基本思维模型。

费德军老师介绍"化学试题中的实验操作与方案设计"的大单元整体设计。费老师分析了近三年高考题和近期各地高考模拟题中化学实验的考核方式，有选择题、工艺流程题、实验综合题等。他带领大家再次研读了课标中关于实验部分的内容要求和学业质量水平要求，结合学情分析，定位学生的薄弱环节，确定单元目标和课时划分，并结合陆老师的研讨课，给出教学设计的基本范例。

蒋梅老师做了题为"化学试题中的实验操作与方案设计教学重难点突破"的微讲座。蒋老师将近几年高考化学实验试题初步分为制备类、操作类和验证类三类，分析了如何解答这一类试题，介绍了引导学生建立解题模型的实践经验。

结合以上例子，总结一下，三年一体化的集体备课的基本流程：1.教研组完成三年一体化的学科规划；2.组织全体教师研读课标、确定单元、把握教学目标、分析学情；3.梳理任务，人人参与，分工明确，各尽所能；4.收集资料，撰写文本；5.组内研讨，优化设计；6.专家组审核教学设计方案，定稿；7.修改、完善方案，形成资源包（包含单元总体目标分析、学情分析、教案、课件、微课、检测卷、拓展资料等）。

　　总之，集体备课是校本教研的主要形式之一，它有"基于学校、在学校中、为了学校"的基本属性，我们在"三新"背景下探讨开展集体备课的本真价值，就是针对实践中存在的困境，寻找有效的解决策略，自觉从"以教材、考试和经验"为中心的定位转向"以课程改革、学生发展为中心"的更高的价值追求。

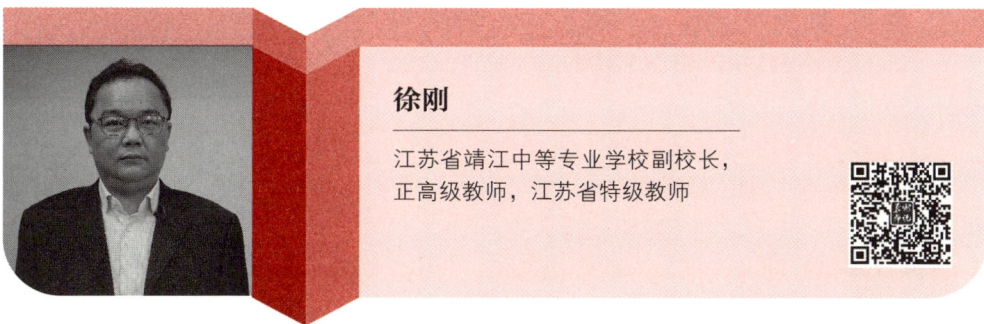

徐刚

江苏省靖江中等专业学校副校长，
正高级教师，江苏省特级教师

职业学校专业课程教学集体备课之行动探究

——以机电专业"液压与气动技术"课程为例

课堂教学质量已然成为当今职业教育高质量发展亟待突破的关键。"只有课前的精心预设，才可能实现课堂上精彩的生成。"以集体备课作为常规活动，强化教师教学创新团队建设，是当前职业学校提高课堂教学质量的有效举措。

一、什么是集体备课

从广泛意义上讲，集体备课是以教学团队为单位，组织教师开展集体研读课程标准和教材、分析学情、制订教学策略、分解备课任务、审定备课提纲、形成教学共案、反馈教学实践信息等为内容的系列活动。就职业学校专业课程而言，集体备课的本质是"职业精神与教育理念的行动融合、专业水平与专业成长的载体生成、资源开发与对话共享的交流平台以及系统思考与教学生成的共生共长"，是一种促进教师及教学团队专业发展的教学研究活动。

二、集体备课的意义作用

（一）标准引领、长善救失

按照教学标准，汇聚团队力量和资源，形成过程最优化的课堂教学实施方案，在开放交流中擦出团队的智慧火花，实现教师个体的全面发展。

（二）行动导向，提升品质

以新时代职教理念为引领，在立足课堂的合作、探究、创新的集体行动研究过程中，突出类型教育特点，提高课堂教学质量。

（三）交流分享，共同成长

紧扣专业，强调"做中学、做中教"，通过集体备课的平台和载体，在理论和实践、青蓝教师结对以及个体专业特长等方面真正架起高效沟通成长的桥梁。

三、集体备课的应用实践

（一）职业学校教学创新团队的主要任务

按省教育厅要求，作为"省中等职业教育教师教学创新团队培育对象"，三年来，我们机械制造教学创新团队一直按照团队建设方案，紧紧围绕立德树人根本任务，不断强化课堂教学的中心地位，突出工作过程和教学过程相融合，以期在不断提升教师教学能力的同时，不断提高人才培养质量。

（二）集体备课的实践应用——以"液压与气动技术"为例

"液压与气动技术"是机电一体化专业的专业核心课程之一，是一门专业性、实践性和综合性较强的课程，开设于第三学年，总计60学时。

我们选取"节流阀的认识及其回路的组建与调试"作为集体备课的实践研究

对象。

1. 学习标准

节流阀是液压传动系统中控制油液流量、改变执行元件运动速度的常用元件。对照省颁课程标准，从认知层面看，学生要掌握元件名称、图形符号、工作原理、结构组成及功能效用等。从应会方面讲，学生要学会通过调整负载或开度大小参数，比较节流阀在回路中不同位置，控制流量及调节执行元件速度的相关变化，分析元件的功用，总结出节流阀不同位置摆放的各个回路的优劣。从能力培养角度说，学生要能较系统地掌握液压与气动的基本知识和基本技能，初步具备对液压与气动系统安装、调试、运行维护及简单故障分析和排除的能力。

2. 分析学情

学情分析是教学策略选择和教学活动设计的落脚点。我们从学生现有的知识结构、兴趣点、思维能力、认知规律和职业发展前景等重点开展分析，一致认为，要通过问题引领，注重循序渐进培养学生综合职业能力，将学习内容化解为若干分化点，充分构思学生可能提出的问题，组织教学设计，创设教学情境，实现职业能力的阶梯螺旋式上升，提高课堂效能。

3. 精选资源

根据课程标准，结合地方产业特色和学情分析结果，选择团队成员主编的国规教材，辅之活页式讲义（主要用于实践操作教学环节）。我们通过调研论证，结合地方企业的生产实际，决定选择"钻床液压系统"为项目载体开展相关专业教学，展开集体备课。团队成员在集体备课中围绕主题，诉说困惑、提出问题、展示案例、阐释设想，各抒己见、共同分析、升华认识、达成共识，实现了以单个教师为中心的单向信息传递，转变为平等基础上的双向或多向信息交流。

4. 研讨策略

依据专业人才培养目标，对照课程标准和岗位职业能力需求，融入"岗课赛证"现代职教理念，坚持"做中学、做中教"，贯彻"以学生为中心，以职业实践为主线，以能力为本位"的教学主张，以工作过程为导向，以必需、够用为度量，注重知识的应用性、生成性和建构性要求，实施分层教学，明晰课前、课中和课后任务。

一是以遵循学生认知规律为原则，建立"生活——理论——实践"的新知识体系，寻找生活中的节流阀实例，比如水龙头，通过引入生活实例，帮助学生理解元件工作原理，激发学生兴趣。

二是以省技能大赛相关赛项要求为引领，依托液压与气动教学系统装调实训设备，将基本回路理论知识转化为联系生产实际组建功能回路的生成性知识，有机融入电气控制与 PLC 知识。

三是以工作过程为导向，运用 FluidSIM4.5 仿真软件，引入虚拟工作场景，激发学生学习兴趣，设置不同的节流阀开度，给液压缸加载不同的负载，观察液压缸前进的速度，分析液压元件工作原理及其特点，培养学生的新知运用、自主学习和独立分析解决问题等能力。

四是以"钻床液压系统的组建与调试"为项目载体，由于该项目能将液压传动的控制元件全部覆盖，通过综合实践操作训练，让学生通过实际的安装、调试、运维及分析排故工作，对液压与气动整个知识体系有进一步清晰的认知脉络。

五是注重分层教学，如在完成"记录实验参数"学习任务中，让学习基础扎实的学生自己绘制表格，记录参数，完成相关问题并自主总结归纳结果。对学习能力稍弱的学生，根据教师设置的表格直接通过观察、填写参数、公式提示，填写速度与流量的关系、负载变化与流量的关系、开度的大小与流量的关系等。

5. 明晰过程

（1）总结特点

节流阀是通过控制油液流量从而改变执行元件运动速度的液压元器件；节流阀的流量与阀的开口大小、阀两端的压力差、液体的黏性、温度等有很大的关系；控制元件包含方向控制阀、压力控制阀和流量控制阀（节流阀是流量阀的一种），三类阀元件构成一个完整的液压系统，需要系统分析问题。

（2）精选实例

要求学生发现和寻找可以调节水流快慢的生活实例，用亲身经历和感悟体悟教学内容，再用课堂所学解释并掌握相关液压专业知识与技能，让学生提升分析问题能力的同时，强化独立思考的意识，提升学生综合实践和比较思维能力。

（3）寻求突破

教学重点：一是掌握节流阀的图形符号、应用情况，二是掌握节流阀回路中元件安装基本方法。这是教学过程中始终关注的核心部分。

教学难点：主要是学会选用元器件、调试回路、设置测压点和分析参数。这些内容理论性强、过程要求高、要求具备较强的逻辑分析能力，但是由于学生的实践少、空间想象力弱等，往往难以突破，需要适时适度借助信息化教学手段等进行直观化、形象化教学。

6.任务引领

作业任务是教师了解、掌握学生"习得"情况的一把尺子。通过研讨，对照标准，我们将课后作业化解为更为直观的表格式任务，引导学生小组合作，严格控制任务数量，确保学生在一定的时间范围内完成相应任务，形成了职业学校专业课程课后作业完成的新方式。

7.生成共案

在主备教师主持下，首先由一名成员主讲一个教学片段，导入生活中常见的水龙头案例，结合板书、互动，进行试讲。随后，团队成员展开激烈讨论，充分发表看法，共同探讨教学过程中如何改进优化教学，融入思政元素，生成共同教学方案。同时，团队成员在实际教学过程中加入一些有特色的教学点，形成个性化方案，实现"共性"和"个性"的统一。

四、集体备课的行动感悟

（一）课程改革真正实现知行合一

通过集体备课，团队成员用行动感悟了"基于工作过程"的教学改革提升学生岗位职业能力的重要意义。以技能大赛项目作为教学载体，结合仿真软件完成实践操作创设工作情境，将信息化教学平台——"学习通"应用于课前、课中、课后的完整教学流程中，适时运用启发式、探究式、讨论式、沉浸式等教学方法，促进学生自主学习，释放潜能、进一步提升教学目标达成度。以"学生为中心"

的集体备课成果让学生在最短的时间内学有所长、学有所用，达成了每一堂课的教学目标。

（二）设立制度，切实激发团队活力

课堂不是静态固定的，而是一个动态空间系统。制定集体备课管理制度，让教学反思成为集体备课的补充、延伸和升华，将教师集体备课纳入教师教学创新团队考评体系。如果某位教师教学目标、教学过程设计、作业任务等任何一个环节被吸纳到共案中，则认为该教师集体备课积极参与有效，给予积分。坚持每月、每学期对教师备课进行考核奖励，同时在集体备课的成果作品上，标注该作品原始人、重要观点策略的贡献者等之类的"看得见"的信息，让教师善于捕捉教学"灵感"，持续享受到成功的愉悦，不断提升教学团队的凝聚力和课堂教学实施能力。

专家
点评

陆全贵
泰州市教育局教研室主任，正高级教师

点评

　　集体备课是指教师在教学团队中共同参与教学准备的过程，通过讨论、协作和合作来提高教学的质量和效果。在集体研讨中，教师们可以在备课中分享彼此的教学经验和教学技巧，可以提高教学效果，从而提升教学质量。通过协作，增强教师之间的团队协作能力，避免教师们重复工作，从而更有效地利用资源，提高教学效率。在集体备课过程中，教师们可以更好地了解彼此的教学风格和教学理念，有助于他们更好地合作；也可以共享各自的专业知识，增进彼此之间相互学习，提升自己的专业素养。

　　集体备课是教育实践中的一种重要方式，然而在实际操作过程中，也存在一些问题：一是固化思维。集体备课可能会导致集体思维的固化，缺乏创新和个性化的教学策略和方法。二是参与度不高。在集体备课中，有些教师可能只是被动接受或者仅仅完成自己的那一部分工作，对整个备课内容的掌握和理解可能不深。三是时间和精力消耗大。集体备课需要协调所有参与教师的时间，而且讨论过程可能耗时较长，消耗教师的精力。四是结果应用不一。即使是集体备课，每位教师在实际教学中的应用可能会有所不同，这可能会影响到教学的连贯性和一致性。五是忽视个别差异。集体备课往往关注的是大多数学生，可能会忽视一部分具有特殊需要或差异的学生。六是影响教师专业发展。如果过度依赖集体备课，可能会影响教师自我学习和专业发展的能力。

如何扬长避短，提高集体备课的效率，需要教师们熟练掌握各种不同的方法，充分发挥个人优势，进行合理的分工合作，有效组织和沟通，优化效果评估方法，并提供学习和分享的机会。通过这些努力，可以充分发挥集体备课的优势，提高教学质量和效果。一般常用的集体备课方法有以下几种：

主题讨论。教师们选择一个教学主题或课程内容，并在集体讨论中分享自己的教学经验和教学资源，共同探讨教学策略和教学目标。

课堂观摩。教师们相互观摩彼此的课堂，可以发现不同教师的特点和优势，从中学习借鉴，并提供互相的反馈和建议。

资源共享。教师们可以分享各种教学资源，如教案、教学设计、课件等，通过互相借鉴和修改，形成更加完善的教学资源。

分工合作。教师们可以根据自己的专长和教学经验，进行分工合作，在备课过程中互相承担不同的任务，如教学材料的收集整理、教学活动的设计等。

教学回放。教师们可以将自己的教学实录进行回放和讨论，从中发现教学中存在的问题和改进的空间，并进行集体研讨和改进。

集体备课的方法可以根据具体情况进行灵活运用，以促进教师之间的合作和交流，提高教学质量和效果。

但仅仅是重视集体备课还是不够的，还要努力让集体备课更具质量，更具实效。高质量的集体备课对于提高教学质量、充分利用资源、促进专业成长和增强教师凝聚力都具有重要的作用。因此，教师们应该更加重视集体备课的质量，加强交流与合作，共同努力提高教学水平。具体做法有以下几个方面。

一是集体备课时注重空间与时间的配合可以提高效率和合作性。我们可以作以下尝试：

确定合适的地点。选择一个适合集体备课的地点，例如会议室或教室。确保有足够的空间容纳所有参与者，并为每个人提供舒适的工作环境。

制订明确的议程。在开始备课之前，制订一个明确的议程，包括每个阶段的时间安排和任务。确保每个人都清楚自己在何时做什么，并尽量按照计划进行。

充分利用技术工具。利用现代技术工具，如在线共享文档、视频会议和消息平台，可以同时解决空间和时间上的限制。通过共享文档，可以实时编辑和评论备课内容；通过视频会议，可以远程参与备课；通过消息平台，可以随时交流和分享想法。

开展分工合作。根据每个教师的专长和兴趣，合理分配任务。通过合作分工，可以充分利用每个人的优势，并提高备课效率。同时，要确保团队成员之间的沟通和协作，共同完成备课任务。

灵活调整时间安排。在集体备课的过程中，可能会遇到意外情况或需要额外的讨论时间。要灵活调整时间安排，以确保充分讨论和解决问题的时间。

定期总结和反馈。备课结束后，进行定期总结和反馈，以评估备课的效果和改进方法。对备课过程中遇到的问题和困难进行讨论，并制订解决方案，以便下次备课时能更好地实现空间和时间的配合。

通过优化空间和时间的配合，集体备课可以更加高效和有效地进行，提高教师们的合作性和专业性。

二是充分发挥审议在集体备课中的积极作用。审议是对问题、方案、草计划等进行仔细和详细的讨论、研究、评审和决策的过程。集体备课中积极的审议对提高备课效率、分享资源、增强教学改革意识、提高教学质量以及促进教师间的沟通和协作都有着重要的作用。

如何加强集体备课中的审议环节，教师们一般可以采用以下的方法：

开放式讨论。让所有的教师参与到讨论中，每个人都可以提出自己的观点和建议，形成一个开放的交流环境。

小组讨论。将教师分成几个小组，每个小组就某个问题进行讨论，然后由小组代表汇报讨论结果。

专家审议。可以邀请教育专家或者具有丰富经验的教师参与审议，提供专业的意见和建议。

案例分析。讨论和研究一些具体的教学案例，根据案例的实际情况进行审议。

讲解演示。某个教师对自己的教案进行讲解和演示，其他教师进行观摩和审议。

教师在日常课程实施中会遇到很多问题，出现的问题内容和形式都不同，采用千篇一律的审议方式是不合理的。上海市宝山机关幼儿园蒋静老师提出了现场式审议、分享式审议、辩论式审议、分层式审议的方法，利用不同的审议形式解决不同的问题，让课程审议更高效，更能激发教师的积极性。

三是落实"双减"政策，调整优化备课策略。"双减"是指减轻学生作业负担和减少课外培训。这意味着教师在备课时，需要更好地平衡知识点的讲解和学生的学习负担。首先，教师要理解"双减"政策的含义，理解"双减"政策的目标和要求，才能在备课时做出合理的调整。在"双减"政策下，课堂教学的效率变得更加重要。教师需要精心设计课程，充分利用课堂时间，尽量在课堂上解决学生的学习问题。在教学中尽可能采用启发式教学，引导学生主动思考和学习，而不是单纯的知识灌输，这样可以提高学生的学习效率，减轻他们的学习负担。"双减"政策要求减轻学生的作业负担，这意味着教师需要在保证教学质量的同时，合理安排作业量。鼓励学生进行课外阅读，可以在不增加作业量的情况下，帮助他们扩大知识面，提高学习兴趣。"双减"政策也强调关注学生的心理健康，教师在备课时应考虑如何在教学中注入情感教育，帮助学生建立积极的学习态度和生活态度。

盐城市第一小学改革和创新集体备课模式，探索出"五步"备课法，拓展了教学思路，提升了教研水平，助推"双减"政策落地见效。王咏梅老师介绍了"五步"备课法，包括五个基本环节：梳理教材——微课展示——互动点评——作业研讨——智慧分享，在基于"双减"政策和新课标理念的集体备课新模式的实践方面作出了有益的探索，对我们有很好的启发。

四是积极鼓励思维建模。在高中高质量集体备课中，建构一类问题的基本思维模型是非常重要的。一般情况下常用的思维模型如下：

理解问题。首先要仔细理解问题的要求、条件和限制。确保你对问题的意义和目标有清晰的认识。

分析问题。将问题拆解成更小的部分，找出问题中的关键要素和变量。这有助于深入理解问题的本质和结构。

创造假设。在解决问题之前，可以先建立一些假设，为解决方案提供一个起点。这些假设可以是关于问题的性质、模式或其他方面的猜测。

设计解决方案。基于对问题的理解和分析，开始设计解决方案。可以考虑使用数学模型、图表、实验或其他工具来帮助解决问题。

实施解决方案。将设计好的解决方案付诸实施，这需要我们进行计算、实验、观察或采取其他方法来验证解决方案的可行性和有效性。

分析和评估结果。对解决方案的结果进行分析和评估。检查结果是否符合预期，是否满足问题的要求。如果结果不尽如人意，可以重新审视问题和解决方案，并进行必要的修正。

总结和归纳：最后，总结问题的解决过程和得出的结论。将所学到的知识和经验归纳总结，为以后解决类似问题提供参考。

这是一个基本的思维模型，可以帮助教师在高中高质量集体备课中建构一类问题的解决思路。当然，不同的问题可能需要采用不同的思维方式和方法，需要结合具体情况进行调整。江苏省泰州中学许志勤老师以高中化学必修一为例，介绍了学校化学教研组经通过集体备课的研讨，把必修的五个主题进行结构化重组，设计了九个学习单元，分工合作完成共 42 个教学设计，在教学实践中，帮助学生形成基本的化学知识体系和思维方式，建立认知模型，并能运用模型解释化学现象，充分发挥了化学课程的整体育人功能。可见，高质量的集体备课对于教育教学提质增效有着重要的作用。

五要有坚决、持续、针对性强的行动策略。从江苏省靖江中等专业学校徐刚老师介绍的机电专业"液压与气动技术"课程的集体备课案例，我们可以看出"做中学、做中教""基于工作过程""学生为中心"等理念在集体备课中的落实对于专业课程的教学质量提升意义重大。如何提升教学团队的凝聚力和课堂教学实施能力，让学生在最短的时间内学有所长、学有所用，我们认为：

一、目标要明确。首先，我们需要设定一个明确的目标。这可以是理解一个新的教学理念，掌握一种新的教学方法，或者是研究一种特定的学科内容。

二、加强分工合作。集体备课应该是一个团队的努力。每个人都应该有明确的责任，并且了解他们的工作如何与团队的其他部分相结合。

三、注重研究与讨论。在这个阶段，团队成员应该进行研究并且讨论他们的发现。同时大量的阅读文章，分析数据，或者观察课堂。

四、制订行动方案。团队成员应该基于自身的研究和讨论，制订一个行动计划。其中包括设计课程，制订教学策略，或者创建评估工具。并将计划付诸实践，努力使用新的教学方法，或者应用新的评估工具。

五、重视反馈与修正。在实施计划之后，团队成员应收集反馈并进行调整。特别要重视收集学生的反馈，观察课堂，以及数据的分析。

六、做好分享与总结。团队成员应该分享自身的经验并进行总结，比如说写报告，进行演示，或者组织研讨会等。

集体备课的行动策略可能会根据特定需求和环境而变化。对于职业学校而言，由于职业教育实践性强、实践操作要求高，针对性强、学生的职业需求倾向突出，专业性强、对教师专业知识和实践经验要求高，因此在集体备课时，更要注意以下几个方面：

理解教学目标。集体备课前，教师应全面理解教学大纲的目标和要求，明确本次备课的学科知识点、技能点以及学生的学习需要。

分析学生需求。针对职业学校的学生特性，分析他们的学习需求、兴趣爱好、能力强弱和发展趋势，制订符合他们需要的教学策略。

制定教学内容和方法。根据教学目标和学生需求，集体讨论并确定教学内容和教学方法，如讲解、实例演示、模拟训练、小组讨论等。

设计教学评价。集体设计形成过程性和总结性评价，进行有效的反馈和改进。

分享和反馈。在集体备课过程中，教师们应分享自己的教学经验和成功案例，同时也要接受他人的反馈和建议，以提高整个团队的教学质量。

持续改进。集体备课不应是一次性的活动，而应形成持续的教学反思和改进过程，以适应职业学校教学的特点和需求。

总之，如何借助集体备课这样一种高效的教学准备方式，发挥团队的力量，汇集各位教师的经验和智慧，以达到更好的教学效果，前面几位老师已经给我们分享了他们在教学实践中积累的典型经验。相信教师们只要充分参与集体备课，保持开放的心态，积极借鉴他人的经验和观点，在行动中坚持实效导向，勇于提出自己的想法和建议，并通过协作解决教学中的问题，一定能够在实际教学中提高质量，并且让教师们在教学中相互成长。

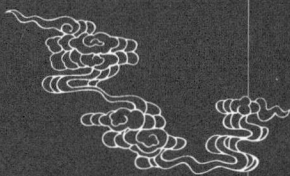

精准作业

马洁

泰州市幼儿园园长，正高级教师，
江苏省特级教师

精准支持，促进幼儿表征能力发展

——以大班"换牙季的故事"为例

　　2022年2月，教育部颁布了《幼儿园保育教育质量评估指南》，明确指出，重视幼儿通过绘画、讲述等方式对自己经历过的游戏、阅读图画书、观察等活动进行表达表征。幼儿表征是幼儿由内在情感触发，在思维的牵引下，根据自己的意愿通过绘画、动作、语言等多元形式，来表达自己的情绪情感与所思所想的一种方式。由此可见，表征是幼儿与他人沟通的重要媒介，是幼儿创造想象的表现形式，也是教师读懂幼儿的关键。今天我就以大班"换牙季的故事"为例，从巧抓契机、巧设材料、巧用资源三个方面谈谈如何精准支持、促进幼儿表征能力的发展。

　　首先，教师通过观察，巧抓契机，引发幼儿表征兴趣。

　　进入大班的幼儿正处于乳牙和恒牙交替的特殊时期。在以往的课程中，大班教师们会预设一个时间段实施"换牙"的主题课程。当班上第一个孩子掉牙时，教师们就在纠结，一方面他们认为：目前有"换牙"经验的孩子只是少数，这种情况下实施"换牙"课程是否能让所有幼儿都参与进来？如果再等一段时间开展这样的课程，效果会不会更鲜明？另一方面，教师们观察到：班级中的"小漏风"愈发增多，孩子们坐在一起闲聊时也会提及自己口腔中松动的牙齿。引导幼儿了解牙齿的重要性，帮助幼儿形成爱护牙齿的行为及意识，帮助换牙期幼儿了解换牙的过程，这些都是可遇而不可求的、鲜活的课程资源。

带着这样的疑问与纠结、观察与发现，教师精准把握契机，开启了"换牙季的故事"，进行了"欢迎加入换牙小分队"表征与统计，孩子们以绘画表征的方式记录下自己是否换牙和换牙的心情。

还有孩子用语言表征的方式表达了自己的换牙心情。比如：

佐佐："因为换牙就是长大呀！我以后如果换牙了就不再是小佐佐了，我就变成大佐佐啦！"（表现出对成长的渴望，表达出开心）

阳阳："因为掉牙齿了就可以把掉下来的牙齿放到一个很漂亮的盒子里，如果把那个盒子放满了，我就是一个大孩子啦！"（有种集邮的收藏满足感，兴奋）

小乐："上次我去牙科医生那边弄牙齿，医生说我那天可以去吃冰淇淋！就算是冬天也没有关系，因为是医生说的话，妈妈会同意的！"（换牙虽然会伴随疼痛，但因为有隐藏福利——冰淇淋，所以孩子充满期待）

筱儿："我哥哥说掉牙的时候会出血，我就见过他疼哭过，我很害怕......"（面对疼痛，幼儿往往是抗拒和排斥的，感觉害怕）

小若："我上次去看牙齿的时候，医生还给我打了麻药，然后就一点都不疼了，但嘴巴里苦苦的，我不喜欢这种味道。"（因为换牙带来的未知经验以及造成的生理不适感，所以孩子有担心）

天天："我很担心牙齿万一不回来了，那我就糟糕了！"（因为对未知的不确定事物无法掌控，心里是犹豫的，表现出不喜欢，甚至讨厌）

思思："换牙有什么好怕的啊？这是一件大家都要做的事情，是很普通的事情嘛！"（这个孩子还未换牙，只是见证过她三年级的姐姐换牙，感觉无所谓）

通过孩子们的表征，教师对孩子换牙这件事进行了统计与分析。从统计中可以看到，当前阶段，班级幼儿虽然没有全部接触过"换牙"这件事情，但家庭成员（哥哥姐姐）的换牙、班级同伴的换牙正在真切地发生，幼儿群体之间也已开始议论，在这些议论的声音中，有的是经过科普，有一定了解，但有一部分却是人云亦云的"杞人忧天"。正是因为这部分知识经验欠缺，孩子产生了紧张、恐惧的心理（课程实施前，共 21 人害怕掉牙这件事，占比 59%）。

基于统计与分析，教师们再次反思：换牙是每个幼儿都必须经历的一个过程。既然我们并非专业的牙科医生，在口腔护理方面给不了专业的技术支持，那么作为与孩子朝夕相处的教师，刚好可以以"掉牙"为契机，和孩子一起探究牙齿的奥秘，帮助他们顺利渡过换牙期，消除换牙时的恐惧和紧张，进而对生命的成长有正向的认识和期待。

其次，教师积极支持，巧设材料，促发幼儿多元表征。

我们知道，兴趣是内在动力的源泉，对于幼儿来说更是如此。当幼儿对投放的材料产生较大的兴趣时，就会主动地去探究，去实践，并产生表征的内在需求。当教师们在区角中投放了镜子和孩子们从家里带来的牙齿模型后，孩子们有了以下的表征：

照镜子看看小牙齿，发现牙齿结构大有乾坤，丰富了换牙的经验认识。

用超轻黏土和塑料片做牙齿模型。

从第一次的牙模表征可以看出，孩子们对牙齿的形状、大小、颜色、坚硬程度，以及牙缝、牙肉都有自己的理解，非常有趣，运用的材料以超轻黏土为主。

其中一张"黄牙"图的表征者小钰说："外公牙齿黄黄的，上面还有一些黑色的线，妈妈说因为他老抽香烟，香烟把牙齿'染'黄了。"

这一语言表征引发了孩子们天马行空的猜想：

"我们小孩子又不抽烟，为什么牙齿也会变黄呢？"

"你肯定没有好好刷牙吧！哈哈哈！"

"你平时肯定老喝一些饮料，把牙齿都'染'黄了。"

"你家的牙膏不好，要买小孩子自己用的牙膏！"

基于孩子们的猜想，教师及时在科学区投放了带壳鸡蛋、可乐、橙汁、纯牛奶以及清水，引发了孩子们做"鸡蛋大冒险"的实验。

他们将鸡蛋分别放入这几种液体中，并每天记录他们的发现。随着鸡蛋浸泡天数的增长，在不同液体中的鸡蛋呈现出各不相同的样态，孩子们明显地感受到鸡蛋"受创程度"的不同。到第四天的时候，孩子们发现可乐蛋因为长期浸泡裂开了蛋壳，里面的蛋黄也流露在外。观察的时候，他们不由自主地捂起口鼻："这个可乐蛋现在怎么变得又臭又难看的！""快把它扔掉吧！"

听着孩子们的纷纷议论，教师及时组织了分享活动，探讨对剩余鸡蛋的处理办法："这些鸡蛋一开始就是破开了的蛋吗？为什么会发生这样的情况？为什么大家都觉得要把可乐蛋扔掉呢？剩下的鸡蛋你们打算怎么处理呢？""它已经破了，而且味道很难闻！""还是扔了吧！"抓住契机，教师回应道："是啊，这就相当于我们的牙齿！如果长时间喝一些不健康的饮料，它就会像可乐蛋这样发黄甚至受伤，而如果不及时清理和洗刷，牙齿不光会受伤，还会一张嘴就有一股难闻的气味，那牙科医生就跟你们想的一样，只好将那颗坏牙齿拔掉咯！"

尽管平时的健康教育活动中也频繁地向孩子们提到"要认真刷牙，要少喝饮料，要多喝白开水"，但孩子们因为天性所趋，面对味蕾诱惑时总会成为"言语上的巨人，行动上的矮子"。这个实验将后果明晃晃地摆在孩子们面前，不用成人多说，他们自己就会对碳酸饮料敬而远之。对还没明显变质的鸡蛋，孩子们还尝试用牙膏帮它们清洗。

随着教师的个性化支持，探究活动的深入，孩子们"观察牙齿"的行为时常发生，他们的发现也在不断积累、完善。一次，他们又因"假牙"引发了对牙齿作用的讨论和梳理，认为人的牙齿主要用来撕咬食物，所以必须是坚固的材料，如果是棉花、塑料这些材质的话，就没办法好好吃东西啦！于是有了对牙齿模型的第二次表征。这一次，孩子们呈现的牙齿不局限于标准的切牙、犬牙、磨牙模式，运用的材料也更加多元和丰富。

材料的精准投放，进一步激发了幼儿的主动表征，孩子们通过语言、图画、动作等多元的表征方式表达自己的想法、探究的过程，思维更加积极。

最后，巧用资源，促进幼儿表征发展。

随着课程的推进，孩子们不仅仅把注意力集中在嘴巴和牙齿的外观上，还有了更深层的探索需求，教师也追随孩子们的需求，巧妙借用资源，不断促进幼儿的表征发展。

在阅读《一颗超级顽固的牙》绘本时，佑佑突发奇想地问："小狗换不换牙齿啊？"别样的想法引发了教师和孩子们的思考：

"是啊，小狗从不刷牙，它的牙齿会不会换呢？什么时候换呢？其他动物换不换呢？"

"小狗换牙时流血吗？"

"小蜗牛也有牙齿吗？""如果它没有牙齿，它是怎么吃饭的呢？"

"为什么动物的牙齿跟我们的都不一样啊？"

"为什么有的牙膏麻，有的牙膏甜？为什么大人喜欢用麻的牙膏？"（"麻"在泰州方言中意为"辣"）

"古时候的人刷不刷牙？他们也会蛀牙吗？"

班级的对话后，孩子们画出了他们更多的观察与思考。

"我想看看我家小乌龟的嘴巴里有没有牙齿。（自己猜想）我觉得它老吃肉，它是有牙齿的。可是我每次去看它的时候它都会躲进壳子里！唉！（双手一摊）我怎么才能看到它的牙齿呢？"

"我看到我的猫张嘴的时候一颗牙齿都没掉，我想知道它为什么不换牙？"

"兔子本来（小时候）有没有牙齿？兔子会掉牙齿吗？我听说兔子会拿坚果磨牙，为什么？"

"听说有一种鱼有人的牙齿，这是什么鱼？我很想知道。"

如何回应孩子们的奇思妙想？在与同班教师、园长交流后，教师巧妙借用了多种资源：联系了牧院的专家来解答孩子们的小小疑惑；与家长进行沟通，鼓励孩子和父母一起借助现代化智能设备搜寻答案（对手机说话、问天猫精灵）；看动物百科图书；利用周末当小记者去采访宠物医生；去动物园找饲养员咨询；直接观察动物朋友。资源的精准运用，不断推动幼儿的探究活动持续深入。

在孩子们自主的观察、表征、探究中，答案已经不重要。孩子们在与不同资源的互动中，从关注自身到关注家人，从认识牙齿到保护牙齿，从人类口腔到动物换牙，从自己刷牙到角色区的牙科诊所应运而生，孩子们天马行空地想象着、充满好奇地探究着。他们所表现出的对动物换牙的探究热情，以及一个个既天马行空又合乎情理的问题，让课程有了新的方向，由一点到多元。

　　教师精准的介入时机、材料投放、资源运用，引发了孩子们自然地运用语言、图画、动作等多种符号形式，主动且有逻辑地表达自己的想法，表征能力得到充分发展。

刘春

徐州市教育科学研究院教研员，正高级教师，江苏省特级教师

核心素养导向下精准作业的设计与评价

"做作业"作为学生学习生活中的必备环节，古已有之。早在《学记》中就有阐释："大学之教也，时教必有正业，退息必有居学。"重视课外作业的传统由来已久，老师、家长对作业之于学生的成长的重要价值也深信不疑。但是，不知从何时起，作业变成了学生学业负担过重的"罪魁祸首"，甚至成了劳而无功的代名词。

今天，我们来讨论精准作业设计的话题，正是为了更好地解决作业负担过重，却又收效甚微的问题。下面，我从三个方面谈谈自己的思考。

第一个方面，要站在学科育人的高度精准定位作业目标

进入核心素养时代，我们要认识到，语文作业绝不仅仅局限于对字词句篇等知识的巩固和技能的训练，还有掌握学习方法，实现学以致用，锻铸学习品质，养成良好习惯，提升语文核心素养等多重育人功能。比如，写字一直以来是语文作业的重头戏，在过去的很长时间内，写字作业的最终目的是记住字形，复现字形，以便考试的时候能够正确默写，作业形式也多以抄默为主要形式。曾经听过

一个真实的例子，一位学生"道路"的"道"总是写错，老师罚抄 50 遍，妈妈又加了 50 遍，孩子写了 100 遍，可能"道"字不再错了，但带来的后果是，学生学习语文的兴趣就这样被"抄"没了。这样的事情几乎每天都在发生。其实，学生写错字，大概率是因为不了解字的形音义之间的关系，只是死记硬背而已。"道"的走之底表示这个字与行走、道路有关，"首"是"领头"的意思，后来引申出方向、方法等义。对于儿童来讲，把它看成一道道的斑马线更便于记忆。用基于字理的形象记忆法，建立汉字形义的关系，汉字记忆就没有那么难了。而汉字中蕴含的文化、思维、审美也得以彰显。

关于句式练习，也有个很典型的例子。有一次老师们在教研群里，讨论练习册里的一道缩写题，题干为："锅中的粥，有声无力的叹气还在继续。"这一句话出自六年级下册课文《腊八粥》，这一拟人句形象地表现出了腊八粥熬制初期的情状，同时，也表达了主人公八儿等粥的心情。老师们讨论应该缩成"粥叹气"，还是"粥叹气在继续"？像这种文学描述性语言，缩写之后已经不是正常的句子了。那么，缩句练习是怎么来的呢？通过查阅资料发现，缩句来自 20 世纪初"句子成分分析法"；后来，廖序东先生发明了层次分析法，句子成分分析法渐渐被淘汰了。时代在发展，可是在作业练习中，类似于缩句这样的较为陈旧和套路化的练习还一直存在，如"把字句""被字句"互改、陈述句和反问句互改、肯定句和双重否定句互改等练习。表面看起来，句式也是一种语境，其实大多是假语境，没有语言实际运用的对象和目标，为改而改，让学生陷入机械操练的困境。

在从知识本位转向素养本位的改革时代，我们应对过去延续了几十年的抄默字词与课文、组词造句、缩句扩句等习以为常的作业重新审视和反思，摒弃那些不仅无益于培养学生素养，反而消磨学生学习兴趣的作业内容与形式。要按照新课标所倡导的那样，"以促进学生核心素养发展为出发点和落脚点设计作业"。像识字、写字、语言材料的积累与梳理等基础型作业，要以理解为基础，以记忆为依托，以运用为导向，着重培养学生体会汉字形音义之间的联系，增强学生语言积累与梳理的意识、能力，培养良好语感，奠定丰富而鲜活的语文基础。像阅读、写作等发展型作业，要以培养学生实用性阅读与交流、文学阅读与创意表达、思辨性阅读与表达能力为宗旨，引导学生成长为主动的阅读者、成功的表达者。

像主题考察、跨媒介创意表达等拓展型作业，要紧密结合课堂所学，培养学生综合运用所学知识解决生活真实问题的能力。

第二个方面，要在单元整体观照下精准设计典型作业

核心素养导向下的作业不能只停留在零散知识点的训练，而应从整体入手，明确单元学习目标，将作业设计嵌入学习全过程，与单元目标、情境任务、学习活动形成横向关联，课时作业与能力要求又体现纵向进阶，实现学以致用的自然迁移。同时，要精准控制作业数量，用少量、优质的作业帮助学生获得典型而深刻的学习体验。

单元整体架构下的典型作业可以遵循以下三种策略。

第一，基于单元学习目标，精选作业内容。传统作业大致包括以下内容：生字识认书写、组词造句、课文朗读、背诵默写、词语解释、句段理解，完成课后练习、习字册、补充习题等等。这些作业内容不分学段、不论单元，成为多年不变的固定式作业套路，作业内容又多又散，占用了学生大量时间。素养导向下，基于单元学习目标，精选与整合作业内容，成为精准作业设计的第一步。

以统编教材四年级下册第五单元为例加以说明。这一单元由两篇精读课文《海上日出》《记金华的双龙洞》和两篇习作例文《颐和园》和《七月的天山》组成。根据单元人文主题《妙笔写美景，巧手著奇观》以及语文要素"了解课文按一定顺序写景物的方法""学习按游览顺序写景物"，结合课标学段要求，我们确立了以下三条单元学习目标：

1.借助字理识字、语境识字等多种识字方法，自主认识本单元的10个生字，会写其中的24个字，读准1个多音字，归类整理描写景物的词语，感受语言的优美；2.熟读四篇游记，厘清作者按游览顺序、移步换景、抓住重点、写出变化等描写景物的方法，丰富阅读经验，感受祖国的奇美景观和大好河山，培养对祖国江河山川的热爱之情；3.能选择一处自己游览过的印象最深的风景，运用阅读中积累的词语和写作方法，写出自己心中的美景，表达真情实感，并乐于与同学们交流。上述三条目标是整合的，每一条都体现了三维融合。基于单元学习目标，

我们确定了单元的作业目标：1. 自主识认书写生字词语，梳理词语；2. 熟读四篇课文，寻找赏游不同景物的习作密码，整理游记写作方法；3. 选择一处风景，写出景物之美与游览之序。聚焦作业目标，可以让学生获得充分而深刻的学习体验。

第二，以单元情境任务为引领，一体化设计进阶型作业。在单元大情境大任务统领下，作业的一体化设计可以发挥整体性、结构化的作业功能，指导学生主动、持续、逐步深入地做事。仍以统编教材四年级下册第五单元为例，勾连学生生活经验与学习内容，我们确立了"写出心中最美的风景"为单元大任务，并设计了"梳理作家笔下的'景观'""寻找描写美景的金钥匙""我写我的美景"三个子任务和九个活动。嵌入活动中的作业呈现出整合勾连、逐步进阶的样态。如在任务一"梳理作家笔下的'景观'"中，布置学生完成初读单元课文、梳理词语的作业，记住词语，初步感受每处景观"奇"在哪里。在任务二"寻找描写美景的金钥匙"中，根据课文特点，布置学生在课前课后共同完成以下作业：画出双龙洞、天山、颐和园游览路线图以及"海上日出"时间表，借助关键词句，选择每篇文章中自己印象最深刻的一处景点，介绍景物之"奇"，如双龙洞内外洞之大、孔隙之小；天山全景特写相结合表现出的辽远壮阔之美；颐和园"移步换景"、独具匠心的精巧之美等，为习作作准备。在任务三"我写我的美景"中，布置学生完成三项作业，一是选一选心中的美景，画一画游览线路图；二是能根据绘制的路线图选择印象深刻的景物进行描写，把景物特点写出来；三是参加最佳游记评选和班级游记展活动，将自己的作品和同学们作分享。三个任务中嵌入三项整合型作业，从识认书写、归类，到阅读理解，再到写作表达，互为关联，逐步进阶，很好地发挥了作业促进学习的重要功能。

第三，针对作业类型，提供精准的作业支持工具。以前的作业布置往往只有要求，没有指导。学生可能知道应"做到什么"，却不知道应"如何做到"，因此容易产生焦虑感和畏难情绪。设计具有支持功能的作业工具，可以帮助学生更好地完成作业任务，并获得成功与自信。以统编教材四年级下册第五单元任务一"梳理作家笔下的'景观'"设计的词语作业为例：1. 通览四篇课文，在学习单提供的地图上找到景观的地理位置，圈出来，连成一条本单元总的游览线路。2. 课文中哪些关键词语描述了景观的特点？请分别找出 3—5 个词语，写在对应图片的下方，形成旅行"初印象"。这两项作业首先提供了地图、图片等资源，引导学生建构本单元"旅行景点"的形象感知；其次，提供了"提取信息、联结概括"等策略工具，引导学生自主发现、理解最能表现景点特点的词语；最后，还提供了操作工具，具体写清了先做什么，后做什么。这一作业中资源、策略以及操作三种资源的整合运用，引导学生建立词语与自然世界的联系，在感受景物特点的过程中唤醒原有旅行经验，自主理解生字新词，也就突破了以前脱离情境生硬理解词语的困境。

在大单元设计背景下，精准选择作业内容，一体化设计作业过程，并针对不同作业，开发支持性工具，可以让精准作业在学生的学习过程中真正落地。

第三个方面，要在把握学情的基础上实现精准评价与指导

在调研中，我们发现关于精准作业的评价与指导，往往出现以下两个误区。第一个误区是，教师会给不同层次的学生分别布置基础型、发展型或拓展型作业。记得苏霍姆林斯基曾说，对于学习有困难的学生，解决的唯一办法是阅读，阅读，再阅读。许多学生识写能力弱的背后，其实是阅读量少、语感不好导致的，阅读是既能治标又能治本的一剂良药。如果让学困生只完成识写等基础作业，就等于关上了学生通过阅读和更加丰富的语文实践去提升素养的大门。因此，让不同水平的学生都有权利去完成不同领域、不同层级的作业，并关注学生在具体作业表现上的问题，是作业评价与反馈的前提。

第二个误区是重形式轻内容，重结果轻过程。区域、学校在日常作业检查管理工作中比较关注批改符号是否规范、字迹是否工整、作业本是否整洁等外在形式，导致教师缺乏对学生作业结果个性化分析和针对性反馈，作业的学情诊断功能就无法得以体现。

我们要认识到，作业是教师诊断学生在学习中存在问题、反馈教学效果、调整和完善教学内容与方式的重要依据。因此，要改变作业是"学生学习的句号"这一观念，要让作业成为"冒号"，变成见证学生发展过程的重要载体。教师的作业评价，要从单纯的对于作业的评价，变为为了学习的评价。

　　首先，尝试为重点作业设计评价量表。比如布置三年级学生梳理概括《海底世界》的主要内容。可以用"为海底世界做参观导引图"为作业任务，并设计三个层级的评价量表，衡量学生的作业水平。1.能提取相关词语，画出思维导图，得一颗星；2.能提取动物、植物、矿物等关键词语，分类较为合理，画出思维导图，得两颗星；3.能准确提取动物、植物、矿物等关键词语，并按照课文介绍的顺序分类排序，画出思维导图，得三颗星。不同层级的评定为学生的作业把脉，也为学生的个性化发展奠定了基础，也是培养学生元认知能力的重要途径。

　　其次，针对学生素养水平和个性特点，选择不同的评价方式，在反馈和指导中有的放矢。如一对一当面评改，让学生直接感受教师的关心和帮助；再如，指导学生互相批改，让学生交换作业批改，做好批注；特别要重视学生作业中出现的错误，引导学生关注、分析错误形成的原因以及寻找改正错误的方法，可以建立学生错字积累和梳理本、作业成长档案等，不断培养学生元认知的能力。在师生共评的过程中，对学生作业进行跟踪评价，梳理学生作业发展变化的轨迹，及时反馈不同阶段作业质量的整体情况。

　　在"双减"政策实施日益深化的过程中，精准作业是一个值得反复研讨，不断探索的话题。今天我仅仅从三个方面，举了两个案例，做了粗略的、浅层次的探讨，希望能给各位老师带来些许启发。

马敏

连云港市教育局教研室教研员，正
高级教师，江苏省特级教师，"双
名工程"培养对象

精准作业设计　发挥育人功能

　　"作业"一词在我国由来已久，最早在先秦文献《管子·轻重丁》中出现，当时的"作业"意为体力劳动。战国时期的《学记》中，"作业"被视为课内学习的延续和补充，这时已将其视为脑力劳动了。明末清初思想家王夫之提出"教必著行"，他强调作业的实践性。当下，作业是学校教育教学管理工作的重要环节，是课堂教学活动的必要补充，其质量在很大程度上影响着学生的发展，作业的主要功能包括诊断学习效果、巩固学习成果、拓展学习时空、促进能力发展、落实学科育人、加强三方沟通这六项。

一、精准作业设计的几点要求

　　1. 要关注育人的导向性。要发挥好作业以巩固知识与技能，发展学习能力，养成良好习惯等为主要特征的育人功能。

　　2. 要关注内容的匹配性。作业设计要依据课程标准，紧扣教材内容，考虑学生的年龄特征，要与教学内容相匹配，要与学生的学力相匹配。

　　3. 要关注单元的整体性。作业设计要有系统观念，要从单元视角整体规划，关注知识体系、单元目标、课时内容之间的关联性及递进性，这样可以从中观角度，避免教师宏观把握学科课程整体要求的困难，还可以避免从微观角度仅仅把握某个课时的割裂问题。

4. 要关注难度与容量的适度性。作业设计要关注难度与数量，难度太大打击学生完成作业的积极性，数量太多造成学生的心理负担，甚至使其产生厌学的情绪。反之，太简单或量偏少就达不到作业训练的目的。因而，作业设计在量与度上要精准化。

5. 要关注形式的多样性。形式单调的纸笔作业，难免会枯燥、乏味，甚至引起学生思维的僵化。因此，我们要优化基础性作业设计，布置适当的开放性作业、合作性作业、实践性作业、跨学科作业等。

6. 要关注要求的层次性。因为不同学生在个性、认知水平、学习能力等方面存在差异。因此教师设计、布置作业时应根据学生的实际情况，采用灵活多样的方法，因班而异，因人而异，让有梯度、有层次的作业使每一个学生都能获取学习的成就感。

7. 要借助信息技术精准设计。利用大数据平台，清晰分析每个学生的学情，常态化采集学生课前、课中、课后全过程的作业相关数据。比如在布置新授课作业时，对以往的校本作业的历史数据进行整合、分析，教师可以清楚了解哪些是学生易错、易混淆的知识点，哪些是基础题、典型题，根据历届学生的同题作业准确率，将题目进行难度划分。这样，布置作业时，就能结合学生学业水平分层推送。

二、精准作业设计的案例分析

案例一：《勾股定理》第一课时的作业设计与思考

1. 本单元作业目标分析

《勾股定理》这一章是学生在学完实数、方程、三角形等知识的基础上进一步要学习的内容。主要内容有勾股定理的定义、勾股定理的应用、勾股定理的逆定理及其应用。因此，单元作业整体设计分四个层次。层次一：勾股定理和逆定理的直接应用。层次二：应用定理解决简单问题。层次三：综合应用定理解决较复杂的问题。

另外，本章学习过程中经历了从数到形再由形到数的转化过程，所以层次四就是对于数形结合、方程、转化等思想方法在解决问题中的灵活应用。此外，对于勾股定理的文化价值的感悟，也要融合在这几个层次的目标设计中。

2. 本课时作业目标分析

《勾股定理》第一课时是一个命题探究课，命题探究的过程与结论都是重要的教学任务，基于单元整体作业设计的四个层次，我们可以从结论的运用（习题1、2、3）与理解（习题7）、探究方法的展现、联系与反思（习题4、5）以及探究过程中迁移与应用（习题6）等角度去设计习题。

3. 基于要求的课时作业设计：

（1）求图1中大正方形的面积；

（2）求图2中直角边的长度x；

（3）求图3中△ABC的面积；

（4）图4中格纸上每个小方格代表一个单位面积，求四边形ABCD的面积是多少？你是怎么算的？

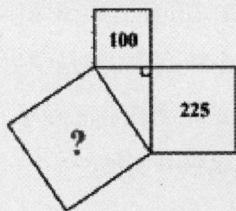

图1

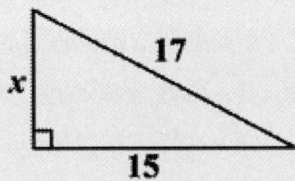

图2

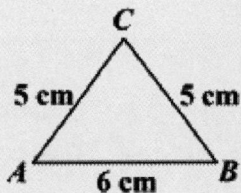

图3

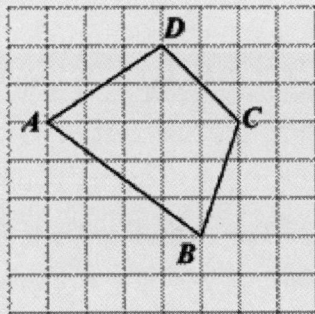

图4

（设计意图：习题1、2，需要直接应用勾股定理的结论，习题3需要先将三角形分割成两个直角三角形，再借助勾股定理求解。习题4是对课堂上运用割或补的方法计算正方形面积的类比迁移，与习题3本质相同，也是先将图形分割，再利用勾股定理求解，但图形分割难度要求较高。从四个层次看，习题1、2属于层次一，也就是勾股定理的直接应用；习题3、4属于层次二，应用勾股定理解决简单问题）

（5）如图5，所有的四边形都是正方形，所有的三角形都是直角三角形，请在图中找出若干个图形，使得它们的面积和恰好等于最大的正方形面积，尝试给出两种以上的方案。

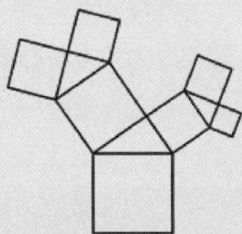

（设计意图：本题具有一定的开放性，方法多样，希望在多种方案的寻求中，进一步加深学生对勾股定理的理解，属于层次三）

图5

（6）制作四个全等的直角三角形纸片，试着通过拼图的方法来发现勾股定理。看看你有哪些方法，并思考你的方法与课堂所学探究方法之间的联系与区别。

（7）查阅勾股定理的相关资料，下节课与同学分享，本章结束后小组完成一份勾股定理小报。

（设计意图：第6、7题属于层次四，是对学习方法策略的迁移与创新。因为有了利用方格纸计算图形面积这一活动的铺垫，课堂上，学生一般是通过分割图形探究出勾股定理的，没有真正进行拼图活动。因此，习题6是想通过拼图这一实验活动，进一步让学生感受到勾股定理的普遍性，加深学生对数形结合思想方法的理解，同时为下一节课学勾股定理的验证作好铺垫。其中明确要求思考联系与区别，是想增强学生对知识与方法的自主反思意识，形成对内容体系的整体认识。习题7主要是为了让学生更好地体会勾股定理的丰富内涵与文化背景，同时也为本章结束后的数学小报的制作积累素材）

此外，在作业布置的时候，可分为A、B、C三类：A类作业为"基础型作业"，B类作业为"拓展型作业"，C类作业为"提优型作业"。学生根据自身学习情况，进行自我申报，完成对应等级的作业。当然，在申报时可以采用学生自我申报及与教师、家长认定相结合的方式进行等级选择。在本课时作业中，第1、2、3题为A类作业，第4、5题为B类作业，第6、7题为C类作业，那么学生可以根据自己的能力选择某一类的作业或者是几类的组合作业。

同样，一般英语学科的A类作业为紧扣教材的"基础型作业"，要求熟练掌握书上的基本知识或完成基础练习等。B类作业为根据学习内容制作英语思维导图、英语海报等。C类作业为鼓励学生录制英语阅读语音或视频材料，积极参与英语阅读分享栏目等。A类为必选，B、C类为选做。这样，不同的学生可以根据自身需求选择组合作业，就可以实现让不同的人在学习上有不同发展的课标要求。

案例二：对于"作业形式多样性"的落地实践

形式单一的作业枯燥乏味，会让学生产生抵触心理。因而，我们的作业设计应富有创意、类型丰富、形式新颖，使学生在一种愉悦的环境中，体验到寻觅真知和增长才干的成功乐趣。根据单元教学目标，结合学生实际以及单元的特点，我们可以设计多类型的作业。

比如语文学科，可以设计以下四种类型的作业：

（1）知识记忆类。主要涉及课文中字音字形的掌握、词语的积累运用和课文的背诵默写。

（2）语言实践类。如让学生按起因、经过、结果的顺序讲述故事，复述课文的主要内容，说说人物的形象特点等。

（3）课外阅读类。此类作业的设计紧扣阅读目标，老师教给学生阅读的方法，如精读、略读、跳读、批注阅读等。引导学生进行整本书的阅读，布置画思维导图、摘抄优美词句、绘制阅读小报等作业。

（4）综合实践类。如学习了《京剧趣谈》一课，学生对戏曲产生了浓厚的兴趣。老师就可以布置这项实践作业——收集京剧的相关资料，整理成思维导图，用简洁有趣的方式向同学介绍戏曲知识。

比如数学学科，可以设计以下几种类型的作业：

（1）开放型作业。条件、结论的开放也好，过程的开放也好，都可以让不同学力的学生都能获得自己的解答，并且有多样的解答，也从反映出学生的学力水平和思维特征。

（2）合作型作业。如"统计"学完就可以安排一个合作型作业（社会调查）：请你对感兴趣的事情作调查，并结合你收集的数据写一份调查报告。这样让学生经历了统计的全过程，发展了统计观念。

（3）实践型作业。对于知识的巩固不仅仅是通过做题，也可以通过一些实践探究类的作业来实现。比如数学制作，制作各种常见的几何体，让学生在制作中体会几何体的特征；比如开展"银行利率调查"社会实践，调查、记录、分析哪家银行的利率高，这样让学生在活动中应用数学；再比如一位小学数学教师在教学完"体积与容积"这部分知识点之后，布置了测量苹果体积的实践探究型作业。事实表明，这种实践探究型作业很受学生欢迎。第二天课上汇报，学生趣味盎然，方法各异：一是"容器"测量法，即将选取的苹果放入装适量水的圆柱体容器，借助两次对水面高度的测量，算出了不规则苹果的体积；二是"估测"测量法，即将苹果有规则地切成体积为1立方厘米的小块，运用估测法估出苹果体积；三是"形变积不变"测量法，即直接将苹果捣碎，并将这些苹果泥装在有刻度的水杯里，测出苹果的体积等。这种实践探究型作业，让学生在动手实践操作中与寻找问题解决方法的过程中，掌握了知识，积累了经验，提升了思维品质。

此外，从形式上看，各学科也要关注单元主题式作业的设计与实施。单元主题式作业是指围绕一个主题展开，学生需要分步解决几个问题才能完成的作业。单元主题式作业的设计常常会融入操作性任务，使学生获得活动经历，积累知识内化的经验，在任务完成的过程中内化知识，提高能力，形成素养。

如部编版语文教材五年级上册第六单元为例。本单元的学习主题为"舐犊情深"，旨在引导学生在生活细节中发现爱、体会爱并学会表达爱。因此，可以用"爱与责任"为主题，设计本单元的专题作业：

（1）亲情观察，亲情感受。主题演讲"时间都去哪了"。

（2）亲情体验：周末"小鬼当家"。

（3）亲情沟通，亲情表达。习作"我想对您说"。

（4）亲子阅读，共读《爱的教育》，学会感受爱、表达爱。

在这项作业的完成过程中，学生化身家务小能手，还变身孝亲先锋，给家长洗脚，给老人剪指甲、捏肩捶背等。这样的作业虽然需要两周左右的时间才能全部完成，但是"磨刀不误砍柴工"，孩子们在"爱与责任"的活动体验中，成长为有责任感的人，他们对待学习的态度也在悄悄转变。

总之，在"双减"政策背景下，切实减轻学生的课业负担势在必行，而在控制学生的作业量的同时，教师还要以"高性价比"的作业品质作为保障。因此作业设计一定要坚持素养本位，一定要坚持精准有效，从作业"布置好"到布置"好作业"转变，小作业就一定可以有大成就。

黄敏

江苏省泰州中学教师，正高级教师，
江苏省特级教师

关于精准作业的思考

作业减负，势在必行。如何进行精准作业改革，让作业"瘦身"并"增效"？我将从以下三个方面与大家交流：首先谈谈我对精准作业的认识，然后汇报我校精准作业改革的策略，再以"光合作用单元教学作业设计"为例，介绍具体做法。

一、对精准作业的认识

作业主要是指教师布置给学生，利用非教学时间完成的学习任务，是非常重要并且有益的教育活动，有助于发展和扩充教学的价值。作业可以促进学生自主学习，自我检测课堂学习效果，巩固、理解、应用所学知识，提高学业成绩。作业的编写、布置、批改、分析、讲评是教师把握学情，落实因材施教的重要途径。设计和实施有效作业，精准诊断改进，有助于提高教学质量，提升教师业务水平。

精准作业，关注"精"，力求"准"。"精"强调少而精，"教—学—评"一致，练在关键处；"准"强调针对性，充分尊重学生差异，系统设计分层作业，利用大数据助力个性化学习与反思改进。

二、精准作业改革策略

为了更好地了解高中生物作业现状，我曾对不同年级的师生进行过调查，发现不少教师布置作业还是依赖教辅资料，在设计校本作业时存在"缺乏目标意识""与教学割裂""漫天撒网""难度定位不恰当""形式单一""反馈不及时"等问题。

如何解决作业困境？我校开展精准作业改革，强调针对性、系统性、目标性和动态性。着重从以下四个方面努力：

一是精备作业。落实新课改"教—学—评"一致性要求，打好"课堂教学改革＋作业改革"组合拳，系统编写校本教学案和配套校本作业，创新作业设计、丰富作业形式、优化作业评价，提升校本作业质量。

二是分层适配。分梯度设计和布置作业，为不同学生创设不同的作业空间。不仅注意知识水平分层，还要落实思维性与拓展性的分层进阶，引导学生选择比自己能力水平略高的作业，不断跨越最近发展区，在原有基础上得到发展。

三是智能统计。让现代教育技术为作业改革增效赋能，依托某些网络平台，获取作业大数据报告，明晰各班级、各层次学生的知识点掌握情况，开展错因诊断，实现班级高频错题精准评讲、个人薄弱点纠错、变式练习的灵活组合，让知识漏洞得到有效填补。

四是精准反馈。利用大数据动态反馈作业的有效性，及时改进优化，在设计——实施——评价——反思——改进——再实施中，不断提高作业质量。

三、高中生物精准作业设计案例

下面我以《光合作用》主题单元为例，介绍一下我校是如何基于SOLO分类评价理论，从单元整体出发，系统设计和实施单元进阶作业的。

（一）围绕主题建构概念形成进阶图

"内容聚焦大概念"是高中生物新课标基本理念之一。围绕"光合作用"进行单元整体教学，可以避免知识点的零散和课时之间的脱节，而导致的学生无法系统深度理解学科本质的问题。

基于对高中生物新课标和新教材内容的理解，对《光合作用》主题单元建构概念形成进阶图，明确指向大概念理解的路径，为单元教学和作业设计提供依据。应厘清四个方面的内容：一是本单元聚焦的概念支撑了哪些重要概念和大概念的形成；二是本单元的学习需要以哪些概念为依托；三是本单元的学习可以为后面哪些概念的学习作铺垫；四是本单元所聚焦的概念可以解构为哪些下位概念。通过这四方面概念之间关系的梳理分析，形成概念体系进阶图。

（二）精准定位单元作业目标

精准作业，方向和目标层次要准。确立作业目标不仅要基于新课标核心素养发展的方向和学业质量水平要求、概念进阶图，还要结合学生的基础知识水平、单元主题和内容特性进行综合考虑。

首先弄清学生已有的初中基础，做好初高中学习的衔接。对于初高中"光合作用"的教学，学习要求深度不同，可以说是从显微到亚显微水平、从简单到复杂、从现象到本质。高中学业素养要求：从物质与能量视角探索光合作用，阐明细胞生命活动中贯穿着物质和能量变化。

依据新课标、我校学生学情等，发挥教研组同行集体智慧，确定《光合作用》单元作业目标如下：

1. 能运用结构与功能观简述绿叶中色素的种类及其功能，解释叶绿体适于光合作用的结构特点，并能从物质与能量观的视角，阐明光合作用的过程和原理。需要具备生命观念的二级水平。

2. 能运用归纳、类比等科学思维方法，用图示、模型等形式说明光合作用的过程，以及光反应和暗反应的区别和联系。需要具备科学思维的三级水平。

3. 能熟练使用常见的实验器具，能提出相关生物学问题，设计实验方案并实施，能运用科学术语报告实验结果，与他人交流。需要具备科学探究的三级水平。

4. 能主动关注生产和生活实践，运用光合作用和细胞呼吸的原理，为农业生产实践提出合理建议。能关注绿色植物对生态系统的重要作用，形成保护生态环境的意识。需要具备社会责任的二级水平。

（三）建立单元作业框架

单元作业框架设计既要考虑课时、作业类型等外显结构，更要考虑所处年级、知识内容、情境载体、关键能力、难易程度、作业时间等内隐结构，进行合理安排。

课时作业设计时，既要考虑每课时的课前、课中、课后作业，进行横向设计，注意课前、课上、课下学习任务的连贯；也要考虑对不同课时间知识和素养水平的纵向进阶，充分体现单元教学的结构化、整体化特点。新授课作业侧重检查学生对新学知识、技能的掌握情况，深化对知识内容的理解；复习课作业凸显阶段学习情况检查，帮助学生突破重难点，形成对相关学习内容的整体性理解。

《光合作用》单元教学中，新授课可以设计关键问题作业引导学生课前预习，课中进行探究性学习活动，课后作业一定要与教学活动协同，注意三点：一是与当天教学紧密相关，对学生已经掌握但有必要进一步巩固强化的内容，设计针对性作业；二是对课堂达成得不好的教学目标，需要通过课后作业来弥补；三是一些课堂上无法开展的实践活动，设计为课后作业。

《光合作用》单元可以设计多个探究实践活动，随着课时推进，对学生科学探究能力的培养定位和要求应逐渐提高。"探究红叶能不能进行光合作用"——作业定位：尝试设计并实施简单的对照实验；"探究环境因素对光合作用强度的影响"——作业定位：在复杂情境中设计并实施定性或定量实验；"探究多种因子对光合作用的影响"——作业定位：了解多因子分析在探究中的应用。通过系列作业让学生归纳体会相关探究的实施方法。

（四）具体作业内容的设计

在确立了作业目标和作业框架后，就可以开始有针对性地选编、改编、创编作业题。题目质量可以从"核心价值金线""能力素养银线"和"情境载体串联线"三条线索进行理解和把握，"无价值，不入题；无思维，不命题；无情境，不成题"。

作业形式主要是基础性作业，包括概念图、选择题、非选择题等。教材中的思考讨论、课后检测评价题，提供了很好的基础性作业样例。设计编写作业题，实际内容要与作业目标一致，创设情境可利用科学史、科研进展、社会热点等，内容正确新颖，表述科学精练，能反映学生的思维过程、方法应用等。要注意分层设计，有必做题和选做题。也可以从某些网络平台题库中，按照核心素养维度和难易程度选题，然后分组改编。增设"我选做本题作业的依据"以及"分析考点"和"答题要点""我的疑问"栏目，让学生关注作业的思维过程，以提升关键能力。

针对新授课内容特点，除了基础性作业，还可以设计探究性、实践性、综合性的作业，激发学生兴趣，满足个性需求，培养解决问题和创新实践能力。

探究性作业：秋天枫叶为什么会变红？红叶能不能进行光合作用？让学生自己通过查阅资料、做实验进行研究，锻炼自主探索能力。

实践性作业：参观温室大棚蔬菜生产基地，研究提高蔬菜产量的环境因素调控方案，探究其原理。通过实践性作业，评价学生能否将所学课本知识迁移应用，"举一反三"，从而判断教学目标达成情况。

综合性作业：种植植物，观察植物的一生；调查我国碳中和与开发清洁能源的研究进展。

新颖的作业形式促进育人方式改变，可帮助学生获得亲身体验，达到激发兴趣、启迪思考、学以致用、实践创新的目的，而这些又将成为学生后续学习的动力和源泉。

（五）精准实施与反馈改进

学生作业完成后，立即批改，利用大数据等整理出学生作业中反映出的薄弱点、班级的共性错误、问题突出学生的名单。遇到得分率太低的题目，教师首先要反思是作业题编写质量存在问题，还是自身教学存在问题，如有问题应及时调整优化。集中讲评不要面面俱到，对得分率低的薄弱点和选项进行精评精讲，引导学生回忆知识、学习审题、提炼思路、总结方法，同时定期进行变式训练，滚动纠错。学生作业中的个性化问题，单独复盘面批，督促订正，及时改进。要求定期整理错题，对着课本订正梳理知识点，双色笔标注错因和正确思路，教师对错题本逐题批阅。

实践证明，聚焦概念形成，重构具有整体性、结构化和进阶性的单元作业，利用大数据精准实施反馈改进，有助于作业的"提质增效"，有利于落实因材施教，发展学生核心素养。

蔡葛明

江苏省兴化中等专业学校系主任，中学高级教师，江苏省优秀教育工作者

中职校精准作业设计

——以"直齿圆柱齿轮结构尺寸的计算"为例

　　作业是教与学的重要组成部分，是课堂教学活动的延续，它有助于学生巩固课堂所学，提升应用能力，进而培养学科素养，同时也有助于教师及时把握学情。作业设计是课堂教学的重要环节，是提高教学质量的保证。通过安排学生认真完成作业，让他们巩固和运用所学知识，训练思维，提高运用所学知识解决问题的能力。教师布置作业，要有明确的目的：为什么要布置这些作业？这些作业能起到什么作用？学生通过练习，能否掌握并加深理解所学的课堂知识？能否使学过的知识融会贯通，学生学会举一反三？能否让学生在完成作业过程中体验到一些幸福和成功的喜悦？对于这些，教师心中要有数。

一、精准作业设计的要求

　　学生的作业管理，应遵循因材施教、尊重差异的原则，确保达到学困生"吃得了"、中等生"吃得饱"、优等生"吃得好"的良好效果。

1. 首先，要强化作业总量控制，不能搞题海战术。简单地机械重复，会使学生感到很累，逐渐失去对学习的兴趣，不利于学生的身心健康。教师布置作业既要全面考察各个知识点学生的掌握情况，有没有达到相应的发展能力要求，又不能简单地机械重复。这的确要动一番脑筋，不是随便指定几道题做做那么简单。

2. 其次，要强化作业梯度，布置的作业内容要难易搭配。作业的难度要呈阶梯状，先易后难，先浅后深，层层递进。倡导布置分层作业、弹性作业、个性化作业。这样学生在完成作业的过程中既能体会到成功的快乐，又能体会到战胜困难取得突破的乐趣，也能锻炼学生的坚强意志。

3. 再次，要强化学生良好习惯的培养。让学生做作业前先回顾课堂所学，详细研读课本相关内容，研习完善课堂笔记，归纳知识点，然后再做作业。这样做好后回头看，可以明确用哪些课堂所学知识解决作业的实际问题，加强作业的巩固效果。

4. 最后，要强化教师责任落实，提高作业管理效率。教师要认真批改作业，尽量做到面批面改，并做好学生的答疑辅导。在批改作业时，尽量多一些尊重，多一些鼓励。如果我们用欣赏的眼光去看，学生的每一份作业都是一件艺术品，哪怕仅仅是一道简单的习题。

二、精准作业设计的类型

职业学校的学生基础较差且参差不齐，同时对于学习缺乏自信心。针对这样的情况，教师可以精准设计识记与理解、综合与应用以及拓展与创新三个递进层次的作业，从而达到"减量、提质、增趣"的效果。

1. 识记、理解型作业，指的是需要学生记忆、积累并理解知识中的概念与规律的基础性作业。教师在设计此类作业时要设计要求学生记忆、理解的内容，让学生打好基础，为后面的能力提升做准备。

2. 综合、应用型作业，指的是需要学生综合运用所学知识和方法解决真实情境问题的作业。学生在完成识记、理解型作业后，综合所学，完成综合、应用型作业，知识的理解和应用能力能得到较大的提升，这是技能性作业。

3. 拓展、创新型作业，指的是需要学生运用创造性和创造性想象解决问题的作业。学生通过此类作业的完成，可以提升思维水平、学习品质与核心素养，这是开放性作业。教师通过精选、精编题目，提升习题的质量；通过创设相关的实践性现场，让学生使用一定的材料或者工具，综合运用知识、经验和技能，经过操作、计算和推理解决问题，提高学生的学习兴趣。

三、精准作业设计的优化

教师平时的教研活动应该着重研讨如何通过作业使得学生巩固所学知识，如何通过作业的反馈来诊断教学以及如何编写作业。巩固知识应该追求的是基础性、针对性和应用性。作业分析中，教师应该及时接收作业反馈的情况，根据学生的个性和共性错误，分析学生错在哪，得出问题所在，进而诊断教学并改进教学。有条件的学校可以依托"互联网＋教育"大数据平台，通过信息化的手段，加强过程跟踪评价，基于评价数据反馈实现因材施教。学校应该鼓励教研组或专业办组织教师编写有难易梯度、层次递进的校本化习题库，便于教师选择和二次编辑。

下面以《机械基础》的"直齿圆柱齿轮结构尺寸的计算"为例，探讨课后作业的精准设计和布置：

齿轮是常用的机械传动零件，课标要求：能够对直齿圆柱齿轮主要参数及几何尺寸进行计算。它的结构尺寸的计算不仅是本章节的知识重点，对后续的机械制图、材料力学等课程也是重要的基础知识，必须牢固掌握。直齿圆柱齿轮的几何尺寸的参数包括模数（m）、齿数（z）、齿形角（α）三个基本参数和三个高度（齿顶高 ha、齿根高 hf、齿高 h）、三个弧长（齿距 p、齿厚 s、槽宽 e）、四圆直径（分度圆直径 d、齿顶圆直径 da、齿根圆直径 df、基圆直径 db）以及齿轮副的中心距（a）。

课后作业的设计围绕"直齿圆柱齿轮结构尺寸的计算"展开，首先布置 1—2 题识记、理解型基础性作业，如直接应用公式进行结构尺寸计算的计算题，学生只要理解了各个参数的含义，知晓计算公式，直接代入公式，就能求得结果，解题过程中兼顾公式的记忆和理解就能达到识记、理解的目的。如：

已知一对标准直齿圆柱齿轮，$z_1=20$，$z_2=41$，模数 m=2mm，两齿轮转向相反，求两只齿轮的结构尺寸和齿轮副的中心距。

学生直接代入公式求解，就能得到正确结果。

类似题型：

已知一对标准直齿圆柱齿轮，$z_1=30$，传动比 i=3，模数 m=4mm，两轮转向相同，求两只齿轮的结构尺寸和齿轮副的中心距。

该题也是基础性题型，比上一题略复杂一点，主要是引入传动比和判断大齿轮为内齿轮。解题过程略。

识记型作业只要学生能理解计算公式，计算准确，就能得到满意的结果。

再看综合、应用型技能性作业：

教师准备几个工厂实际使用过的旧齿轮，让学生实际测量齿轮的齿顶圆直径大小 da，数出齿轮的齿数 z，然后通过 da 和 z，计算其余的结构尺寸。

测得一标准直齿圆柱旧齿轮的齿顶圆直径大小为 123.6mm，齿数为 23，试计算该齿轮的结构尺寸。

解题的过程也不算复杂，只要将齿顶圆直径和齿数代入齿顶圆直径的计算公式，就可求得模数 m 的大小为 4.94mm，但如果将该结果代入其他结构尺寸的计算公式，算出的结果都是错误的。本题的关键是要充分理解和应用模数的数值必须符合国标中规定的模数系列。与 4.94mm 最接近的模数系列数值是 5mm，那计算结果为什么小了？原因是旧齿轮使用后有磨损以及测量存在误差，最终选择模数 m=5mm 代入公式计算其他结构尺寸，结果就正确了。本题在基础性题型的基础上增加了实际齿轮的测量、模数的综合实践应用等环节，学生对本小节的知识点又有了更深的理解。

最后看拓展、创新型开放性作业：

对于学有余力的学生，教师可以再布置 1—2 条拓展型作业，让学生对齿轮结构尺寸的理解更扩散，更具有开放性。如：

1. 由于基圆内无渐开线，外齿轮的齿根圆是否一定比基圆大？

2. 为保证直齿圆柱内齿轮的齿廓全部为渐开线，则其最少齿数为多少？

这样的题目看似讨论的是渐开线与齿轮结构尺寸的关系，这样研究就会陷入无解的陷阱。但如果你的思维是开放性的，你就会发现直接比较两个相关圆的大小可得出它们都与齿数有关。

这样布置的1—2题基础性作业、1题技能性作业和1-2题开放性作业，能够达到学困生"吃得了"、中等生"吃得饱"、优等生"吃得好"的良好效果。

"双减"政策是为了有效减轻义务教育阶段学生过重作业负担和校外培训负担，但对非义务教育阶段的学生同样有指导意义。"双减"政策背景之下，教师的责任不是变小了，而是更大了；要求不是变低了，而是更高了。教师的着眼点和教学重点必须从以往只做好课本知识的传授，更多地转移到对人的培育上来，而且必须通过"润物细无声"的方式潜移默化地让学生德、智、体、美、劳得到全面发展。为此，每一个教师都必须在思想上、行动上作出相应调整和提高，更好地扮演好立德树人、教书育人的关键角色。

专家点评

石志群

泰州市教育局教研室原主任，正高级教师，
江苏省特级教师

点评

　　学校教学中的"作业"就是布置给学生的一种特殊的任务，它既是学生学习活动的重要组成部分，又与学校教学质量有着内在关联。长期以来，过重的作业负担严重影响了学生的身心健康和全面发展。为此，2021年7月，中共中央办公厅、国务院办公厅印发《关于进一步减轻义务教育阶段学生作业负担和校外培训负担的意见》，提出"全面压减作业总量和时长，减轻学生过重作业负担"的要求。

　　减轻学生过重作业负担无疑是非常必要的，但作业在提高学生学业成绩方面的功能也是不可忽视的。因此，优化作业设计，提高作业效率应该成为各学科教师必须重视的课题。我认为，解决这个问题的关键是在"瘦身"的同时要增效，而增效的关键是要提高作业的"精准性"，尽可能避免无效、低效的作业任务。各位专家分别从不同的视角对精准作业在设计定位、价值取向、策略方法等方面提出了很多新观点、新方法，我非常赞同。

一、精准作业要有基于对其功能的全面认识

　　作业的类型通常分为课前作业、课堂作业（课堂上当堂完成）、课后作业；课时作业、单元作业、假期作业；由学科题目组成的作业、实践作业、操作性作

业等。不同类型的作业体现了不同的价值功能，也与其设计目的相关。

课前作业是一种前置性作业，是为了了解学生学习基础，特别是为了与新学习内容相关的前置性知识、技能的掌握情况而设置的，通常是在教师接手新班级，对学生情况不太了解的情况下所必需的。前置性作业也能够帮助学生熟悉与新学习内容相关的基础性知识和技能，排除新课学习过程中的认知障碍。有时可以通过预习性任务以增加学习新知识所需要的感性认识，或课前作探究性研究，通过操作性、实践性任务为新的学习内容形成问题情境（即经历提出问题、发现问题的过程）。

课堂作业的功能在于及时巩固所学习的新内容，通过首因效应这一心理过程增强新知识的记忆效果，并促进知识的正向迁移；了解新知识的掌握情况，发现认识上的偏差，及时纠正错误，或发现掌握不到位的内容，及时查漏补缺；如果课堂内容不是很多，供练习的时间较长的话，还可以对课堂内容、基础性练习做适当变式拓展，促进认知深化。

课后作业除了有课堂作业的巩固、深化、拓展等功能外，还可以将新知识与已经学习过的相关知识进行适度综合，促使其融合、贯通；通过变式训练拓展新知识的应用空间，提高模式识别能力、背景应变能力、知识应用能力，发展学科素养和思维能力；一学期可以安排几次的实践性作业、研究性活动，提高学科建模能力和动手操作、实践应用能力；甚至可以安排1到2次的跨学科、综合性作业，提升学生综合素养，增强创新意识，培养创新能力。

作业除了具有诊断性、巩固性、发展性这些对学习效果有直接影响的功能外，对学生学习心理、学习习惯、学习方法都会产生较大的影响，这些功能体现在非智力因素促进学习效率方面，也是非常有意义的。比如，适合的作业能增强学生的自我效能感，提升学习的信心；通过作业形式的丰富性、应用性、文化性，提高其趣味性，提高学生学习本学科的兴趣；通过设计从发现、提出问题到分析、解决问题的全程性问题链形式的作业，帮助学生掌握学科研究方法；通过预习性作业、总结性作业、独立性和限时性作业、反思性作业，促使学生形成好的学习方法，培养良好的学习习惯。

二、精准作业要有科学、全面的判别标准

精准作业关键在"精准"。"精"和"准"有相似的意思：精确、准确；又有不同的意义："精"又可表示精练，而"准"又可表示"标准"。"精准"的意思则是"非常准确"，结合字面意义和现实情境，这里的"精准作业"是指：非常准确的作业。当然，当作业设计做到"非常准确"，精练这个条件也就满足了。那么，这个"非常准确"的标准是什么呢？

1. 与教学目标对应"非常准确"

作业设计总是针对一定的教学目标的，精准的教学目标是精准作业设计的基础。

要准确理解课程目标，从整体上确定单元的教学目标，再将单元课程目标分解、落实到课时教学目标。

单元课程目标的精准确定依赖于对课程内容的教育教学功能、价值的准确全面的认识。要从知识、技能、思维、意识与观念、素养等方面认真分析教学内容的价值所在，力求在教学中尽可能落实，这也是作业设计的目标要求。

依标教学是教学原则，教学的每个环节都要重视课程标准设定的教学目标的达成。要厘清教学的基本要求。这也是作业设计的基本原则，打好基础才能发展能力。

学生的认知基础也是制订具体实施时的目标的重要因素，它牵涉到教学定位的精准，即知识、能力、素养的广度、深度，进而影响作业设计的内容起点、难度起点、整体难度分布、呈现方式、设问形式、综合程度等等。

2. 与教学内容对应"非常准确"

教师对教学内容精准理解，并在作业中准确地体现出来，能够促进学生正确、全面、深刻理解和掌握教学内容。只有这样，才能把握本质、突出重点、抓住关键、突破难点、针对现实、消除疑点，实现教学价值。

对教学内容，特别是相关的概念要有层次分明的理解，并运用不同的情境、问题体现不同的教学要求。如高中数学学科"导数在研究函数单调性中的应用"中的导数与单调性的关系，既有知识结构的内在关联，又有较强的现实基础，即

从生活经验中能够充分地感受。对于前者，它们都是刻画函数变化规律的数学概念（模型），当然可以运用这个关系提出问题，并运用两个概念的结构的关联性来建构相关的知识体系。但是，这个过程的抽象性比较强，对学生逻辑思维、逻辑推理的能力要求比较高，只适合于部分数学素养比较高的学生。对于后者，可以通过汽车启动与刹车的过程中其加速度与速度之间的关系，让学生回顾生活中的体验，并领悟：启动阶段，加速度为正数，速度越来越快；刹车过程中，加速度为负数，速度越来越慢。基于这样的生活经验，再通过具体的、熟悉的函数图象加以验证，可以在感性认识的基础上，通过直观与想象得到相关的知识结论。这对于设计前置性作业的影响是明显的，对于设计课后作业同样非常重要：基于问题情境，设计相应的基础性问题，以帮助学生进一步理解知识的本质。

对教学内容的生成过程（历史过程、逻辑过程、认知过程）充分理解，不仅对教学过程设计非常有价值，对作业设计同样很有用。如上述的"导数在研究函数单调性中的应用"一课中的前置性作业中的"预习"，不是看书获得结论，而是经历提出问题的过程。又如，课堂作业、课后作业中也应该设置适当的经历知识形成过程的作业，或有别于课堂中已经经历的生成过程的新的生成方式。

对内容的理解要放在数学大概念、大单元的背景下进行，并在作业中得到体现。因此，作业设计不应该是单节课孤立进行，而是单元整体设计，体现知识结构体系、知识与能力的渐进发展过程。

3. 与学生状况对应"非常准确"

作业是给学生做的，不同学校、不同班级的学生是不一样的，甚至每个学生都是不同的个体。作业设计既要考虑学校的整体状况，又要关注班级群体和学生个体，否则就谈不上"精准"。

学生状况决定了基础、巩固性作业，应用、变式性作业，探究、拓展性作业的占比，也决定了每个题目难度的合理确定和作业整体难度的确定。

作业设计要关注学生学习方法、思维习惯（特质、惯性、风格）的差异，因为有的学生习惯于理性思维，有的学生则倾向于直观思维，不同的思维风格影响到他们的学习方法。从教学到作业都应该重视这个问题，通过个性化作业，既关照他们的思维特性，又注意在训练中弥补他们思维的弱项，全面提升思维能力。

在确定学生的状况后，还要重视选择性、个性化的设计与要求，针对学生个性差异问题，有的学生可以免做或选做某些特定的题目，有的学生还要求指定一定要做某个（些）特定的题目。要为资优学生应有的发展提供空间。对超常智力学生、在某个（些）学科上有特殊能力的学生，"非常准确"的作业还要兼顾他们的个性特长的发展，为其成长提供空间。比如，要重视拓展性作业、创新性作业和欣赏性作业的设计与运用。拓展性作业，指的是提出问题，并在问题的基础上收集证据，进而对证据做出解释，将结果进行交流讨论的作业。创新性作业，指的是教师布置运用创造性和创造性想象解决问题的作业。欣赏性作业，指的是用学科发展史上、科学研究中的著名案例、故事，编拟成阅读材料（在苏教版高中教材中有较多这样的材料），让学生从中感受内隐的思想方法、解决重大问题或实用性较强问题的思维过程。学生通过此类作业的完成提升思维水平、学习品质与核心素养。作业的结构应该是学生在完成识记性与理解性作业后，完成迁移性与综合性作业，思维水平能够得到较大的提升。

4. 与学习过程对应"非常准确"

课堂与作业的关联性、一致性也是作业设计能否精准的重要环节。作业内容要在课堂学习基础上进行识记、巩固、运用、深化、综合、拓展，根在课内，聚焦核心内容和主干知识。

让学生在做作业时对课堂学习过程继续有所体验，甚至有新的体验，在过程中深化认识，不能课后（甚至课上）忘了过程，机械套用现成的结论或题型。因为"过程"是本质，结果是过程的自然产物，影响素养发展的是过程，不是结果。

设计拓展性作业，应该是本节内容的自然发展过程，是引导学生对新知识作自主探究，是（章）内容的后续，即向更深处、更高处的思维进阶。

5. 与认知发展规律对应"非常准确"

不仅课堂教学要遵循认知规律，作业过程也要符合认知规律，促进有效学习，提升学科素养。作业结构应该由易到难，由形式到本质，问题之间有递进性、联系性，且适合个性化。

有种流行说法：学生已经会了的不做。个人认为，会了的也仍然要做，一是强化记忆；二是深化认识；三是核心内容、重要思维要实现自动化思维；四是所谓的"会"是听得懂，理解了别人的思维，并不是真正的"会"，从"懂"到"会"需要融会贯通；五是更加全面的"会"：还可能有多种不同的方法；六是从操作流程的"会"到深刻理解、认识本质的"会"，上升到观念、意识层面。

精准作业要有恰当的呈现方式，即适合学生学习基础、认知特点、习惯和能力呈现方式。要设计合理、丰富的题型，增强问题的情境性，精心构造设问形式，特别是注意构造具有层次性、渐进性的问题链，或连续运用所学知识，或变式递进，或综合、融合。题目间的内在关联与发展体现进阶思维能力的提升。前面各位专家分别从学前、小学、中学、职教等不同视角阐述了精准作业的要求、策略，充分反映了基于学生特点，特别是认知特点进行作业设计的重要意义。

6. 作业时间"非常准确"

要了解不同年龄学生有效作业时间的一般规律，过少的作业时间达不到训练效果，过多作业时间也会降低训练效率。作业设计时控制时长非常重要，心理学上曾经做过试验，国际经合组织的 PISA 测试结果说明，不同年龄段的学生都存在最佳作业时间。

三、精准作业要有完备、严格的机制保障

精准作业体系建构是一项综合性工程，靠教师个体是很难完成的，因为"精准"的要求是高标准的，它需要学校、教研组、备课组与教师个人统筹、协调、参与，在管理机制和研究机制建设，资源库建设，平台建设、使用和创新等方面各自负责到位。

一是建立作业管理、提升、使用和评价机制，将作业设计纳入学校教学管理的体系，制定作业管理基本要求和规范，形成作业审核、评价的系统机制。在教学管理办法中要将作业设计融入教学过程的整体设计，作业要与课堂教学中的情境、问题形成完整的问题链，提高学科教学的系统性。

二是建立作业设计技术研究机制，作业设计要作为学校的重要课题进行集体攻关，教研组、备课组要对学科内容细化、分解，组织对教学内容进行准确的知识分解、分类和能力分层水平描述等技术工作，为作业设计提供层级标准和难度

定位；要研究、丰富题目的类型，研究选择题、判断题、填空题、解答题等常见题型的训练功能及如何有效发挥这些功能，研究探索一些新的题型，如填空型解答题、选择型填空题、操作实验题、小组合作实习作业、跨学科综合作业等。

三是建立教师作业设计技能培训机制，组织培训教师的分析题目能力、命题能力、组卷能力，使教师能独立命制满足一定要求的题目，能从不同视角全面分析题目，对其背景、解法、运用的知识（方法、思想）、难度、训练功能、教学策略等方面进行全面分析。

四是要将作业资源作为学校课程、学科课程的有机组成部分进行建设。通过各年级目标分解，进行学校题库课程建设，按知识点，分训练目标，从不同维度建立不同层级的题目群，组成学科题库。题库中的所有题目都要有双向细目分析，包括设计目的、知识与技能、方法与思想、功能与价值、解答时间（区间）、难度系数、可能犯错的地方等。选题时既要自主命制，也可适当选用或改编。题库还要动态丰富（增补与删减）。

五是加强平台建设，通过网络平台建立学习型作业系统。在线上进行进阶式作业，及时进行作业批改，根据学生的作业情况，及时纠偏，并即时性推送补救讲解，再让学生进行练习、巩固。当学生表现较好时，平台自主推送进阶性作业，让学生在原有基础上得到进一步提升。现代信息技术特别是互联网和移动终端的普及，为教学形态的革命提供了技术保障。跟进时代进步、发挥技术优势、改革作业方式是提高作业效率的重要手段，应该引起必要的重视。

有了标准、机制、题库与平台，备课组、教师就可以根据教学目标、学习状况及学生个体的情况，对单元作业的设计要求进行整体设定，并根据要求设计每个课时的作业，送教研组长审核；各个教师再根据班级情况进行知识增补或改编，形成班级作业，送备课组长审核。最后，教师还要对班级个别学生的作业进行个性化设计，提高作业针对性。当然，作业的及时批改、及时评讲、及时辅导和训练跟进，也是作业精准性的重要方面，应该得到重视。

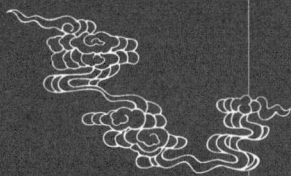

国家精品课

张斌

靖江市阳光幼儿园园长，正高级教师，江苏省特级教师

精准捕捉　精彩分享

——谈幼儿游戏后集体分享活动

《幼儿园教育指导纲要》《3~6 岁儿童学习与发展指南》中一直强调幼儿园应"以游戏为基本活动"。在当今追求教育高质量发展的大背景下，幼儿园"追随儿童，放手游戏"的理念已获得普遍认同。2022 年 2 月，教育部又印发了《幼儿园保育教育质量评估指南》（简称《评估指南》），附件《幼儿园保育教育质量评估指标》围绕办园方向、保育与安全、教育过程、环境创设、教师队伍五个方面提出了 15 项关键指标和 48 个考查要点。其中，"A3 教育过程"之"B7 活动组织"中的第 21 条考查要点提出"以游戏为基本活动，确保幼儿每天有充分自主的游戏时间，因地制宜为幼儿创设游戏环境，提供丰富适宜的游戏材料，支持幼儿探究、试错、重复等行为，与幼儿一起分享游戏经验"。这里特别提出了"与幼儿一起分享游戏经验"的质量评估要求，由此可见它的重要性。

游戏后集体分享活动作为自主游戏的延伸环节，是一个很好的教育契机，让教育行为"从孩子中来到孩子中去"。游戏后集体分享活动的高效开展，能够帮助幼儿梳理经验，解决游戏中遇到的问题和困惑；能够激发幼儿思维活跃度，通过对游戏过程的回顾，获得良好的情绪体验；能够推进游戏的进一步深入，提高幼儿游戏水平。因此，幼儿游戏后的集体分享活动普遍受到幼儿园的高度重视，也是我们正在尝试研究的课题。

一、 游戏后集体分享活动的界定

游戏后集体分享活动应该是师幼共同捕捉在游戏中有价值的问题，开展集体共同讨论的活动，讨论的话题涉及游戏中遇到的科学问题、数学问题、同伴纠纷问题、审美问题等，目的是促进幼儿知识经验、能力水平、学习品质、行为习惯等方面的发展。

二、游戏后集体分享活动的开展

以由泰州市寺巷幼儿园张红梅老师组织的沙水游戏后的集体分享活动为例，它是以小组的形式进行的。

（一）捕捉游戏精彩"哇时刻"

这里的"哇时刻"是指幼儿游戏中时常会发生的幼儿感兴趣的、想探索的精彩时刻。我们需要结合分享前实际观察到的幼儿游戏情况进行科学设计，捕捉幼儿游戏中精彩的"哇时刻"，巧妙引导孩子进入话题。本次活动以谈话导入，回顾游戏。"我们在哪里玩的？玩的什么？"以问题引导幼儿对游戏体验进行回忆，提醒孩子们结合教师拍摄的录像和自己的绘画表征讲述有趣精彩的游戏经历，有玩沙玩水的快乐体验，有挖河道的趣味经历，还有沙池测量的发现疑惑等。这里营造了一个让幼儿想说、敢说、喜欢说、有机会说并能得到积极应答的环境氛围。在孩子们自发自愿的表达过程中，教师抓住玩沙游戏中孩子们感兴趣的那个"不明白的东西"，即"如何测量河长"这样一个有价值的"哇时刻"开启了本次活动分享的旅程。

（二）精准聚焦认知冲突点

幼儿们聚焦"如何准确测量"这个认知冲突点，运用绳子、木板和铲子等不同的测量工具，分四个小组讲述自己在测量中遇到的问题和困惑。第一组幼儿分享的是用绳子测量河长的经历。他们发现了"为什么我和别人记录的数字不一样"的问题，这里借助视频观察讨论，让孩子们自己发现问题，总结经验：一是测量没有按标记准确测量，二是计数的时候重复计数。教师没有急于帮忙解决，而是抛出问题让大家思考：到底怎样测量才是对的呢？第二组幼儿分享的是用木板测量河长的过程。两位幼儿分工合作，尝试采用两块木板依次交替测量，并在小画板上记录数字，得出结果，共同总结出准确测量的方法经验：测量的时候需要确定一个起点，这个起点也是终点，这样测量会更准确，因为我们测量的是一个圆形。第三组分享的幼儿也是用绳子测量河道。他们用雪花片做起点和终点标记，运用照片现场讲述演示，与第一组幼儿测量的方法不同，形成对比，自然而然地解决了第一组幼儿测量不准确的问题。第四组分享的是铲子组幼儿，他们是用铲子测量的。分享幼儿用两把铲子现场操作，在师幼共同的"纠误"中最终总结出测量注意点：一是测量时铲子需要首尾相接，按自己做的记号进行测量；二是要沿着物体的边进行测量；三是要确定好河道的起点和终点；四是测量时要准确记录等，提炼形成自己的经验。他们的测量经验是通过自身体验操作，自己总结出来的。在这个过程中，教师没有包办代替，总是尽量地去"装傻"，运用照片、录像视频、幼儿表征、工具材料等，调动幼儿的眼、耳、手、口、脑，让幼儿们多通道参与观察思考，在轻松愉悦、自然的氛围中展开讨论交流。

（三）深入诠释经验分享点

此时，分享进一步向深处漫溯，教师因势利导，画龙点睛，进一步利用幼儿的表征记录提出思考，为什么测量的都是一样的河道，测量的数据却不一样呢？引导幼儿们观察分析记录表，从而使他们发现绳子越长，测量的数字越小，木板越短，测量的数字越大。但是为什么用木板测量的记录是 36 次，用铲子测量的记录也是 36 次呢？让幼儿们发现原来木板和铲子是一样长的。最后师幼共同总结出规律：测量工具越长，测量的次数越少；测量工具越短，测量的次数越多。以此推进分享话题的深入，最终实现经验的诠释提升。

（四）巧妙拓展游戏探究点

在分享结束前，我们可以拓展经验，为下一次游戏方向作铺垫。这里教师巧妙地抛出话题："今天我还看到一些小朋友在河道中搭建桥梁，他们说中间的地方很深，需要足够长的桥墩，那么河道有多深呢？""我们如何测量呢？"简练的导语，引发幼儿思考，为后续游戏推进提供探究点。

从分享过程来看，整个分享环节轻松愉悦，教师亲切自然，幼儿想说、敢说也能够说，整个环境氛围和谐温馨，师幼互动效果较好。从分享内容来看，关注幼儿的认知冲突点即"如何测量河长"这个问题，通过讨论交流将幼儿游戏中相对琐碎、零散的经验进行梳理提炼，总结提升，使幼儿的思维能力得到有效培养。从分享形式来看，分享活动中采用了录像视频和幼儿表征、记录、现场操作等方式，借助具体的工具和视觉形象，利用语言、动作对游戏场景再现，为分享过程提供支持，使幼儿实现自主游戏效果的提升。

那么游戏后集体分享活动和传统的集体教学活动相比有哪些突破？在教育目标上的突破是，传统的集体教学活动有精准的目标，游戏后的集体分享活动需要跟随幼儿的兴趣，发现幼儿游戏中精彩的"哇时刻"，抓住教育契机，精准调整自己的目标定位，让每个幼儿用自己的方式学习，互动、主动地学；在内容上的突破是，传统的集体教学活动内容是现成的教材，而游戏后集体分享活动内容是游戏，是幼儿的亲身体验经历；在素材上的转变是，传统的集体教学活动有时会脱离幼儿的实际经验，而游戏后集体分享活动是和幼儿的生活、游戏息息相关的；在教学定位上的突破是，传统的集体教学活动是以教师为主导的自上而下的教学活动，而游戏后集体分享活动是以幼儿为主体的自下而上的学习活动；在儿童观上的突破是，传统的集体教学活动是教师教给幼儿，帮助幼儿梳理、总结、提升，而游戏后的集体分享活动来自幼儿，教师追随儿童、信任儿童和欣赏儿童，体现尊重儿童的理念。

三、游戏后集体分享活动的实施注意点

1. **以儿童为主体，成为幼儿的倾听者。** 分享就是人与人之间平等的对话和交流。分享过程中应尊重幼儿的思维、观点，让幼儿真正参与到对话中来，让他们有自信表达和展示的机会。教师要秉持支持的态度，关注分享游戏的过程，关注情感的交流，使游戏分享中的交流和互动真正属于幼儿。而不是将分享的重点着眼于评价幼儿的游戏成果。避免通过教师单方面的评价和建议，把它变成游戏评价。

2. **以观察为基础，捕捉有价值的内容。** 不能把分享交流变成"每个孩子都发言，每人发言一分钟"的刻板模式，教师对分享内容精准做价值判断是必不可少的，这必须建立在教师对幼儿游戏过程敏锐观察的基础上。有价值的分享内容可以是幼儿在游戏中自己创设的游戏情节，通过分享进行拓展，通过分享引起共鸣，从而进一步丰富游戏内容；可以是幼儿自主游戏中无法解决的问题，通过分享让幼儿共同讨论，尝试解决问题的方法，比如本次的沙水游戏视频案例，幼儿们从观察讨论中发现自己测量中存在的误区，从而解决如何正确测量的问题；还可以是对有明显进步的游戏成果的分享等等。我们在选择交流内容的时候，要追随幼儿，跟着幼儿走，要敏锐地去捕捉、去发现幼儿游戏中的有价值的"哇时刻"，而不要一味地追求自己预设的价值判断，而忽略幼儿在游戏分享中提出的问题和呈现的闪光点。

3. **以兴趣为诱导，巧用多样化的手段。** 分享的场地不仅仅局限于教室，可以在操场、草地、游戏现场，还可以在表征墙等地点。我们可以给幼儿提供更多的空间、时间来展示他们的游戏经验；可以借助幼儿的绘画表征、教师拍摄的照片和录像视频等材料重现游戏情境，展开分享活动；可以利用实物工具现场操作、自主讨论等形式，让幼儿亲身体验，发现问题，提升经验。我们在选择游戏分享的方式时应尽可能站在一个游戏者的角度与幼儿展开交流，不要站在评价者的角度简单地抛出问题和解决方法，而应该鼓励幼儿自己表达感受、分享快乐，不要把分享活动变成教师问、幼儿答的单调的问答模式，这样不仅吸引不了孩子的兴趣，反而会让幼儿产生厌倦、排斥情绪，游戏分享的价值也就难以实现了。

　　游戏后集体分享活动是现代幼儿园支持性课程改革的要求，意义是促进幼儿主体性发挥。我们要将集体分享变成一场"思维的互动"，让幼儿们始终带着问题，去反思、去阐述。幼儿们在相互质疑、辩论、求证的过程中学会聆听、学会思考，而教师则要放慢脚步，学会等待，用期待与欣赏的眼光发现游戏，捕捉精彩。

　　让我们与幼儿相伴，做一名细心的观察者，发现有价值的闪光点，分享他们的童年乐趣；做一名耐心的倾听者，静听有趣的游戏故事，感受他们的成长经历；做一名智慧的引导者，参与幼儿的积极讨论，尊重他们的思想表达；做一名热情的支持者，追随幼儿的游戏需求，给予物质和精神帮助。

万小剑

泰州市高港实验小学副校长，中学
高级教师

《琥珀》的三次磨课经历及反思

"一节精品课的打磨"，这个话题有两个关键词：精品、打磨。"精"，精选、精研；"磨"，琢磨、磨砺。《义务教育课程方案和课程标准（2022 年版）》正式颁布。在新课标的背景下，一节精品课的打磨必定是一次成长的契机。几番斟酌，我决定打磨《琥珀》这篇课文。现分享一下我的磨课心路历程。

一、老课文如何解构出新理念

《琥珀》这篇课文是部编版语文教材四年级下册第二单元的第一篇课文。本单元由 3 篇精读课文和 1 篇略读课文组成。其中，《琥珀》和《飞向蓝天的恐龙》是两篇老课文。课文虽然一样，但是所在单元不一样，它承载的教学任务也是不一样的。所以拿到老课文，不能用老眼光。新教材、新课标，要求教师必须以新的角度来重新定位和解读、设计老的课文。好在现在各种平台信息传达速度较快，各家名师都在积极地研讨交流。带着摒弃旧眼光、寻找新思路的心理，我搜集到了很多优秀的解读和课例。

一节"聚焦思辨性阅读与表达"的课堂教学实录引起了我极大的兴趣。新课标在发展型学习任务群里提出了并列的三个任务：实用性阅读与交流、文学阅读与创意表达、思辨性阅读与表达。什么是思辨性思维？查资料了解到，思辨是指批判性思维、审辨式思维、思辨性思维等等。思维的过程好像我们看不见、摸不着，怎么能够找到具体指导学生提升思维力的方法和路径呢？

我感觉这个课例吸引着我触碰到了一个新颖的、高深的话题，从传统的只是关注学生理解到了吗、理解到了什么，到进一步关注学生是怎么理解到的，是怎么思考才理解到的。我反复地阅读实录，仔细地斟酌，用力地理解，如果我也这样设计教学，我该怎么操作呢？

依葫芦画瓢，我设计了初次试教的教案。

板块一：梳理单元词语，揭示课题。明确"自然与科技"的主题，提出培养科学精神，首先需要学会思考。板块二：解决问题，总结方法。提出课后题1，学生交流课前预学的成果。预学单主要内容包括"关注的内容""提出的问题""思考或解决问题的方法""我的答案"。此环节设计初衷是想让学生在交流的过程中展示思考的过程，在教者的点拨和引导下，逐渐明确解决问题的方法。板块三：创设情境，梳理琥珀形成过程。学生默读1—12自然段，尝试复述，在学生回答的过程中，教者点拨提炼出琥珀形成的重要条件和几个关键过程，形成结构导图，再次引导学生根据导图复述琥珀形成过程。板块四：发现表达特点，品味生动性。但试教过程中发现，我越想关注思维方法的指导，越像是形而上的贴标签式的思维点拨。学生带着自己预学的3分收获进入课堂，40分钟后只带着3.1分的收获离开了课堂。整节课，总感觉我与学生甚至与文本有隔离感，不能相融。

反思发现，是因为我没能自己深入地研究，只惊艳于名师新的理念、新的设计，可这些我并没有真正地理解，真正地吃透。我的课堂设计考虑的不应该是概念化的课程理念，不应该是想展示什么样的教学风格，我需要抛却杂念，重新静下心来，研究课标，研究教材，研究文本，研究学生。不能只在浅滩戏水，要往深处行进。

二、策略单元遇上科普文该怎么教

部编版语文教材四年级下册第二单元的学习目标是：阅读时能提出不懂的问

题，并试着解决。继四年级上册"提问"策略单元学习之后，这一单元的学习可以视为检验与实践，在提问中学习提问，在解决问题中反观提问的质量。让学生自由提问，自己尝试解决所提出的问题。在第一次试教时就看得出来，由于没有指导，针对本课内容，学生提的问题除了一些零碎的字词理解外，大的问题不外乎这三个：琥珀是怎么形成的？琥珀有什么特点？琥珀有哪些价值？问题在提出的一刹那就被解决了，扪心自问：学生在这样的提问和解决过程中，有成长吗？这样的"为问而问"、随意提问，提出的问题不经深入思考就能够获得结果，思维能力能得到提高吗？

《义务教育语文课程标准（2022年版）》提出了语文教学的总体旨归是实现语文核心素养的提升。其中关于"思维能力"，课标明确提出："思维能力是指学生在语文学习过程中的联想想象、分析比较、归纳判断等认知表现""思维具有一定的敏捷性、灵活性、深刻性、独创性、批判性"，要"勇于探索创新，养成积极思考的习惯"。

可见，核心素养观照下的教学，应该让学生真正通过思考，去发现、去探索，最后在自己的努力下实现问题的解决。可以说，从提出问题到解决问题，学生经历就是真正的学习。然而，如果提问太随意，问题解决太轻松，学习并没有真正发生，即"提出问题 + 解决问题 = 真正的学习"。

其实，提问可以教，提问需要教。特别是本单元中，学习提问，学习解决问题，正是单元设定的学习目标。《琥珀》这一课，可从以下三个方面引导，让学生学会提问，学会解决问题。

一从事实开始提问。针对《琥珀》的内容，提出："琥珀里有什么？""一只苍蝇和一只蜘蛛，在琥珀里做什么呢？"基于事实提出的问题，是提问学习的预热环节。更重要的是让学生不断阅读课文，在文本的细节处提问。例如学生可质疑：为什么会有一圈黑色的圆环？这圈黑色圆环说明了什么呢？当时在松脂中，发生了什么？问题层出不穷，思考永不停歇。

二从推测展开追问。本文作者是德国科普作家柏吉尔，作者想象的"琥珀形成"的故事，就是作者的推测。教师可以指导学生围绕着"推测"不断追问，获得全新的学习体验。既然是故事，追问就从故事的元素入手。从写法角度入手进行追问，可以帮助学生更为深层次地去解构文章，将琥珀形成故事中，事件的起因、经过、结果和事件中的时间、地点、人物等元素进行一一核对、印证。学生在解决这个问题的过程中，能发现作者对这个故事的构思，相当周全。这其实是完成了课后第3题"作者的推测依据是什么"。

最后，再创设情境：这两只小虫还可能经历了什么故事，让它们永远地淹没在了老松树黄色的泪珠里？引导学生合理推测，创编故事。

重新设计教学过程，但在课堂目标的确定上又开始了徘徊。这节研讨课打算从初读课文尝试提问、指导提问开始，在解决初次阅读问题后，思考再次质疑，引导梳理琥珀形成的故事要素，厘清后对着导图讲述琥珀的形成过程。继而还想在本节课解决印证故事的合理性，寻找推测依据这个任务。试教前就感觉任务量的安排可能失之偏颇。第二次试教，提醒自己一定要给学生时间在课堂上充分阅读文本，要注意反馈学生的回答，引导其不断深入思考，提出深层次的问题。试教后发现，果然课时目标任务安排得过于满，目标完成度只有三分之二。而且，在整个教学过程中，由于过于重方法的指导，这节课学生只是在学着问问题，找问题答案，让文本过于工具化，整节课因而失去了语文的味道。

我开始重新审视：策略单元遇上科普文该怎么教？该如何平衡好方法的指导与阅读教学的关系，特别是有阅读链接的文章？

三、接"天气"与接"地气"

再次研究教材内容，重新确立目标，我们的设计既要踮脚接"天气"，即观照新课标、体现新理念，又要扎根接"地气"，即关注文本本身、关注学生需要。

教材的单元页提出了人文主题与语文要素：蓝天、森林、大海蕴藏着自然的奥秘，过去、现在、未来述说着科技的精彩。阅读时要能提出不懂的问题，并尝试解决。

结合思辨性阅读与表达的学习内容，新课标第二学段的表述是这样的：阅读有关科学的短文，尝试发现日月星辰、风雨雷电、山川草木等大自然的奥秘。依据事实和细节，运用口头和图文结合的方式表达自己的观点和思考。

教学需要基于新课标理念读懂教材编写意图。

（1）理解课后题的作用。三道课后题其实就是围绕一个任务（提出问题、解决问题）设计的三个实践活动，且相互联系，步步深入。

（2）理解"交流平台"梳理出的方法的特点。第一，三个方法都鼓励学生自主发现、思考与探究；第二，联系上下文、查找资料等学习方式是在引导学生有证据地阅读与表达。这都与思辨性阅读与表达的要求是一致的。

再看文本。《琥珀》这一课是根据德国科普作家柏吉尔《乌拉波拉故事集》中的故事改写的科普小品。该书是聚集科学知识与想象情节于一体的一本可读性非常强的科普读物，是一本通俗易懂、文字生动活泼的科普著作。课文开头就说这是一个"发生在很久以前"的故事；接着，作者用生动形象的语言讲述了苍蝇和蜘蛛被包裹在松脂球里以及松脂球变成化石的过程；然后，介绍了一对父子在海边发现琥珀的过程；最后，简要地写了由琥珀展开的推测。这样的文章应该是科学小品文。科学小品文，也称知识小品文或文艺性说明文，一般短小精悍、通俗易懂，是用散文的笔调介绍科学知识的一种新型文体。它往往运用比喻、拟人等修辞手法，通过谈话、讲故事等表现形式将科学内容生动、形象地表达出来，深入浅出地说明事理。课后阅读链接选自王文利的《琥珀物语》，这段文字是一位科普研究者的专业化的语言，与课文表达对比，课文的特点更加突出。课文用词严谨，将严密的推理、准确的表达和生动形象的描写集于一体，具有强烈的艺术感染力。

基于此，应该思考，科学小品文要让学生学什么？无论是这篇《琥珀》，还是本单元第二篇课文《纳米技术就在我们身边》。首先应该让学生对说明的对象有一般的了解，通过对知识的讲述让学生了解这个科学事件背后的科学精神，充分发挥学科育人的价值。知道科学知识，激发探究兴趣，这是编者意图，也应该是教者心中把握的一个最基本的目标要求。接下来思考教给学生掌握阅读科学小品文的方法。

重新研读了教材后，确立本课的核心学习任务——通过对本课及本单元的学习，习得阅读科普文的思维方法，激发对自然奥秘的好奇之心、对科技创新的关注之心。本课学习目标——第一课时：1.能运用已有提问经验，结合交流平台中的方法，主动阅读思考，提出问题，尝试解决问题，探寻大自然的奥秘；2.能通过寻找故事要素，根据导图，用自己的话讲述琥珀形成的过程。第二课时：1.理解"推测"的意思，联系琥珀形成的过程，用倒推的方法为文章故事寻找依据；2.比较阅读链接，体会课文与其表达上的不同，感受文章表达的准确严密、生动传情。

目标任务清晰定位，抛却所有的繁枝冗叶，设计"清简"的教学，考虑两个问题。第一，这一课的学习学生需要什么？他们需要提出问题并尝试解决问题的方法指引；需要弄清楚这块琥珀形成的过程的思维支架；需要学习如何寻找推测的依据；需要学习如何阅读科学小品文的方法。第二，这一课，基于学生的需要，我该怎样教给他们？

1. 设计学习单，给学生的思考提供方向，让思维可视化

第一课时学习单设计

任务一：生字新词我能记（出示本课生词，学生自主学习，重点研究感兴趣的生字词，写下研究结果）

任务二：自主提问 尝试解决

阅读课文前我已经知道的（将你已经知道的写下来）

阅读课文前我想要知道的（写2—3个你想问的问题）

阅读课文后，我知道的（将你之前所提问题的答案及发现的重要信息写下来）

第二课时学习单设计

任务一：质疑回顾 梳理问题

我的问题 解决问题的方法 得到的答案

未能解决的问题或产生的新问题

任务二：寻找依据 印证推测

当时的情形 推测的依据

任务三：发挥想象 创编故事

2. 层层引导，给学生的思维提供支架

第一课时设计

板块一：学习字词 课题质疑 初读课文

板块二：关注事实 解决问题 初识琥珀

板块三：从事实出发 再次质疑 概述琥珀形成过程

板块四：质疑回顾 梳理问题 再次质疑

第二课时设计

板块一：聚焦问题 合理推测

板块二：品味语言 感悟表达

板块三：合理推测 创编故事

板块四：走近作者 推荐阅读

研讨课正式执教第二课时，课后进行基于事实的复盘式评课，梳理了课堂上教师"教的活动"和学生"学的活动"，评价每一板块环节的效果，再反观课堂目标设定，既定目标基本完成，有两点值得改进：1.创编故事环节，学生过多地关注想象的丰富、语言的生动，部分同学忽视了推测的合理性。反思，教者创设的情境需有指引的作用。课文旁边的插图就是很好的素材。2.课堂上学生的思考、交流只发生在教者和学生之间，可适当放手，引导小组合作，汇报交流，把课堂更多地交给学生。

这节课的教学结束了，可思考不能结束。本单元的四篇课文怎样循序渐进地安排，以达到单元语文素养目标？本单元表达任务"我的奇思妙想"，教师如何水到渠成地指导学生完成？其他三篇文章不是科学小品文，这样的文章如何帮助学生读懂、读出兴趣、读出感悟？

回顾整个磨课历程，我由衷感慨——研读让我充实，打磨让我提升；研读让我完善，打磨让我超越。一次打磨，一次完善，一次成长，一次超越！

张利琴

扬州市教育科学研究院教研员，正
高级教师，江苏省特级教师，全国
中小学英语名师

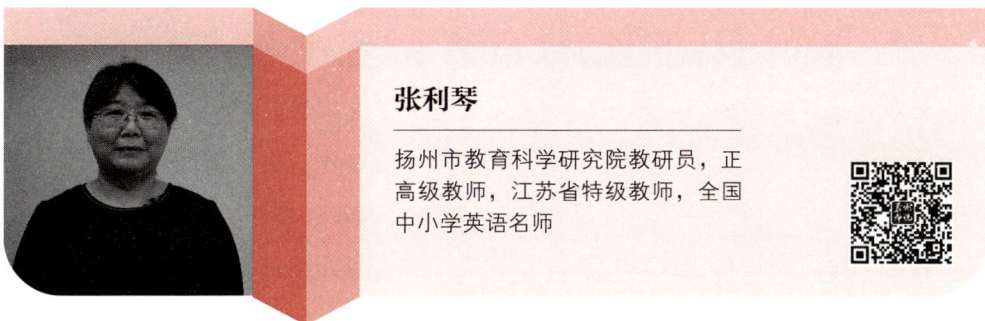

单元整体视域下的 CLIL 阅读教学

——以七下 Unit 4 A trip to the zoo 阅读第二课时为例

　　省级和部级的精品课例是衡量我们专业水平的一个重要指标。《义务教育英语课程标准（2022 年版）》提出"推动实施单元整体教学"，并在附录 5 提供了三个学段的"单元整体教学设计"教学案例。核心素养的一个重要特征是整体性，这要求我们在具体教学中要强化实现"核心素养的四个方面相互渗透，融合互动，协同发展"的整体意识，避免单向维度的碎片化教学，避免碎片化的知识学习，使得英语课程教学既是语言能力培养的过程，同时也是文化意识持续增强、思维品质不断提升、学习能力有效形成的整合发展过程。下面我从研读、摩课、磨课和录课四个方面与大家交流一节新课标视域下的初中英语精品课的磨课历程。

一、研读

　　首先，我们要认真学习教育部办公厅关于"基础教育精品课"的要求及评价指标。精品课以微课形式呈现，包括微课视频、教学设计、学习任务单、课件、作业练习和必要的实验演示。精品课的要求主要包括以下五点：坚持正确方向、确保科学严谨、突出课堂实效、注重制作规范、保证内容原创。其工作目标的第四点是促进优质均衡发展，发挥精品课的辐射示范作用。促进优质教育资源共享使用，帮助农村学校开足、开齐、开好国家课程，加快提升农村教育质量，缩小城乡教育差距，促进构建优质均衡的基本公共教育服务体系。

其次，我们要研读新课标和教材，选定精品课教学内容。下面我以我市一节精品课为例。这节课的内容为译林版英语教材七年级下册 Unit 4 Finding your way 阅读板块 A trip to the zoo 的阅读第二课时。阅读第二课时的教学大都停留在文本表层信息的了解。我们在平时的教学视导中发现，阅读第二课时的语言运用活动缺乏整体性、递进性和综合性。具体表现为：教师组织的语言知识运用活动与学生生活联系不紧密，难以发挥人文价值和育人功能；强调单词拼写和语法知识，缺乏对主题意义的探究与表达，对学生思维能力的培养不足；活动之间相互割裂，没有跨学科主题学习活动。这样的阅读课不能体现新课标提出来的培养学生核心素养的要求。新课标规范的英语课程内容由主题、语篇、语言知识、文化知识、语言技能和学习策略等要素构成。我们团队决定融合新课标的单元整体教学和 CLIL（Content and Language Integrated Learning，即整合内容与语言融合的教学）的理念，开展单元整体视域下的 CLIL 阅读教学研究。

二、摩课

这里的"摩"指的是"揣摩、研究、品味"。摩课阶段的主要任务是揣摩教材编写的思路和意图，研究教学内容的本质和精髓，为教学设计的优化寻找理据，然后撰写教学设计，制作课件。每一节精品课都是经过团队精心打磨的，都凝结着授课教师个人、学校教研、区级教研乃至教研团队的智慧，课的背后一定会有独特的教学理念或教学方法。

1. 依据新课标与教材，提炼单元主题意义，确定单元及课时目标

授课教师对学科相关研究的学习和思考，阅读相关课例文章是设计一节精品课的最简便也是最有效的方式。我下载了单元教学目标设计及 CLIL 理论的期刊

文章给授课教师阅读思考，并指导教师按照新课标分析单元及单元语篇之间的关系，从主题、内容、文体、语言和作者五个角度综合把握、层层深入，提炼语篇的主题意义，确定单元及课时目标。

本单元共有6个板块10个语篇。首先分析单元各语篇内容及其之间的联系，归纳与整理出各板块知识体系，挖掘语言形式背后的深层含义，梳理概括出与主题相关的语言知识与文化知识，并将板块进行整合。本单元的主题意义为：通过研读文本，理解关于问路指路等基本生活技能的语言，在现实生活中做乐于帮助别人的人，能给予求助的人得体的反应，养成互帮互助的高尚品德。

基于对教材内容和主题意义的分析设定了单元学习目标，共五点。通过本单元学习，学生能够：（1）获取、梳理、描述地图和路标上的事实类信息（方位的基本表达方式、旅游路线、动物园标识等），比较中西方表达东南西北方位的相同点和不同点；（2）对游客和他人行为作出自己的评价，知道如何关爱保护动物；（3）掌握冠词的用法，运用方位介词来表达物体的位置；（4）了解升调和降调，用正确的语调讨论出行；（5）了解邀请函的写作格式并在特定语境中组织信息以指明路线。

新课标提出了指向英语学科核心素养的教学途径：践行学思结合、用创为本的英语学习活动观。这节课我们需要开展什么学习活动、提供什么样的语言材料才能促成单元目标和课时目标的达成？通过研讨，我们确定最终学习成果是学生通过学习这节课能解决生活中出现的实际问题，走出教材，超越学科，回归生活，让学习真实发生。设计综合性学习活动：学生能扮演小导游，向留学生介绍扬州动物园。确定了阅读第二课时的教学目标。学生在学习完本篇导游词后，应该能够：（1）根据地图识路，识别描述方位的基本表达方式；（2）梳理并提取动物园常见动物的名称及基本习性；（3）归纳为别人指路的相关指令，并能对他人指引的路线作出得体的反应；（4）尝试为留学生设计一份有本土特色的扬州动物园之行导游词，有跨文化意识。

2. 依据教学目标，设计学习活动，制订单元育人蓝图

英语学习活动观倡导学生围绕真实情境和真实问题，激活已知，参与到探究主题意义的学习理解、应用实践和迁移创新等系列相互关联、循环递进的语言学

习和运用活动中。阅读第二课时教学承载着语言知识积累的教学任务。本节课涉及动物名称、方位介词、祈使句等语言知识，这些词汇、语法是本课语言活动的基础和基本要素，没有基本的积累，就不可能展开语言活动，如果机械地讲解、操练，学生不感兴趣，也无助于语言能力的形成。

以单元话题为统领，将离散的知识串联起来，在运用中实现知识积累。在 Welcome 和 Reading 第一课时教学的基础上，这节课的课堂教学以单元话题为统领，把上述语言知识串联了起来。通过"Which animal is your favorite？Why？"使得学生"know animals well"；通过"How do we read a map？Where am I？Where are they？"等问题使学生"read maps correctly"；通过"Give directions"，使学生掌握了祈使句形式。这样，在单元话题的统领下，在动物园里"识路、识图"的过程中，把离散的知识通过语用串联起来，实现了本课所需要的语言知识积累。在单元话题中，在语篇语境里，教学活动联系学生生活，通过归纳、比较、观察、讨论、运用等，学生的认知能力和语言能力相互转化、相互交融，学科语言知识和学生的认知通过思维活动整合在一起，驱动了整个学习过程，交叉或同步实现了知识积累、能力提升和"全人"发展。

根据学生认知特点，借助本单元核心话题与语言，设计了七年级学生可参与的跨学科的挑战性任务，激发了学生用英语学习地理学科内容的浓厚兴趣。一是"如何读图"。首先，借助"识图三连问"（Where am I？Where do I want to go？How can I get there？）清楚指明了学生具备识图能力的三个标准；接着，以"Sunshine Zoo 动物居所方位的静态描述"复习方位介词的背景知识，利用七年级地理学科内容与英文词典中描述"区分 Compass（指南针）与 Compass rose（指向标）的不同"来培养"识图"能力，并"利用中国地图和世界地图描述国家方位"等多种语言应用实践活动，让学生体验、积累并应用"识图、认路、指路"的核心话题语言，同时增强了学生用英语学习学科内容的自我效能感。

学科育人最终都要指向学生的个人实际，培养学生运用所学解决现实生活中的问题，形成正确的态度和价值判断。本节课最后的综合性任务是让学生根据本课所学内容，为 Yangzhou Zoo 设计一个导游词。这个创意非常好，融入语篇、生活语境，将语言知识运用起来，在运用中实现语言能力提升。语言知识只有在意义使用中才能逐渐得到内化。

三、磨课

教学设计和课件制作完以后，我们的研究也就顺利进入了最为关键的课堂教学环节。教师初次授课前的备课带有一定的预设性，而课堂教学的预设与生成并非完全吻合。在试讲结束之后，就课堂上关键性的教学细节进行研讨和打磨，对教学过程、教学效果等进行反思，发现初设预案中的不足与问题，并作出相应的调整和修改，比如，纠偏教学目标，改进教学设计，调整教学内容，优化活动设计等。执教者也可以观看自己的录像课进行教学反思，在观察和记录的过程中，对课堂教学的亮点可以着重标记，对课堂有待提升的环节也可以直接写下自己原始的思考。

比如，在第一次试上环节，当教师抛出了跨学科的挑战性问题"在野外和城市内迷路了怎么办？"，有学生说打110，有学生说用 GPS 定位系统。这个活动情境真实，但学生没有聚焦单元主题，运用所学解决现实生活中的问题。这说明这个活动设计需要改进优化。教师可以在提问引导的过程中提供一定的英语语言支架及与主题相关的英语语料，然后引导学生综合运用地理、生物、物理等相关学科知识自主、合作参与实践研究和讨论学习"寻找野外和城市内迷路后的不同寻路方式"，让学生真正学到生存本领，在参与活动中将静态的文本内容内化为语言运用能力，在语言运用中发展思维，在思维发展中推进语言学习。同时，在实施活动的过程中，教师根据学生课堂口头或笔头产出的表现作出合理的判断，并基于此教学的证据进一步选择后续的教学内容和方式，从而保证课堂评价贯穿教学始终，实现"教—学—评"一体化。

基于课堂观察的反复磨课会提高教师把握教学和设计教学的能力，教学设计与实施会越来越尊重实际学情，符合学生的认知规律和知识架构，真正落实以学定教。这也是一节精品课应该有的样子：顺需而教，实现学生需求与教学内容的融合；顺学而导，实现学习策略和教学活动的融合；顺势而为，实现思维提升和课堂生成的融合；顺情而引，实现文化意识和课堂情境的融合。

四、录课

教学设计和课件定稿以后，就进入录像课的录制阶段。录课前，教师们要登录国家精品课网站，了解需要提交材料的相关要求，观看视频样板。比如 PPT 要换成指定模板。再如，评价指标的第五点技术规范指出：教师讲解、实验与多媒体演示切换适当，布局美观，声画同步；课件、学习任务单、作业练习信息完整、格式规范；资源引用注明出处。在市级审课过程中，发现有些教师先用软件录课，然后再把人像 P 上去，人像飘忽不定，不美观。课件设计得再漂亮，录课不符合要求，也是前功尽弃。录课一定要严格按照国家精品课网站提供的范例去录制。

新课标的"教学建议"主张：推动实施单元整体教学，以单元教学目标为统领，组织各语篇教学内容，规划系列教学活动。在践行新课标理念的征程上，我们一定会实践得更丰富、思考得更深入、行走得更久远。

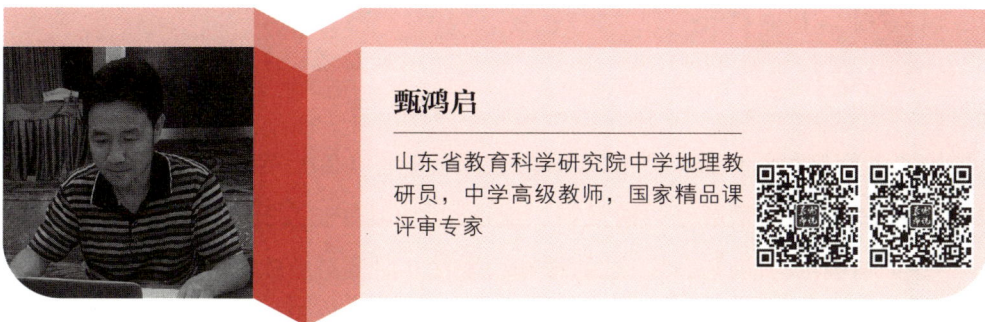

甄鸿启

山东省教育科学研究院中学地理教研员，中学高级教师，国家精品课评审专家

国家级精品课建设范式例说

——以"耕地与国家安全"为例

"基础教育精品课"是由教育部教育技术与资源发展中心（中央电化教育馆）组织实施的课程资源建设项目。要做好基础教育精品课，首先需要清楚什么是基础教育精品课、精品课的评判标准是什么、精品课有什么共性、如何建设一节基础教育精品课四个基本问题。

下面结合我全程参与的一节国家级精品课建设为例来说明这四个问题。

一、什么是基础教育精品课

简单说，基础教育精品课是为适应新时代基础教育高质量发展，促进信息技术与教育教学融合创新，推动优质教育教学资源共建共享实施的资源建设工作。

1. 质量要求

（1）坚持正确方向。贯彻党的教育方针，落实立德树人根本任务，尊重教育规律，体现素质教育导向，在意识形态、民族宗教、领土国界等关键问题上不能有偏差，这是精品课的红线。例如"耕地与国家安全"这节基础教育精品课是坚持总体国家安全观这一正确方向的基础教育精品课。

（2）确保科学严谨。严格依据国家课程标准（2017年版2020年修订）和2022年秋季学期前最新修订的教材，保证学科知识内容的准确和授课语言的科学，保证情境素材的真实性、适切性和权威性。研读对应的课程标准内容要求，即"运用图表，解释中国耕地资源的分布，说明其开发利用现状，以及耕地保护与粮食安全的关系"，选取真实性、权威性的国家耕地基本国策，确保教学内容的科学严谨。

（3）突出课堂实效。要体现新课程标准的要求和学科教学改革的方向，充分考虑学科性质和不同学段学生的学习特点，有效解决课堂教学的重点、难点问题，注重发挥学科的德育功能和综合育人功能。"耕地与国家安全"这节课更为侧重学生对国家耕地政策的理解和针对现实耕地与粮食生产关系及其地域差异等基本国情，有效实现了课堂的德育功能和综合育人的设计效果。

（4）注重制作规范。教学目标要明确、教学过程要完整、教学资源要充足、摄制技术要规范，语言、文字、符号、单位等使用要符合规范，精品课（除外语课程外）应使用国家通用语言文字，不得有任何广告。这个是技术标准，所有的教师严格按照文件规范，不能忽略任何一个细节的要求。

（5）保证内容原创。精品课必须是教师本人教学实践中所积累的典型教学成果，不得冒名顶替，严禁抄袭，引用资料须注明出处和原作者。特别注意地图的标注，基本规范参考："地图出自：普通高中教科书 地理选择性必修3 资源、环境与国家安全，山东教育出版社2023年第1版4次，第27页。"

2. 精品课与常态课堂的不同

精品课是省去了学生活动过程的微型课，应用对象是学生，对应一个课时的容量，不是对应教材的一节内容，有的教材一节内容一课时可以完成，一节内容就对应精品课的一课时，如果一节的内容日常课堂需要三课时完成，就是三个课时的精品课，也就是一课时的内容对应日常授课的一课时，但时长为15—20分钟。

3. 评审环节

有教师自主申报、学校推荐、县级初选、省市遴选和部级遴选五个环节。优中选优，出精品，充分体现教师教学中的典型教学成果。

4. 提交资源

包括微课视频、学习任务单、作业练习和教学素材四部分内容，基本要求如下。

微课视频：教师讲解＋多媒体大屏资源演示，中学应控制在 15—20 分钟。这里需要特别注意，授课教师要出现在屏幕上，且不能有任何掩盖屏幕的内容，也就是在屏幕右侧预留三分之一的教师站位空间。

学习任务单和作业练习应按照模板规范填写，特别强调的是按照模板的格式要求即可，不能自主更改基本规范，具体要求在模板上都有所体现。信息错误、错别字等一处扣两分，科学性错误由评审专家酌情扣分，最高可一票否决，政治性、意识形态等问题一票否决。

教学素材包括教学设计和课件，其中教学设计至少包括教学目标、教学内容和教学过程三个环节，多了不限，但不能缺少必要的环节。

二、国家级精品课程的评判标准

第一部分是精品课的基本规范。这一部分，我们一起了解国家级精品课的评审标准。

四个一级指标：目标内容（20 分）、教学过程（45 分）、教学资源（25 分）和技术规范（10 分）。

国家级精品课评审更为关注课堂教学过程，在过程中体现教学质量和教学成果。

1. 目标内容（20 分）

目标内容特别强调教学目标科学合理，落实立德树人根本任务，教学目标明确具体、可检测、重难点突出。教学内容符合课程标准的要求和学生的认知规律，注重培养学生能力，要涵盖该课所包含的知识，课时要安排合理。

2. 教学过程（45 分）

教学环节流畅紧凑，包含必要的教学环节，层次清晰、过程流畅，课堂容量适当，时间分配合理。教学方法策略适切，体现以学习者为中心，注重学生亲身体验、情境感知；组织教学严谨，教学方法得当。有效融合信息技术，能够熟练运用信息技术，依据教学目标选择、整合和应用数字教育资源，促进知识的理解和问题的解决，培养学生创新能力，提升教学的精准性和实效性，如有实验的内容，实验技术运用应合理。

3. 教学资源（25分）和技术规范（10分）

教学资源和技术规范在模板中都有具体而细致的要求，这里就不再赘述了。

三、国家级精品课程的共性特点

（一）落实课程标准——准、透、活、实

1. 准

"耕地与国家安全"这节课对应的课程标准内容要求是"3.3 运用图表，解释中国耕地资源的分布，说明其开发利用现状，以及耕地保护与粮食安全的关系"。

要准确定位就要有"不谋全局者，不足谋一域"的全局观，本部分内容位于选择性必修3，本模块包括三方面内容：自然资源的开发利用、环境保护和资源与环境对国家安全的重要意义。旨在帮助学生了解资源、环境与国家安全的关系，增强保护资源与环境的意识，树立维护国家安全、发展利益的观念。耕地、粮食是农业的根本，历来都是国家一号文件关注的主题，我们国家也历来有"无农不稳，无工不富"的说法，准确定位本节课的学习价值和意义是讲好精品课的第一步。

2. 透

吃透课程标准是落实课程标准要求的第二步。这一条课程标准内容要求立意是什么，关系到这一部分内容的学习程度与边界。就本条课程标准内容要求来说，"运用图表"是学习条件，"解释"和"说明"是学习程度，隶属于理解层面，属于较高程度的学习要求；不仅仅是知道，而且要运用图表的信息，提取出需要的信息分析解释"中国耕地资源的分布"和"开发利用现状"，这一要求在本条课标要求中属于学习的过程性要求；最终实现让学生懂得"耕地保护与粮食安全

的关系"这一目标。三个内容之间是层进关系，非并列关系。

3. 活

定位准确，吃透要求，厘清内在逻辑关系是课程资源的基本规范性要求标准，要做出精品课程资源，还需要在用"活"教材上下功夫。

所谓"活"就是素材要鲜活，教学方式要灵活，评价要有活力。

素材鲜活是指使用的素材要贴近学生的真实生活，学生看得见、摸得着，也就是新课程标准提倡的真实情境，生活化素材；教学方式要根据学生的认知逻辑灵活选择授课方式和方法，最关键的是"教—学—评"一致性的设计要求，每一个环节、每一个活动本身都是"教—学—评"一致性的小循环，整节课是一个完整的系统大循环；评价充满活力，有利于激发学生的思维、激活学生的学习热情，不能简单评判，要充分发挥评估的价值——有利于学生体验效能感、成就感和培养学习的自信心，只有让学生感受到学习的乐趣和自信的评价，才能促进学习。

4. 实

实是指真实、忠实、实用等。真实的情境是本次课程标准特别强调的，忠实课程标准要求怎么强调都不为过，关键是要实用——学生学习了本节课后，能够解释中国耕地资源的分布，说明其开发利用现状，进而厘清耕地保护国策的必要性与必然性，最后生成耕地保护与粮食生产关系到粮食安全的意识。素材的选取要真实，活动设计要忠于课标要求，师生互动要实用，让学生感受到对生活有用，培养对终身发展有用的安全意识和观念。

（二）教材使用——关照学习逻辑的结构化、逻辑化

精品课一定是用教材教的典范。

教材是文本逻辑，精品课是学习逻辑，需要将文本逻辑转化为学习逻辑。学习逻辑遵循的是结构化和逻辑化原则。中国耕地资源的分布及其开发利用现状、耕地保护和粮食安全三个学习内容之间的内在关系的结构化与认知的逻辑化是精品课最有竞争力的体现。

（三）"教—学—评"一致性

对教师的教、学生的学、教师对学生的学法指导情况，以及学生运用学习方法解决实际问题的能力的情况，要进行及时反馈与评估，每一个环节都需要进行教师的教与学生的学的即时性评估与反馈。关键是教师教方法，学生学用方法，评价教师的学习方法、学生的学习使用情况并适时调整，精品课因为无学生活动过程，教师需要模拟学生的思维过程进而生成内在逻辑过程，呈现更为严密的逻辑过程和结构化的课堂效果，这也是教学过程最为核心的评估要点。

（四）教学风格——有风格更出彩

精品课一定是教学风格鲜明的课堂。课堂可以充分体现教师的视野、气度、思想认识与生活体验等。我参与指导的本节课授课教师的风格是富有逻辑力量的结构化课堂，正对应耕地、粮食与国家安全的内在逻辑关系。

四、建设国家级精品课程范式

实现国家级精品课建设一般要走以下四个基本步骤：

（一）清楚要求

第一关：搞清楚其与一师一优课、中小学国家课程资源、优质课、微格教学及日常课堂的要求不一样，前面已经强调，这里再说一下：精品课是无学生活动的一课时教学内容的结构化、逻辑化的课堂实录，时长 15—20 分钟。

（二）明确标准

参见第二部分评审标准。

（三）基本规范

勿被一票否决！

（四）追求精品

精品课拼的是实力、拼的是内涵、拼的是功力！
只有精品思维，才有精品课堂。

戴智敏

浙江省绍兴市教研室中职语文教研员，正高级教师，浙江省特级教师

"劳模精神工匠精神作品研读"专题教学

——2022年全国职业院校教学能力大赛国赛一等奖作品解读

一、整体设计思路

中职语文课标坚持以学生发展为本，充分挖掘语文课程独特的育人价值，强化语文学科核心素养的培养。教师要强化育人导向，突出语文学科在继承和弘扬社会主义先进文化方面的独特作用，明确学生学习语文课程后应形成的正确价值观念、必备品格和关键能力。

本课程以中职语文课标"职业模块"有关内容为基础，整合有关劳动模范、大国工匠等典型人物的新闻类作品，打破单篇教学局限性，形成专题。"劳模精神工匠精神作品研读"专题，既体现职业教育特点，也是对加强劳动教育新要求的回应。

结合建筑装饰技术专业，分析学情特征，基于学习进阶理论，以教材内的课文为主，教材外选篇为辅，整合成一个知识板块，运用"横向联读，纵向联结"的教学策略，既聚焦专题多文联读的横向增量，又关注单篇学习内容的纵向叠加，建立知识间、能力间的纵向与横向联系。结合文本特征，聚焦单篇课文选点精读，纵向深入学习；聚焦语文关键能力，连类而读，横向推进，进一步拓展学习内容。

同时，创设校园情境和职业情境，以"劳模展厅文案写作"为载体，"两境"融通实施教学，营造"线上线下，信息技术辅助"的学习环境，建立"阅读阶梯，积分关卡"的评价体系，通过"三化五步"教学流程开展言语实践活动，渗透职业意识，提升学生综合素养，由"立言"而"立人"。

二、由课标到教学内容的处理

中职语文课标改变了过去知识本位、技术本位的旧思路，围绕语文学科核心素养，以专题方式组织课堂内容，同时兼顾语文关键能力的培养。每个专题有机整合情境、内容、资源和方法，选择典型内容进行教学，可以使语文学习更加贴近现实生活，更加符合语文课程的综合性、实践性特点。

1. **优化课程内容，反映时代要求。** 要及时反映经济社会发展和科技进步的新变化、新成果。本课程教材为高教版中职语文教材（职业模块），共3个专题，54个学时。对照《中等职业学校语文课程标准（2020版）》，要求运用不同媒介，创设学习情境，引导学生感受人物形象，领悟其精神品质，培育劳动精神，弘扬劳模精神、工匠精神。围绕提升语文素养、服务专业教学的要求，本次教学内容为专题1《劳模精神工匠精神作品研读》中创造性劳动的话题，选取讲述有关劳模人物（袁隆平、罗阳、钟扬、彭祥华、王进喜）的新闻类作品，开展12课时的专题教学。利用群文阅读的方式，将多篇文本的信息进行整合，形成一个清晰的理解结构，从而建立起一个立体紧密的课堂结构，帮助学生扩大认知范围，优化阅读内容。

2. **创设职业情境，强化育人导向。** 创设"劳模厅文案写作"这一情境，设计了"人物名片我来制""人物生平我来画""人物事迹我来理""人物形象我来析""劳模精神我来扬"五个任务推进教学，生成劳模展厅文案写作的"劳模名片墙""生平经历图""事迹成就榜""光影展示区""颁奖词展区"五个学习成果，在这一过程中，学生感受人物形象，培育劳动精神，弘扬劳模精神、工匠精神。

三、基于课标的教学目标确立

中职语文课标从中职语文教育实际出发，加强课程的可操作性和指导性，教师在对语文核心素养的认识与发展上要有全局概念，梳理语言理解与运用、思维发展与提升、审美发现与鉴赏、文化传承与理解等核心素养四个方面的关系，促进"教—学—评"有机结合。

本课程以核心素养为导向，根据中职语文课标中关于劳模专题的要求，确立"三能"的知识目标为"了解人物事迹、理解人物形象、掌握文本特征"；预设教学难点，选取学习方式，确定"四会"的能力目标；课中渗透思政，感受人物精神，确定素养目标为"热爱劳动、提升审美、谋求创新、促进表达"，以语育人、以文化人。

四、教学策略的形成

要解决语文学习成效不理想、学科学习价值未能凸显等问题，需要教师打破单篇教学局限性，结构化处理语文教学内容，优化语文知识呈现的情境，删选和整合教学资源，通过专题教学实现语文知识和能力的迁移，从而达成教学目标。

在教学方面，首先，要选定学习内容，以提升语文核心素养为目标；其次，创设学科认知、个人生活、社会生活、职业生活情境，并以任务引领的方式引导学生开展积极的言语实践；最后，分配学习资源，设置评价量表。

本课程融入劳模精神、劳动精神教育，创设校园情境和职业情境，以"劳模展厅文案写作"为载体，通过"制——画——理——析——扬"五个子任务横向联读，结合不同新闻作品的文体特征，每一任务设计不同的联读内容，联读人物信息、生平、事迹、品质、精神。同时，厘清每一任务联读内容的"关键点"，以单篇课文为例进行精读，由点成面，举一反三，迁移运用到其他课文，形成纵向联结。从任务一名片制作活动中提高信息提取力，从任务二导图绘制活动中提高信息整合力，从任务三朋友圈撰写活动中提高分析鉴赏力，从任务四角色扮演活动中提高表达写作力，再到任务五成果展示中提升联结运用力，认识不断深入，能力层层提升，学习过程有梯度。

五、基于核心素养培育的教学评价设计

语文学科核心素养是一个整体，语言理解与运用是基础，思维、审美、文化方面的发展是建立在语言理解与运用的基础之上，并在学生个体言语经验发展过程中得以实现。语文核心素养的培养关键在于教师的转变，特别是评价杠杆的应用。学生不是被动接受知识的容器，而是有着独立思想的个体。教师应依据学业质量标准和专题的具体评价目标，结合专题学习内容与要求，设计系列的评价任务。

课标在描述语文学业质量水平时，努力突出具有代表性的、典型性的"言语活动"和"表现"，描述不同等级学业质量水平在言语活动中表现出来的理解与运用语言的行为特征，有利于"在具体的学习情境和积极的言语实践中，全面考查学生语文学科核心素养的发展情况"。

基于此，本课程结合语文核心素养，以学习成果为导向，从知识、能力、素养及增值量化等维度进行综合评价，构建"阅读阶梯""积分关卡"的评价体系，在真实任务的参与中寻求动态的进步表现。设置"五星阅读阶梯和积分关卡"，引导学生参与活动，集卡积分，并对小组合作、活动表现、能力掌握等方面进行测评。在五步教学过程中，每步分设三个环节活动，每达一步掌握语用关键能力，可获一星，最高为五星，不断为学习增值赋能。从学习基础、学习过程、学习态度、学习效果等及时跟踪了解，激发学生持续学习力，充分发挥评价的诊断、反馈、激励等功能，让学生在完成情境中的言语实践任务的过程中，获取和运用知识，自主建构知识体系和言语系统。

六、课程思政的落实

课程思政教育需要责任和情怀，强调"有温度"的教育。中职生正处于世界观、人生观、价值观形成的关键期，然而鉴于其对传统的课堂教学方式不感兴趣，自身意志力也较为薄弱，因此在语文活动中挖掘思政元素的价值引领作用，努力培养学生自主、合作、探究的学习能力。

思政融入润物无声。语文教材中包含古今中外的经典作品，教师通过对作品的解读，引导学生理解和体会不同时代的思想观念、不同作家的人格魅力、不同作品的思想内涵。这种隐性的思政教育，会让学生在阅读作品的过程中，结合自身实际情况产生共通感，于无声处悄然完成其思想观念的转变。

本课程设置了"双线一核，立言立人"的思政策略，以情境活动作为切入点，学生从言语实践活动中生成情感，即为"显性动情点"；教师联结文本进行深度追问，让学生深入学习情感升华，即为"隐性融入点"；显性和隐性双线并行，由"立言"而"立人"。此外，我们还以语言表达、行为态度为"评价观察点"，让学习效果可测可评。最后，我们以劳模之手为意象，围绕"干一行、爱一行、钻一行、精一行"的思政元素，学习劳模精神，聚合五指力量，凝聚成一核心——新时代劳模力量，帮助学生树立职业理想。

专家点评

胡唐明
泰州市教育局教研室副主任，正高级教师，江苏省特级教师

点评

　　2007 年开始，教育部开展了普通高等学校本科课程及高职高专课程网络教育精品课程建设。经过多年的努力，大学生精品课程建设取得了很大的突破，在线精品课程为大学生们跨校学习提供了优质课程服务，受到了一致好评。面对新时代基础教育高质量发展，2021 年起教育部在原有的"一师一优课"的基础上发起了"基础教育精品课"的试点开发，在基础教育界反响也很大，大家一致认为精品课是利教便学的好"帮手"。2022 年 9 月 6 日，教育部办公厅下发了《教育部办公厅关于开展 2022 年"基础教育精品课"遴选工作的通知》（教基厅函〔2022〕20 号），正式在全国基础教育范围内大规模组织开展精品课的遴选工作。遴选工作要求很高，经学校、县（市、区）、设区市、省逐级筛选，最后申报到教育部，教育部组织终审，并对获得部级精品课的教师颁发证书。值得一提的是，获部级精品课荣誉可作为教学成果评定、职称评聘和评优评先等方面的重要参考依据。同时，各地也会分别对获得部、省、市级精品课的教师以适当方式予以鼓励，并将获奖精品课也作为相应层级的教学成果评定、职称评聘和评优评先等方面的重要参考依据。2023 年 6 月 13 日，教育部办公厅又下发了《教育部办公厅关于开展 2023 年"基础教育精品课"遴选工作的通知》（教基厅函〔2023〕11 号），看来，今后教育部将常态化推进国家精品课的遴选工作。对比 2022 年的文件，2023 年精品课征集中有所不同的是，将精品课直接定位在学科课程、特

殊教育和实验教学三个类型上。文件中强调，学科课程和特殊教育类以微课形式呈现，包括微课视频、教学设计、学习任务单、课件、作业练习。特殊教育类可不提交作业练习。实验教学类以课堂实录的形式呈现，包括实验教学视频、实验教学设计、导学案、课件等。此外，需要说明的是，尽管到目前为止教育部在学前和中职两学段还没有启动精品课建设，本着发展微课，整合 AI 教学研究成果，本课程我们也做了相应的设计。

一、国家基础教育精品课开发

2022 年，泰州市教研室科学谋划、精心组织，发动广大教师积极参与"基础教育精品课"开发，经过动员培训，共收到 309 节参评课，经评选推荐出 100 节"市优"课报省参评，其中 61 节课获评"省优"并送教育部参评，最终 17 节课获评"部优"，获评数量在全省列第三位。

本课程中，山东省教育科学研究院中学地理教研员甄鸿启老师以"耕地与国家安全"为例讲了四个关于基础教育精品课开发的基本问题，分别是：什么是基础教育精品课？精品课的评判标准是什么？精品课有什么共性？如何建设一节基础教育精品课？泰州市高港实验小学万小剑老师以教育叙事的方式介绍了她主导开发的《琥珀》这节精品课的三次磨课经历，并介绍了她的个人反思；扬州市教育科学研究院张利琴老师着重以单元整体设计为例，介绍阅读教学课开发的全过程。专家们的开讲内容各有侧重，结合具体案例，讲得有理有据，阐述得都很到位。为了提高认识，加深对国家精品课的理解，我想借此机会跟大家一起来进一步探讨以下几个问题：

第一个问题：什么课才可称得上是"精品"

精品多指最精美的物品，物品往往是行业中的"高手"精作所为，是质量上乘的作品。成为精品，一定是经得住比较且经得起考验的。一般说来，论等级一定是正品中的上等品，论性质一定是优质中的样板。

由此看来，我们对基础教育国家精品课为什么要经学校、县（市、区）、设区市、省、教育部逐层逐级遴选就理解了。可以说，所有精品课都是磨出来的、选出来的，一定是同一主题课中最优秀、最纯粹、品质最好的课。精品课设计，确保科学、严谨和教学实效。国家课程标准和国家审定的教材是唯一依据，知识内容和授课语言讲究科学，情境素材的选择突出真实性、适切性和权威性。体现课标要求和学科教学改革，充分考虑到各学科性质和不同学段的不同学生的学习特点，重点放在有效解决教学重难点问题上。我认为，称得上精品的课，一定具有目标精准、内容精确、任务精当、活动精彩、形式精美等基本特征。

第二个问题：精品课是通常意义上的一节课还是某主题下的课程

基础教育精品课是基于教育部以前组织的"一师一优课"发展而来的。"一师一优课"是一位优秀教师上的一堂精彩课，精品课则不同，它是一个教师围绕某单元中的一个主题开发出来的包括微课视频 MP4、教学设计文档、学习任务单、课件 PPT、作业练习文档、实验演示 MP4 等物型资源，教育部最终要将这些资源放置在专辟的网络平台上供全国师生使用。因此，精品课属课程范畴，不能简单地看成是一节独立的课，是大单元体系下的主题课程。

第三个问题：国家层面组织开发精品课有何意义

精品课是优课中的经典。开发这样的课程，不仅体现在为全国广大师生提供优质教学资源、优质服务，更为重要的是能促进全国教育教学的优质均衡发展。开发精品课，也是力求突破教育发展不充分、不平衡问题。

精品课最大的特点是适用性强。这一课程，既能满足学生自主学习需求，也能满足教师教学备课需求；既能满足线上学习使用，也能满足线上、线下混合学习使用；既能满足有组织的在校、在班、在学校组织的主题学习场地的学习需要，也能满足在家、在社区甚至是在任何校外学习空间自主学习、个性化学习的需要；既能满足新知识学习需要，也能满足预习、复习、补救学习需要；既能满足接受式学习需要，也能满足开展探究式学习、项目式学习等学习需要。国家精品课程放置在国家智慧教育网专辟的平台上供全国教师和学生使用，在特定的空间全天候供给使用，满足的是使用方的不同需求。

二、中职及学前教育精品课开发

为了发展 AI 课，借鉴国家精品课程开发理念，本课程邀请了绍兴市教研室戴智敏老师以 2022 年全国职业院校教学能力大赛国赛一等奖作品《"劳模精神工匠精神作品研读"专题教学》解读了这一主题课程研制的全过程，邀请了靖江市阳光幼儿园张斌老师介绍了"幼儿游戏后集体分享活动"这一幼儿课程开发的全过程。对照国家精品课开发要求和评价标准，两个课程都很优秀，值得大家学习借鉴。

首先，不忘立德树人根本任务，落实新课程开发理念，尊重教育规律，体现素质教育导向。其次，要发挥领雁教师的骨干带头与引领作用，要突出优秀教学范式的推广与应用，要重视优质资源开发与推送，还要充分体现"教—学—评"一致性理论的应用，强调"一流教师队伍、一流教学内容、一流教学方法、一流教学材料、一流教学管理"开发要求，以校园为单位将课程向经典方向炼制。

两个学段的课程开发要求各有侧重，对中等职业教育来说，我们的重点应放在以下两个方面：第一，满足学生自主学习和个性化学习的需求，为学生预习、复习、开展探究式学习和项目式学习提供服务，促进减轻学生过重学业负担。第二，支持教师组织的课堂教学，为教师优化教学设计、丰富教学内容、开展线上线下混合教学等提供可靠的服务。对学前教育来说，我们的重点应放在园本课程的开发上，多在实践课程和解放理性课程开发上下功夫。

精品是炼制出来的、比较出来的、打磨出来的。打个比方，玉石中的精品玉，一定是出自技艺精湛的知名工匠之手，一定是经过精心设计的，一定是精雕细刻的，也一定是从众多作品挑选出来的，费工费料但质量上乘，经受得起消费者长期把玩考验。可想而知，炼制成精品，形成经典，应出自名师之手，要经过创意设计、反复打磨、多次遴选，还经受得住各方面的考验。成为课程中的精品，要求很高，目标设计要满足个性需求而力求精准，内容设计要体现大概念教学要求而力求精确，任务设计要体现"教—学—评"一致性而力求精当，活动设计要顺应问题情境创设与挑战性"教—学—评"任务的实施而力求精彩。

三、精品课程开发注意事项

精品课程开发中，本着全面落实立德树人根本任务的思想高度，强调育人为本，将精品课程建设的着力点放在培养正确价值观、必备品格和关键能力的素养上。

第一，重视体现新课程理念的规划设计。课程开发规划设计时，要突出以下几个方面的要求：一是要注重有利于学生学习方式改变和教师教学方式改变要求，二是要注重学科内知识关联、学科间关联要求，三是要注重结合学业质量水平要求，四是要注重增强课程指导性要求。思想立意上要"有意思"，知识建构上要"有意义"，任务设计上要"有挑战"，学习或教学需求上要"有满足"。

第二，重视体现以概念为本的新教学观。体现大概念课程设计理念，所有精品课程都是大单元中的一部分，是置于大单元整体设计框架内设计出来的。例如，《耕地与国家安全》这节内容是《人口、资源、环境与粮食安全》这一大单元内的一部分，回答的是国家粮食安全问题中的一个关键性的问题——我们如何开发、利用和保护耕地资源以确保国家粮食安全？如果我们的视角只限于耕地这一部分，体现的是回答"国家粮食安全"这一主题的几个基本问题，基本问题构成的是不可分割的知识结构整体。

第三，重视体现新流程的教学设计。教学设计包括大单元课程设计下的某主题教学设计、学习任务单、作业练习等内容。从教学层面看，教学目标要符合课程标准要求、学科教学指导意见和教学实际情况。教学内容要充分利用已有的课例研究成果，着重分析本课重点与难点。教学过程包含必要的教学环节，层次清晰，体现多样化教学方式。对应的学习任务单内容包括学习目标、学习任务、学习准备、学习方式和环节以及配套学习资源推荐（包括教科书相关内容阅读及其他学习资源）等。所对应的作业练习与学习目标相一致，建议设计多样化的作业任务，除适量的纸笔练习题外，可布置绘图、调研报告、手抄报、课后实践活动等任务。

总之，成为国家级精品课的设计，要做到"四个关注"要求：一是关注体现课程育人价值，开展学科思想和学科核心素养培育是精品课的关键；二是关注信息技术与学科课程的深度融合，充分利用信息技术手段；三是关注为学生开展探究式学习和项目式学习提供服务；四是关注为教师优化教学设计、开展线上线下混合教学提供服务。

跨学科主题学习

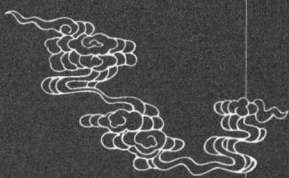

胡晓艳

江苏师范大学教育科学学院教授，
博士，学前教育专家

关注图画书主题课程蕴含的教育价值

2022 年 2 月教育部《幼儿园保育教育质量评估指南》文件指出，在幼儿园不允许使用教材，禁止开展"小学化"倾向的教学。文件出台让习惯了使用"教材"开展教学的幼儿园教师们瞬间失去"拐棍"，对幼儿园教学感到束手无策和一片茫然。为此，一些有智慧的教师提出以图画书为主题开展教学活动，以此来支持学前儿童成长。同时，大量国际研究发现早期阅读能促进学前儿童全面发展。在幼儿园中开展以图画书为主题的课程教学，或许能解决教师们的"燃眉之急"。也许教师们会产生一些疑问："想法虽好，作为一线教师如何让先进理念落地，开展图画书教学实践呢？""是不是所有图画书都能成为幼儿园课程资源呢？""适宜幼儿园课程的图画书具有哪些特征呢？"今天，我们就以图画书《红蚂蚁和黑蚂蚁》为例，谈谈幼儿园以图画书为主题、整合各领域发展核心经验的课程的研发与教育实践。

请教师们先阅读图画书《红蚂蚁和黑蚂蚁》，思考问题：这本图画书适合幼儿园小朋友阅读吗？如可以，教师们能设计哪些主题活动开展游戏阅读？

一、图画书简介

　　《红蚂蚁和黑蚂蚁》是相对关系系列图画书之一，由南京师范大学出版社出版，作者为华东师范大学周兢教授。该书用童话方式讲述了一个有关红蚂蚁和黑蚂蚁的妙趣横生的故事。一天傍晚，十只黑蚂蚁和十只红蚂蚁在院子里散步，它们都找到了好吃的东西。天快要下雨了，十只黑蚂蚁和十只红蚂蚁各排成一行队伍，搬着东西往家回。开始时，两列队伍一样长。后来刮风了，快下雨了，十只黑蚂蚁停下来，把好吃的东西分开来，分成了两队、五队，到后来的十队；十只红蚂蚁自始至终都排成一队搬着食物往家走。最后，大雨落下来，黑蚂蚁被淋得哇哇叫，好吃的东西也被雨水冲跑了；红蚂蚁终于在下大雨之前回到了家，吃到了好吃的东西。

　　《红蚂蚁和黑蚂蚁》插图采用工笔国画风格，从儿童视角描绘红蚂蚁和黑蚂蚁的形态、特征和行为。同时，在插画和文字中设计大量相对概念。这里"相对概念（relative concept）"是指反映具有某种关系的事物的概念，它与"绝对概念"是相对应的。即一个相对概念所反映的事物的属性总是与另一个概念所反映的事物的属性相比较而存在的。例如，"大"和"小"、"长"和"短"等都是具有一一对应关系的相对概念。这些相对概念是学前儿童发展需要获得的核心经验。

　　利用图画书为主题开展教学活动，教师们需要思考适合幼儿园整合课程的图画书具有哪些特点。

二、关注图画书课程潜在的儿童发展核心经验

1. 发现适合幼儿园课程的图画书表征

　　一本高质量、适宜学前儿童阅读的图画书兼具"图"和"文"符号表征和两者之间互映特征。学前儿童阅读这类图画书时能感到"好玩、有趣"，进而获得快乐阅读体验和喜爱阅读的积极情感，同时，学前儿童在文字和图画的符号信息获取中实现"潜移默化"成长。适合幼儿园课程教学的图画书包含文学语言、美术语言和教育语言。图画书《红蚂蚁和黑蚂蚁》兼具这三种语言表征：

（1）**文学语言。**文学语言是指拥有丰富的叙事情节，可准确描述细节，有利于培养儿童的逻辑思维和想象能力的符号表征。《红蚂蚁和黑蚂蚁》图画书采用浅显易懂的语言，向学前儿童讲述一个简单、生动的红蚂蚁和黑蚂蚁搬食物比赛的故事。图画书中使用了大量词语夸张地描述情境，用以增强环境渲染性，便于儿童更容易理解故事。例如："大声嚷嚷"形容黑蚂蚁搬运食物速度超过红蚂蚁时的自豪感；"乌云滚滚"描述大雨来临前的天气状况，给黑蚂蚁后来的行为埋下伏笔，也为后续故事情节发展作好铺垫。此外，图画书中使用了大量重复句式，如"比比哪个队伍长，哪个队伍短"连续出现了三遍，将学前儿童语言学习时需要吸收的大量重复句式融入故事情节中，减少学前儿童语言学习的枯燥感和单调感。

（2）**美术语言。**美术语言又称绘画语言，是作者以记录状态、反映认识、传达信息或表现思想为目的，运用笔、刀、墨、纸、颜料等材料工具为物质载体，以色彩、线条、明暗、肌理等视觉信号为媒介，通过造型艺术手段，创作描绘艺术形象，造成视觉体验的表达方式。通常美术语言以故事情节为线索，运用丰富的绘画手法，借用隐喻手法再现生活现实的过程。《红蚂蚁和黑蚂蚁》画面简单而直观，借用中国工笔画风栩栩如生地刻画出机灵、聪明、可爱的小蚂蚁的卡通形象。图画书色彩鲜艳，培养了学前儿童感知美、欣赏美的核心素养与能力；各颜色的对比强烈回应了图画书主题概念"相对关系"，也增强学前儿童对故事情节的理解。

（3）**教育语言。**教育语言是指图画书的深层次内涵富有教育意义，培养学前儿童树立正确的人生观和价值观。《红蚂蚁和黑蚂蚁》图画书讲述了有关团结、友爱和坚持的故事。故事从生活中真实的场景出发，红蚂蚁和黑蚂蚁赶在下雨前搬好吃的东西回家。黑蚂蚁为了快点回到家，想尽了办法，不停变换队列，最后好吃的东西被雨水浇散。红蚂蚁坚持排成一队往家走，终于在下雨前能坐在家里吃食物。在图画书阅读过程中帮助儿童建立正确的价值观，并通过故事情节发展来培养学前儿童的学习品质，提高学前儿童思考能力。

2. 发现联结儿童核心经验的图画书指征

一本高质量图画书适宜研发成幼儿园课程的关键因素在于图画书中蕴含儿童

发展核心经验，这些核心经验不仅仅局限于某一领域，而是能实现儿童在全领域的发展。《红蚂蚁和黑蚂蚁》图画书通过浅显易懂的语言，描述红蚂蚁和黑蚂蚁比赛搬食物的过程。学前儿童通过阅读图画书，实现从读图向正式文字阅读过渡，建立了文字意识，理解画面和文字含义，逐渐形成前识字、前阅读和前书写的核心经验。学前儿童观察画面中红、黑蚂蚁形态与周围环境，激发幼儿对美好事物向往，积累美术领域核心经验。此外，在图画书中相同数量红、黑蚂蚁变换不同队列，将分类、集合、数的概念和空间几何等数学语言呈现于画面中，有助于学前儿童数学核心经验积累。同时，《红蚂蚁和黑蚂蚁》画面设计精巧，大量相对关系映入学前儿童眼帘，如两队黑蚂蚁和一队红蚂蚁，比比哪一队长、哪一队短等等。这些相对概念的形成进一步丰富学前儿童数学核心经验。总之，《红蚂蚁和黑蚂蚁》图画书涵盖学前儿童语言、数学、科学、美术和社会领域核心经验，打破了各个领域之间的界限，支持学前儿童全面发展。

3. 发现支持儿童语言能力发展的图画书阅读价值

国际学界公认早期阅读对学前儿童发展具备重要教育价值。通过阅读，不仅能实现学前儿童阅读能力发展和阅读策略养成，从初级阅读者向流利阅读者发展，还可将阅读视为学习工具，学前儿童借助早期阅读获取与之关联的学习信息和经验，实现未来学业发展。大量研究发现，早期阅读的价值通过学前儿童语言能力发展得以实现，儿童语言能力与阅读能力发展相辅相成，缺一不可。图画书作为早期阅读的物质表征，与儿童语言发展也密不可分。《红蚂蚁和黑蚂蚁》图画书文本中大量重复句式和一些生动、有趣的词汇，帮助学前儿童克服情感因素的负向干扰，在自然状态下习得汉语。同时，精心设计的画面、对比鲜明的色彩又能吸引学前儿童投入图画书阅读中，建立起早期阅读的积极情感，为图画书"意义"建构搭建"支架"，支持学前儿童精准理解图画书内容。

了解幼儿园课程适宜性图画书特征后，我们如何开展以图画书为主题课程的教育实践呢？

三、关注以图画书为主题课程的有效性

1. 重视以图画书为主题的课程设计

高质量学前教育发展要求幼儿园教师营造有利于儿童经验发展的整体教育环境，并通过构建主题来实现课程内容整合。以图画书为主题课程作为幼儿园整合课程的重要组成部分，将打破学前儿童发展的领域界限和学科边界，统整五大领域内容和要素，有机地组织、形成一个以图画书的故事情节为主题的整体课程，体现了当代儿童学习、儿童发展和儿童教育的新观念。《红蚂蚁和黑蚂蚁》图画书具有整合课程优势。首先，图画书创设刮风下雨天的情境。这与儿童真实生活世界相联结，唤醒学前儿童直接感受与体验生活，为学前儿童营造了真实环境。其次，教师借助"红蚂蚁"和"黑蚂蚁"搬运食物回家的故事情节作为主题课程逻辑主线，适宜开展学前儿童阅读、讲故事、观察自然蚂蚁形态等课程活动，促进幼儿语言、社会、科学等领域发展，实现"全育人"培养目标。因此，教师们以开展图画书为主题课程时需重点考虑如何顶层设计课程，整合各领域发展于一体，恰当运用课程审议判断、分析学前儿童发展水平和即将达到的发展目标，有计划、有目的地开展教育活动，提高图画书课程质量，助力儿童发展。

2. 重视支持儿童核心经验发展的图画书语言

如上所述，图画书成为幼儿园主题课程资源需同时具备文学语言、美术语言和教育语言，并且这三种语言要联结幼儿发展核心经验。在幼儿园开展图画书主题活动时，要求教师们充分挖掘图画书蕴藏的教育价值，分析图画书美术语言的符号表征，以此搭建儿童发展"支架"，促进核心经验发展。《红蚂蚁和黑蚂蚁》画面中蕴含丰富的支持儿童数学发展的核心经验，例如：十只红蚂蚁和十只黑蚂蚁按相同颜色排成了一队，向学前儿童展示了相同颜色的蚂蚁可以分成一类、不同颜色的蚂蚁不能分在一起，画面中不同颜色的队列传递着集合与分类概念；两支队伍一样长，将数学测量、比较的概念直观呈现在学前儿童眼前；同时，十只红蚂蚁、黑蚂蚁告诉学前儿童数的概念及数量关系。诸如此类的文字和画面信息在图画书中还有多处，这些符号标准让学前儿童在阅读中发展前阅读、前识字核心经验，积累了数学核心经验。故而，教师们开展图画书为主题教学时，需牢牢

抓住图画书语言。这一有效"支架"引导学前儿童观察图画书中信息，捕捉画面颜色、物体、形状和空间等细微变化，帮助学前儿童获得具身体验，实现未来发展。

3. 重视儿童语言发展的专门教育活动

幼儿园开展语言集体活动，是专属我国文化情境中的语言教育。幼儿园语言教育活动需要清晰、准确地预设发展目标，有周密计划和教育目的地培养学前儿童语言能力成长。教师可将《红蚂蚁和黑蚂蚁》图画书作为儿童语言教育活动的起点，针对性地激发学前儿童对"大声嚷嚷""吭唷吭唷""兴高采烈"等词语、成语兼顾句子的学习兴趣，通过游戏阅读、画面解读、自由辩论等多项教育活动，帮助儿童准确理解画面意义、发展表达能力和语言评价能力，并使儿童能够正确使用语言来理解复杂的概念。

总之，图画书主题课程整合学前儿童领域发展核心经验，为学前儿童发展提供全面、优质的教育资源。图画书主题课程也将成为幼儿园保教质量提升的有效实施路径。

焦卉

泰州医药城实验小学校长，正高级
教师，江苏省特级教师

本草学园：跨学科主题学习

《义务教育课程方案和课程标准（2022年版）》明确提出，义务教育课程应遵循"加强课程综合，注重关联"的原则，加强课程内容与学生经验、社会生活的联系，强化学科内知识整合，统筹设计综合课程和跨学科主题学习，强化课程协同育人功能，注重培养学生在真实情境中综合运用知识解决问题的能力。

我校位于中国医药城核心区域，学校依托园区优势，传承中医药文化，充分发挥跨学科学习的整体育人优势，开展了一系列基于中医药文化的跨学科主题学习活动，通过真实情境的活动场域创设、聚焦主题的进阶任务群设计、拓展应用的核心素养培育，增强学生对中医药文化的兴趣，提高学生的交流沟通、团队协作和实践创新能力，提升综合素养。

一、真实情境的活动场域创设

1. 我是小中医

学校打造"本草学园"活动基地，联动多家资源，开展以"我是小中医"为主题的中医药文化进校园共建活动，构建学生能听懂、有特色、重体验的中医药文化课程体系。学生在真实的情境场域中，产生探究的乐趣、整合的思维、健康生活的意识。低年级："闻香识草药"，学生在基地中"认一认""看一看""议一议""画一画"，进而爱上中草药。中年级："'药'你好看"，学习"炙法、煅法、蒸煮法"等中草药炮制方法，感受中草药与手工制作融合的神奇效果，提高对中医药的认识。高年级："草药小郎中"，从基本的植物栽种到中医体验项目，学生走进丰富而神奇的中医药世界，感受传统中医药的文化魅力，感悟生命的意义和价值。

2. 上一堂行走的中医药课

"读万卷书，行万里路。"用行走的课堂，开启学生对中医药的研学之旅。

带领学生参观一年一度的中国国际医药博览会，感受疫情之下医药健康产业发展趋势。学生观看口罩生产过程，学会正确穿戴防护服，认识胶囊检重器、防疫机器人和流动应急智能中药房，对中医药有更新的认识，真切感受医药科技赋能健康生活。

把课堂"搬"到企业现场，带领学生走进家乡医药名企——扬子江药业集团参观研学。学生走进蓝芩口服液生产车间，从配液到包装，近距离感受现代化的制药过程。自动化、信息化、智能化的"智慧"车间让学生大开眼界，惊叹不已，他们不时向工作人员提出问题，及时将寻访过程中的发现与收获记录在研学单中。

行走的课堂，联结课堂内外、学校内外，拓宽了活动领域，充分发挥了跨学科学习的整体育人功能。

二、聚焦主题的进阶任务群设计

聚焦主题的跨学科学习是高意义感的学习，源于学生真实生活，以主题为引领，以项目为载体，以问题解决为取向，有时空保证，学习成果可视化。既是提升学生综合素养的有效方式，也是弱化学科边界、回应学生真实生活世界的体现。

深秋时节的学校"本草学园"，菊花迎风怒放，美不胜收。菊花不仅是中草药的一种，而且形色俱佳，品性高洁。这是源于学生身边很好的跨学科学习资源。因此，学校精心布置了一场校园菊展，以校园里的菊花为载体，依托这一真实的实践场景，以"本草·菊"为主题，设计了跨学科主题学习活动的三项任务：

1. 办一期以"本草·菊"为主题的校报专刊

校报专刊向全校学生约稿，形式不限。学生热情高涨，积极参与，他们或独自观察，或课间三五成群去赏菊，或小组合作上网查阅资料，或在教师的组织下细细品读菊之韵味。低年级学生用"图 + 文"的形式，画出自己最喜欢的菊花，再配上一两句描写菊花颜色姿态的文字，图文并茂，生动可感。中年级学生点面结合，重点突出，既有对菊花的赞美，还有对菊花药用价值的介绍，有的学生还配上了思维导图。高年级学生则推介校园菊展的盛况，描写出菊花的色、香、形、韵，写出菊花的品格和精神，畅谈自己的收获。有的学生还配上自己拍的照片，形象生动。

学生用全部的感官去观察、认知、思考、体会、创造，表达了自己对菊花的喜爱和对美的追求。一时间，学生纷纷投稿，作品精彩纷呈，大家共同完成了一期图文并茂、内容丰富、充满创意的校报专刊。

2. 办一场以"本草·菊"为主题的文化分享会

自古以来，很多文人雅士喜爱菊花，有关菊花的诗词歌赋更是灿若星辰，广为传诵。这些经典诗词是提高学生道德修养和审美情趣的最好教材。

在赛诗会上，低年级学生以"满园花菊郁金黄"为主题，诵读描写菊花外形和香味的诗句。中年级学生以"耐寒唯有东篱菊"为主题，诵读描写菊花高雅品格和顽强意志的诗句。高年级学生以"战地黄花分外香"为主题，诵读革命伟人描写菊花不屈不挠气节的诗句。学生品读吟诵着菊花的诗词歌赋，沉浸在优美高远的诗词境界里。

在歌咏会上，音乐老师精心编排，学生通过古诗新唱，将古诗词中的菊花吟唱出来；通过舞蹈表演，将菊花仙子的优美姿态展现出来。一时间，校园里古韵悠悠，童声琅琅，更增添了一番花香菊韵。

菊花不仅漂亮，有顽强的品格，还有很强的药用和食用价值。美食社团的学生将新摘的菊花做成各种菊花饼、菊花果冻，拍下制作照片，记录制作过程。升旗仪式上，社团学生向全校师生介绍菊花的药用和食用价值，并将菊花美食送给大家分享。

茶艺社团的学生在教师指导下制作菊花茶饮，为辛勤工作的教师们送上一杯清甜芳香的菊花茶，说上几句祝福语，在悠悠茶香中学会生活，懂得感恩，品味中华文化的意蕴深厚。

本草社团的学生搜集菊花等中医药材在新冠疫情防控中所作贡献的资料，做成以"夸夸我们的中医药"为主题的手抄报，在全校展览，感受中医药在疫情防控中发挥的重要作用，传播大健康的知识和理念。

在这些活动中，学生化身为诗人、歌者、手工达人，穿越千年与菊花相约，开启了一场深情绝美的古今对话。在跨学科主题活动中，对菊花有了更多的了解和喜爱，对菊花精神有了更深的感悟和熏染，既厚实了文化底蕴，又增强了文化自信。

3. 来一场"本草·菊"英雄人物的寻访之旅

菊花不畏严寒迎风怒放，象征着中华民族不屈不挠的伟大精神和英雄人物披坚执锐的顽强品格。古往今来，无数仁人志士如菊花一样坚贞高洁，永世流芳，这为涵育学生品格和道德情操提供了精神食粮。

在赏美菊、写美文、读美诗之后，学校安排了一场特别的寻访实践活动，让学生走出学校，去寻找有着菊花一样高贵品格的英雄人物和当代楷模，记下寻访所得，写出真实感受。

有的学生走进了杨根思烈士纪念馆，寻访家乡的抗美援朝英雄杨根思，瞻仰烈士雕像，聆听英雄事迹，献上一朵菊花，表达崇敬之情。有的中队走进家乡医药企业——江苏硕士生物科技股份有限公司，听科研人员介绍他们日夜攻坚，在新冠疫情期间仅用3天就成功研发出核酸检测试剂盒的历程和坚定信念，学习他们的科研精神和爱国情怀。

这些校外的寻访和实践活动，让学生对菊花表象的认知转变为对菊花品格深层的情感，学生在这些跨学科主题学习活动中，写出了一篇篇寻访日记、一篇篇英雄赞歌，中医药文化的种子在他们的心中播撒，核心素养也得到了提升。

三、拓展应用的核心素养培育

新课标强调跨学科学习，是基于学生核心素养发展的需要。生活和工作常识告诉我们，解决一个真实世界中的问题，需要综合运用多方面的知识和能力。因此，跨学科整合往往来源于一个真实的、可研究的驱动性问题，让学生调动日常学到的知识，集合各个学科的力量解决这个实际问题。

因此学校尝试让学生在解决实际问题的过程中进行跨学科学习，在学中研、研中思、思中创，开阔胸襟视野，培养创新精神。

为了解决"本草学园"浇花困难的问题，学生由问题出发，向全校发出项目公告，征集自动浇花装置设计。学生从设计图纸到尝试制作，再在实践中应用改进，最后制作出成功的自动浇花装置，不仅满足自动出水、环保节能的需求，更培养了学生学会基于问题的 STEAM 创新。

针对夏季校园内蚊子较多的实际问题，教师们带领学生研究"本草学园"内种植的中草药特性，发现薄荷中含有的薄荷油、驱虫精油等物质在一定程度上能将蚊虫驱散，而且对人体是无害的。于是在专家和教师们的引领下，孩子们通过采摘、捣碎、水蒸、过滤、溶解等流程，制作了艾草薄荷膏，并不断改进迭代，更加科学安全。制作完成后，项目组的学生在升旗仪式上对全校进行推介，并将此研究成果赠送给教师和各班使用，培养了学生的表达沟通能力、创新精神和责任意识。

这样的实践活动，将学科逻辑、生活逻辑、育人逻辑统一在一起，指向学生核心素养的培育和发展，让知识在研究问题、解决问题的过程中"活"起来，在跨学科拓展应用中走向素养发展。

基于中医药文化的跨学科主题学习活动是基于学生的素养发展需求，将课程知识与现实情境相联系，将学科内外、课堂内外、学校内外进行有机联结，在综合运用多学科知识发现问题、分析问题、解决问题的过程中，培育必备品格、关键能力和正确的价值观，实现三者的有机融合，最终形成并发展核心素养，落实立德树人的根本任务。

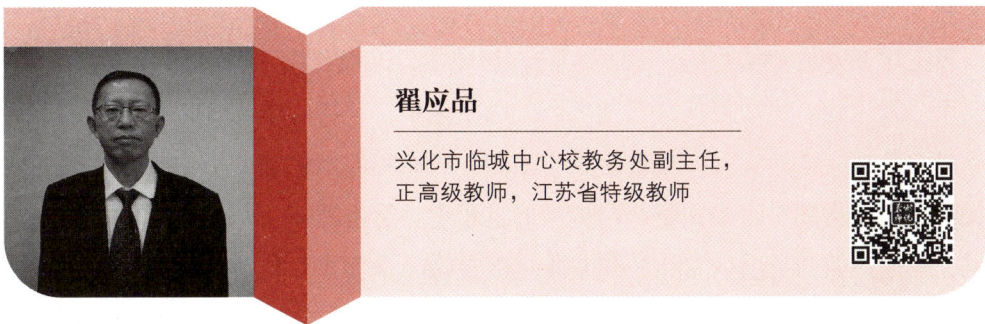

翟应品

兴化市临城中心校教务处副主任，
正高级教师，江苏省特级教师

初中物理跨学科主题学习的实践与思考

——以学科主导类综合实践活动
"寻找'偷电大盗'"为例

《义务教育课程方案和课程标准（2022年版）》指出，在学科类课程标准中"设立跨学科主题学习活动，加强学科间相互关联，带动课程综合化实施，强化实践性要求"。由此，"跨学科主题学习"成为新课程的亮点与教学实践的难点。其难点之一在于先前几乎没有成熟的案例可以借鉴，多方求证后，我们感觉兴化市自2010年以来一直探索的学科主导类综合实践活动其实就是一种"跨学科主题学习"。借此机会，我以"寻找'偷电大盗'"活动为例，从"如何生成跨学科学习主题""如何开展跨学科实践"和"如何防止实践活动陷入肤浅的泥沼"三个方面跟大家作简要分享。

一、如何生成跨学科学习主题

物理"跨学科主题学习"的步子从哪里迈出来呢？新课标在"跨学科实践"

一级主题下设了"物理学与日常生活""物理学与工程实践""物理学与社会发展"三个二级主题。显而易见，在这三个二级主题中，"物理学与日常生活"这一主题最"贴近"学生实际，也最易于"入门"。而我们所倡导并探索的"学科主导类综合实践活动"正是在学习与生活的过程中，学生因某一知识或某一方面的影响，激发了自己对生活中某真实问题的探究热情，从而主动地站在"学科之上""察看"生活、"提取"出主题的综合实践活动。① 这个"定义"实际上阐明了物理跨学科主题生成的三个要素：源于社会生活、基于学科学习、指向真实问题。本次分享的物理主导类综合实践活动"寻找'偷电大盗'"正是起源于学生的生活发现。2015 年 9 月 24 日，《江苏电力报》刊登了一则题为"无人居住哪来电费，总闸未关电器耗电"的新闻简讯，这则简讯报道了南京市溧水区王某好心帮邻居代交 40 元电费却引起对方误解的事件。学生看到这篇文章后对文中数据的真实性表示怀疑，在此基础上我们结合电功、电功率等知识的学习开发了本活动，该活动在 2016 年江苏省中小学综合实践活动课程统整实施专题培训会上进行了展示，受到一致好评。

二、如何开展跨学科实践

1. 跨学科实践首先要从学科实践开始

十四届全国人大一次会议闭幕后，国务院总理李强在人民大会堂三楼金色大厅出席记者会并回答中外记者提问时说："坐在办公室碰到的都是问题，下去调研看到的全是办法。""下去调研"就是实践。同样道理，跨学科实践也不是坐在教室里想出来的，想要跨学科实践首先要努力从学科实践开始。"学科主导类"综合实践活动就是一种实践性学习活动，"总闸未关电器耗电"是否确有其事呢？要回答这个问题，靠理论运算是解决不了的，我们必须要从实实在在的观察、测量等实践活动开始。为指导学生开展物理实践活动，我们需要设计指向解决问题的实践性作业，以帮助学生解决"真实生活"中的"真实问题"。在"寻找'偷电大盗'"活动中，我设计的实践性作业是：①生活中怎样测量待机功率呢？请

---

① 翟应品，汤金波.指向深度学习的物理主导综合实践活动——以"家用电器待机功耗研究"活动为例 [J]. 物理教师，2019，40（08）：39-42.

进行实际测量并记录测量结果。②不同家用电器的待机功率是否相同呢？请在测量后进行比较。③哪些电器是生活中的"偷电大盗"呢？请对自家家电的待机功率大小进行排序。

2. 学科实践要跨出校园藩篱，跨进社会生活

问题提出来了，如何解决这些问题呢？很显然，这些问题在学校里、在教室中是找不出答案的，即使是在学校实验室，用实验室器材做实验也解决不了。要得到答案只有走进社会生活里去，利用课后时间与父母一起用家里的电能表和秒表进行实际的测量才能得到答案。通过实践，我们发现"源于生活"的"问题"使学习更具生机活力，它更容易引起学生的兴趣与探究欲望，学生在活动中可以真实地感受到知识的力量，知识不再是"记忆点"，而是可以在家庭、社区中与父母、邻居讨论的生动话题，这种"携带"着学科问题的实践活动，成为学生的"新生活"。

3. 指向问题解决的学科实践必然会迈向跨学科实践

在寻找"偷电大盗"案例中，找到"偷电大盗"并不是活动的终结，解决或者一定程度解决"偷电"现象带来的社会问题才是活动的"终点站"，而这种"源于生活"的"问题"还一定会使"问题"高出教材的视野，使"问题"突破学科的边界，从实践走向跨学科实践。这是因为"学科问题"通常不能穷尽生活的全部，"学科化"更不是生活的本来面貌。比如，在本活动中同学们不仅仅突破了初中物理教材"电功率"部分的内容，而且也突破了物理学科的边界，具体活动涉及了语文、美术、信息技术、思想品德、电工学等内容，如用电器铭牌调查活动，安全、节电宣传活动（含用电倡议书设计、小漫画创作、科普小论文习作、推送朋友圈、街头采访、社区宣传等），创新设计、创意物化活动，给厂家提建议等等。

三、如何防止实践活动陷入肤浅的"泥沼"

当前的综合实践活动课程实施中存在一种不良倾向：忽视或者淡化课程应有的教育功能，把综合实践活动做成了肤浅的纯"活动"。这种活动"把素质教育混同于'反知性主义'，满足于'唱唱跳跳'的所谓'改革'，陷入了活动主义

与体验主义的泥沼。"[①]一般来说，"学科主导类"综合实践活动课程因为站在"学科之上"，所以有"与生俱来"的深度，但"做做样子"的学科实践活动还是时有发生！怎样才能防止实践活动陷入"肤浅的泥沼"呢？我们认为除了"问题引领"与"任务驱动"外，反思是不可忽视的力量。实际上，综合实践活动就是一个"反思性行动"[②]，由问题引领（或任务驱动）到问题解决（或部分解决）的过程本身就是一个不断实践——反思——再实践——再反思的过程，这样我们的实践才能真正指向真实问题的解决。

学科主导类综合实践活动是指向问题解决的，但并不强调一定能够解决问题的全部。生活是复杂的，生活问题更是无休无止的，学生在解决问题的过程中很可能还会产生更多的新问题（如有学生在本活动中发现了自家楼道供电柜旁的智能型电功率均分器，"触发"了对"偷电"现象的新思考），而基于这种新问题的自我反思活动正是迈向深度学习的重要表现。要注意的是，它不仅表现为活动的延续与学科的融合，更是创新的源头，这才是实现综合实践活动课程育人目标的关键一环，比如多位同学提出待机耗电现象还与消费者权益保护有关，这个想法大大出乎了我的意料。实践活动的心得交流也是很好的深度学习，学生在实践中发现生活远远不是书本那样的简单："测量前本来感觉挺容易，然而实际操作中，却遇到了许多困难，有的事情看上去简单，但是只有自己体验过后才发现原来那么的不容易。"类似的心得交流不仅仅是对实践的回顾反思，也是生成灵感、创新思路的"触发器"。如，在"如何应对'偷电大盗'并尝试提出自己的解决方案"环节，起初，孩子们认为通过"宣传行动"可以解决问题，所以他们悬挂横幅、发放传单、竖立警示牌，他们走进社区、拜访邻居、传播朋友圈，他们设计板报、制作视频、设计漫画、涂鸦文化衫。但行动过后，学生反思发现，对于"爷爷奶奶""叔叔婶婶"们而言，养成"人走断电"的习惯何其困难！于是，学生便开始从电路设计角度提出改进方案，如有多组学生联想到红外遥控知识，提出了红外遥控零功耗待机开关的设想；还有一组学生结合电磁继电器知识，设计甚至利用废旧电铃模型制作了"低电流自动断路开关"，着实令人惊喜不已！

① 钟启泉.综合实践活动：含义、价值及其误区［J］.教育研究，2002（06）：42–48.
② 张华.让儿童自由探究生活——兼论综合实践活动课程的本质[J].全球教育展望，2007（04）：8–12.

范勇

江苏省睢宁高级中学教师，中学高级教师

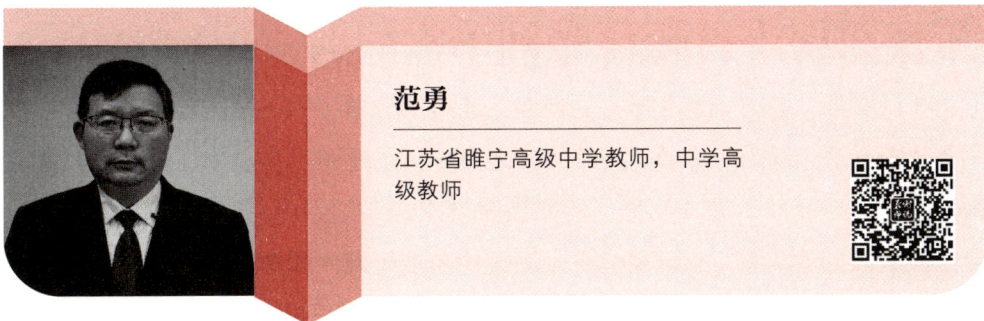

自然笔记：普通高中跨学科融合学习探索

江苏省睢宁高级中学前瞻性教学改革项目"自然笔记：普通高中跨学科融合学习探索"去年通过省级立项。现在我向大家汇报一下我们在项目推进过程中的一些体会和想法。不当之处，敬请批评指正。

首先向大家介绍一下本项目的概念及其价值。

项目第一关键词是自然笔记。自然笔记就是运用图画、文字、音像等方式记录我们对自然的观察、体验、发现、探索和感悟的一种跨学科学习形式。基于学习内容的不同，我们把自然笔记分为两种类型：艺术创作、科学考察。

需要说明的是，目前国内学校更多的是把自然笔记作为第二类即科学考察来组织开展实践活动的。我们把自然笔记的外延扩大到艺术这一人文领域，一是考虑到高中学段文理分科的现实基础，二是为跨学科学习提供更为广阔的实施空间。

众所周知，观察自然是人类认识世界的起点，也有学者把"自然观察智力"列为第八种智力。然而遗憾的是随着现代工业的发展、人工智能的普及，青年学生离自然越来越远，"自然缺失症"的危害越发彰显。因此，回到起点，回归初心，充分开掘自然作为人类学习的对象、平台和环境的角色价值，重塑"自然观察智力"，就成了当下时代极富前瞻性的探索活动。

项目的第二关键词是跨学科。现实问题是不分学科的，我们要培养"问题解决者"而不是"试题解决者"，必须开展跨学科主题学习。国家在《义务教育课程方案和课程标准（2022 年版）》中明确要求"各门课程用不少于 10% 的课时设计跨学科主题学习"。新高考在命题设计和多元录取体系中，对学生的跨学科思维和综合素质的考查力度也在进一步加强，学科知识交叉渗透，趋向融通。因此，无论是适应现实社会的挑战，还是面向中高考的选拔，跨学科学习日渐成为当今教育的必然选择。

核心素养的跨学科性决定了它不能仅通过单一的学科教学来培养，而应通过跨学科学习，将课程知识与现实情境相联系，让学生综合运用多学科知识与方法解决复杂的现实问题，进而培育正确的价值观、必备品格和关键能力，实现三者的有机融合，最终形成并发展核心素养。

跨学科主题学习正式进入高中课程方案，这意味着我们现在个别的先锋探索将成为每一门学科、每一位教师的普遍必需的行动，成为中国基础教育人才培养方式变革的一个信号。

下面具体谈谈我们在项目实施过程中，如何通过"自然笔记"的形式，完成"跨学科"融合学习的过程。

1. 设置个性化、少而精的主题课程

我校自然笔记项目设置了"气象万千""枝叶关情""空中飞客""大地之歌""上善若水""自然治愈"六大模块 24 个任务群。这些任务群兼顾了高中学生的选科实际和个人兴趣，为学生个性化学习提供了广阔的选择空间。

跨学科学习追求的是运用学科知识解决实际问题的能力，注重过程评价，不以获得知识为首要目标。因此，与其研究很多主题，不如把一个主题研究透彻。当然，这也是目前单科学习仍然占据教学主导地位下的现实选择。

我们首先从教材中选择主题。2019 年人民教育出版社出版的高中地理必修第一册侧重"自然地理"，与物理、化学、生物等学科关系密切。我们的"气象万千""枝叶关情""大地之歌""上善若水"则分别关联大气、植被、土壤、水等教材内容。从教材中选择主题也可以有效地保障跨学科学习的深度、广度与高中学段的契合，保障学科知识有效运用到解决真实问题的实践探索中。

然后是从身边的生活中选择主题。从中学生感兴趣的话题入手，寻找他们关注点背后更有价值的问题，是寻找教育契机的最佳突破口。比如现在抖音里有比较多的"自然治愈系列"，心理健康管理也是很多学生、家长感兴趣的话题，我们在此基础上开发了语文、美术、心理健康教育三科融合的"自然笔记治愈系列课程"，学生创作图文结合、视听结合，形式多样的自然笔记，表达自己对自然最真切、最细致的体悟，纾解情绪，涵养情趣，活动非常具有前瞻价值。

2.提炼一个有价值的问题作引领，设计一个有挑战性的任务来驱动

这个有价值的问题是由学生提出的蕴含学科大概念的真实问题。由学生提出问题，会让学生有主体性意识，愿意主动承担责任。当然，由学生提出的问题需要不断优化，多轮筛选，经过梳理延伸，最终形成若干任务群。大概念能贯穿本单元全部课程，能够为后续学习提供丰富的知识背景和理论支撑。而真实的问题才会产生真正有价值的跨学科学习需求。

如"上善若水"模块。学校每年夏天汛期会出现洪涝现象，我们由此切入海绵校园建设——水循环理论——我国水资源分布——水的利用——水与生命——水污染等地理、生物、化学跨学科系列课程学习。在此过程中，布置学生设计校园污水处理系统、制作校园净水装置等任务，以此驱动项目化学习。

有的同学去年秋天发现学校一株桃树反季节开花了，我们由此梳理出影响花期的因素——人工干预花期的方法与意义——自然选择与人工选择比较等生物、地理跨学科学习课程。在此过程中，我们设计了花期预报、制作赏花地图、花瓣扎染、花香产品开发等任务驱动的主题实践活动。

我们学校有三个池塘，一个池塘春天容易出现死鱼现象，一个池塘夏天会繁殖出野生龙虾，由此我们开发出食物链——生态系统——生态平衡等生物、地理跨学科学习课程。

这些真实发生的生活现象提醒我们，校园的自然环境有着丰富的跨学科学习资源。

当然，问题的提炼必须适合不同学段的认知水平，问题过于简单，学生没有探索的兴趣；过于复杂，实践探索则难以有效推进。

3. 建立学习小组

为什么跨学科一定是小组式的呢？因为任务很复杂，一个人无法胜任，必须合作式学习。大家参与一个有共同利益的事情，这个共同利益就是这个小组要共同完成的任务。每个人一定要考虑别人的行动，从而使自己的行动有意义、有方向，不能自作主张、自说自话。如制作校园风力发电机，风能的捕获系统、发电系统、存储传输系统要由不同的同学来完成，而每一个系统内部又有不同的任务需要不同的人来完成。这些系统要有机融合，彼此之间就要沟通、交流、碰撞，形成共识，最终共同完成任务。

教师也要形成学习共同体。跨学科学习涉及不同学科，当学习超出个体的知识边界，教师之间能够彼此指导，才能有利于解决学生跨学科学习面临的问题，以共同体的方式，共建共享。

4. 依托主导学科，形成有机融合

明确主导学科和关联学科，有助于找准核心概念，建立知识晶体；也有利于形成以主导学科教师为核心的跨学科教师共同体，避免形成过于简化的"学科拼盘"式教学，真正实现思维和方法的整合，培养学生解决问题的综合能力。如建设池塘净水系统，我们首先确定化学为主导学科，围绕水质检测、净化原理构建知识晶体，选择材料设备；而生物和地理学科则作为关联学科，提供健康的池塘生态系统需要的植被分布、水质数据等关联知识。

5. 充分认识跨学科学习的不确定性

以跨学科为基本组织形式的项目式学习、问题式学习，最重要的特点就是不确定性，过程和结果都不确定。不确定就带来了无限的可能性，令人期待，充满魅力。比如编演自然生态戏剧，学生要通过创作剧本、舞台展演来表达自己对人与自然关系的体验和思考，唤醒人们呵护自然，与自然和谐共生的情感认知。但是具体以什么样的题材、形式、角色来表现，演出的效果如何，学生会实现怎样的品格提升，都充满了不确定性。它不像学科教学那样过程固定，效果易测。但正是因为它的不确定性，学习才有了更为广阔的探索空间，学生才觉得更有意义、更有价值。

6.理顺跨学科学习与单科学习的关系

单科是基础，注重知识序列；跨学科是高阶，强调融会贯通。跨学科学习是对单科学习的补充、巩固和深化，是学生面向广阔复杂的社会生活进行挑战的一个模拟实验。只有加深学生对学科知识的理解，才有能力进行更高水平的跨学科学习。跨学科学习课时量的安排不必固定，各校宜因地制宜，因势利导，但必须明确，跨学科学习是不能取代单科学习的，单科学习依然是未来学校的主导形式。

毋庸置疑，能力素养的形成相较知识的直接获取是"慢活儿"，推进跨学科学习在当下高中教学实践中一定会面临各式各样的压力和阻力。观念更新、课程设计、实施空间、效能比析、评价信度等问题需要我们每一个先行者不断积累个体的力量，逐一化解。

蔡明

江苏省高港中等专业学校副校长，
高级讲师

职业教育跨学科主题学习的
路径与价值

　　《中等职业学校公共基础课程教学标准》由教育部于 2020 年 8 月统一研制发布，各专业类人才培养方案和专业课程标准由省级层面负责研制。截至目前，江苏发布了三批，涵盖了大部分专业。新课标提出了新要求，一是要求中职、高职、本科一体化培养，实现"岗课赛证"融通，体现新技术、新工艺、新规范，实施专业升级和数字化改造；二是要求学习目标切合学生实际，体现专业核心素养，突出关键能力、必备品质和正确的价值观念培养；三是公共基础课程倡导大单元主题学习，专业课程按照生产实际和岗位需求设计模块化课程学习。

　　2020 年以来，全省开展了"学标、贯标、用标"的主题教研活动，泰州也用两年的时间对学科、专业教师进行了轮训。新课标重点关注了"跨界"融合和双主体育人，省教育厅组织的职业院校教学大赛也强调每个教学团队由实际承担参赛课程或相关课程教学任务的教师组成，注重同一课程下的团队协作和理实一体化。实际上，在职业教育跨界融合的同时还要关注跨学科、跨专业主题学习，一些地区在职业教育跨学科、跨专业主题学习上也作了一些尝试和探索，我也进行了一些研究和实践，中职学生由于认知水平和能力结构等因素影响，进行跨专业学习对大部分人而言难度较高，可以在高职院校开展专业群视域下跨专业复合型人才培养的探索与实践。当然，作为中高职一体化培养的基础组成部分，中职学校在实施中高职专业和课程衔接时也有必要进行尝试和探索。

现在和大家分享一个案例。

中职计算机应用专业群计算机平面设计专业高二年级上学期开设平台课程"平面设计 Photoshop"与语文学科关联，进行跨学科、跨专业主题学习。

依据平面设计行业岗位要求，在保留教材原有案例的基础上，结合技能大赛平面设计赛项规程和"1+X"证书标准，我们罗列了"学习能力清单"，对教材内容重构，推动"岗课赛证"融合。将教学内容重构为知识准备、四个实战项目和综合实训项目，推进项目化学习，从理论学习到半成品项目实施，最终完成全流程项目实施。其中，将 Photoshop 基础知识和基本操作方法作为理论学习内容，放到知识准备部分。四个实战项目部分，将"选取工具"和"画笔工具"融入项目一"电子小报"，将"色彩调整"和"文字工具"组装到项目二"艺术照"，项目一和项目二作为"半成品项目实施"；在项目三"战疫海报"中融合了路径和图层的知识与技能点；项目四通过"主题明信片"的制作，让学生掌握"通道""滤镜"的关键技能。最后，以"商业海报""广告设计""数码照片""网页界面"等几个工作领域为载体，结合"绿色环保手提袋""婚纱促销海报设计"等校企合作项目，通过前面几个项目中形成的职业能力，实现教学过程与生产过程的对接、课程内容与岗位标准的对接，课堂知识向实际项目的迁移，让学生通过实战案例灵活运用前面几个项目学习的知识和技能。

平面设计作品的质量与文案的质量密切相关，因此，我们在实践中探索了"平面设计 Photoshop"专业课程与语文学科之间的跨学科、跨专业主题学习。

（一）选择一个主题

主题相当于跨学科、跨专业主题学习的统帅，因为有了主题，跨学科学习就有了具体的情境和任务，有了解决真实问题的真实需求。

本次跨学科、跨专业主题学习案例以项目三为例，我们选择的主题是"战疫宣传"，设计项目是"战疫海报"。

（二）设置双线学习目标

在确定主题后，我们就可以结合主题确定目标了。可以同时列出同一主题下，不同学科、专业的"知识图谱"，进而分解为具体的素养、知识和技能目标。本项目围绕"战疫宣传"这一主题，运用语文学科知识设计海报所需文案，运用平面设计专业知识进行排版、配色等操作。

（三）通过项目化学习，实施双主体育人

在确定主题和目标之后，我们要规划目标达成的表现性环节和任务，以及语文学科教师、专业教师、学生在整个学习环节中的角色和作用，通过项目化学习，实施双主体育人。

在课前，语文教师和专业教师分别发布任务。

语文教师要求结合语文学科知识，根据主题收集与"战疫"有关的诗句和文章。

专业教师则要求根据主题分组完成海报的图片处理及版式确定。

学生根据任务，走进企业体验岗位，在线上教学平台中学习微课，完成课前预习。

在课中，由创设学习情境到任务学习驱动，逐步突破重点，化解难点，最后完善提升，实现"半成品"到"成品"到"产品"到"精品"的转化。整个课堂实施过程坚持学生主体，教师主导，学科、专业融合，师生共同构建整个课堂教学。

首先，由专业教师对企业成品和学生初步作品进行比较，体会"文案撰写"的重要性，然后语文教师接棒引导学生进行文案创作。完成任务后，语文教师抛出问题："有了好的文案，是不是就直接粘贴到海报上去了？"引发学生思考，从而引出下一任务，由专业教师带领学生对创作好的文案进行排版等操作，进而完成海报设计。这个过程以完成海报设计项目任务为主线，分组创作，锻炼了学生自主探究能力和团队协作能力。通过组内互帮，实现不同层次学生均有发展。

其次，学科教师和专业教师共同组织学生上传本组最佳作品，并对几组选出来的作品进行网上投票；现场连线企业工程师，结合企业产品要求进行点评；组

织师生共同点评，归纳总结修改意见。这个过程通过语文、专业双导师共同组织课堂，在师生互动中提高学习效率和解决问题的能力；通过学生组间相互点评、学习，提高学生团队协作能力、审美能力、创新思维。

最后，语文、专业教师从各自角度小结海报文案和排版设计的要点，引导学生融合吸收学科、专业知识与技能，结合企业岗位要求，归纳海报设计关键要素和技能，制订出同类海报制作方案。

在课后，学生继续修改、完善作品并上传至学校和企业平台；教师将学生最终作品汇总，选出企业工程师认可的作品做成系列海报进行校园展出。

总体来说，我们从上面分享的案例可以看出，跨学科、跨专业主题学习并不是新鲜事物，在日常教学中或多或少都有所涉及。以研究性学习、项目式学习、实践问题解决等等为主要特征的多样教学改革实践，都必然是跨学科、跨专业的，是综合的，要灵活运用学科和专业知识进行现实生活的观察并解决问题。跨学科主题学习就是从某一主题出发，融合一门或者两门其他学科、专业，创设一定情境，开展一定活动，用多种学科、专业知识和思维达成学习目标，培养核心素养。

通过上述案例的实践，我们归纳了跨学科、跨专业主题学习的实施路径。

1.建立新型专业群教学组织

目前，职业学校大都还是以专业为教学单位，有着明显的专业界限，存在专业碎片化、教学资源割裂的现象。实际上，同一个职业岗位需要不同领域的专业知识和能力，教学组织应当是跨学科、跨专业的，否则很难培养出适应产业需求的创新型、复合型和应用型人才。

"跨学科、跨专业培养人才"代表着现代职业教育的未来，我们应该对接产业链，构建多学科、多专业跨界整合资源的专业群体系。在此基础之上，对职业岗位进行关键共性技术能力分析、归纳和提炼，建设基础、核心、拓展三类模块内容。基础模块主要关注群内专业共性知识和技能，为核心模块奠定基础，拓展模块内容，让学生具备跨专业方向视野，培养学生的复合能力，奠定未来职业发展的基础。可以预见，"跨学科、跨专业教学组织"的建立将成为职业教育内部治理结构改革的一个突破点。要用新职业岗位对照专业群和课程体系，用新职业工作场景倒逼教学场景改革，实现跨界融合、跨学科跨专业融合和教学资源的共建共享。

2. 实施项目化学习方式

长期以来不少教师还是遵循学科思维的逻辑组织教学，缺少对职业能力分析的习惯和要求。实际上，我们要"淡化传统学科和专业界限"，强调"跨专业跨学科的教学内容有机融合和创新组合"，前者是"破"，后者是"立"，两者互为条件。

坚持能力本位教育思想，按照岗位群的需要，层层分解，确定从事行业所应具备的能力，以这些能力为培养目标，对接职业标准，突破学科、专业界限，把相关学科、专业，或相邻学科、专业的多种知识和经验整合起来重构课程，形成项目化学习内容。我们可以引入典型工作项目，以工作引导学习，把行业企业的真实项目、产品设计等作为实践环节的选题来源，制订工作领域、工作任务和职业能力分析表，每个工作领域中的工作岗位对应若干个学习领域或教学模块，形成产业技术发展和职业岗位要求相衔接的"学习能力清单"，并将其作为项目化设计的依据。

3. 构建"岗课赛证"融合学习内容

在教学工作中，工作岗位要求、课程标准、各类大赛方案、职业技能等级证书考核内容不一致的现象普遍存在，导致人才培养和产业需求脱节，培养的人不是企业需要的人。实际上，构建"岗课赛证"融合学习内容是跨学科、跨专业主题学习能否取得成效的重要因素，也是影响职业教育"教—学—评"一致性的主要因素。

我们应该改变将学科体系、知识本位作为课程内容的做法，聚焦职业领域发展新方向，适时引入新技术、新工艺、新标准，构建"岗课赛证"融合学习内容。职业技能等级证书作为贯通职业岗位与课程体系的桥梁，将岗位工作与教育体系进行串联，在教学过程中实现书证融通，包括专业教学标准与职业技能等级标准的有机融合，课程内容与证书培训、考核内容的有机融合，教学过程与岗位真实情境的有机融合，课程评价与职业技能考核的有机融合，用人单位选聘标准与学业评价的有机融合。将职业技能大赛融于实践教学体系，打造职业认知、单项实训、综合实训及社会服务递进式实训体系，构建"岗课赛证"融通学习内容。

4. 打造双师课堂教学模式

目前，职业学校教师培养途径还比较单一，双师型教师缺乏，专业视野有限，学科、专业整合能力不强。依靠一个教师实施跨学科、跨专业主题学习难度较大，双师团队的组建和双师课堂教学的实施是跨学科、跨专业主题学习能否取得成效的重要保障。

可以以专业群为载体，聚焦产业未来发展方向，抽调各专业双师型骨干教师，灵活组建复合型教师团队。一方面，每个方向均配置至少一名擅长此专业的教师，核心专业可配置两名以上，形成错位发展、各有所长、能力互补、结构优化的教学团队。另一方面，将企业兼职教师引入教师团队，发挥兼职教师岗位技术优势，专兼职教师间团结协作、取长补短。通过打造校企联合、专业交叉的能创新、懂技术、会教学、善协作的双师型复合教学团队，共研标准、共开课程、共训技能、共同评价，打造双师课堂教学模式。

最后，来说一下跨学科、跨专业主题学习的价值与意义。

第一，是新时代经济结构转型升级的必然要求。近年来，互联网平台极大地改变了传统行业的生态格局，随着产业升级速度加快，产业链的广度和深度都在延伸，企业间的衔接更为紧密，客户需求呈现多元化和个性化特征，需要适应更多更快的市场变化，单一的生产线已经难以满足市场需求，必须通过跨界合作提升企业核心竞争力。社会对人才的需求也逐步呈现出多层次、多元化的变化趋势，只具备单一专业能力的从业者会出现职业发展后劲不足的现象，除了具备操作技能、技术思维和技术创新能力，还要有沟通合作、协同工作的能力，甚至还需要具备灵活解决问题、准确判断处理应急事务等管理能力（懂技术、善经营、会管理），跨学科、跨专业主题学习有利于培养应用型、复合型高质量人才。

第二，是国家实施制造强国战略的基本要求。全面推进实施制造强国的战略文件《中国制造2025》明确了"调整结构""转型升级""提质增效"等目标，并强调推动生产型制造向服务型制造转变。这种转变使生产方式由单一的、标准化加工制造转变为复杂的、产业链条式加工制造。制造业生产方式的变化，要求技术技能人才具备基于全产业链相关知识、熟练掌握某一个或几个核心技术操作的跨专业主题能力。跨学科、跨专业学习有利于培养跨专业能力，应对制造业生产方式的转变。

第三，是职业教育人才培养目标实现的重要途径。党的二十大报告提出，要"统筹职业教育、高等教育、继续教育协同创新，推进职普融通、产教融合、科教融汇"。在产教融合深入推进的大背景下，以"三教"改革为抓手的职业教育教学改革已经进入深水区，其核心要素是跨界融合学习体系的构建。2019年《教育部关于职业院校专业人才培养方案制订与实施工作的指导意见》，明确要求职业院校规范人才培养全过程，加快培养复合型技术技能人才。跨学科、跨专业主题学习有利于在跨界融合背景下实现复合型人才培养。

第四，是职业教育现代化专业群建设的内在要求。从 2018 年开始，职业教育开展了专业群的建设，专业群建设的逻辑前提是调研了解所对接的产业链，对产业链的岗位及其能力进行详细分析。在此基础上决定由哪些专业构成专业群，即"以链建群"。所以，专业群必然大大突破传统专业大类的局限，由不同大类的专业按照产业链跨界构成。以现代农业为例，种植、加工、流通、营销、信息组成了现代农业产业链，作物生产技术、食品加工技术、物流管理、市场营销、信息技术组成了培养现代农业人才的专业链。每个专业，都可以在专业链中各自定位，服务于产业链中的相应环节。跨学科、跨专业主题学习有利于统筹协调专业群内各专业之间的关系，培养复合型跨界人才。

总之，我们要通过项目化学习方式，构建"岗课赛证"融合的学习内容，通过双导师课堂教学等教学模式，在专业群的框架下，实现学科与学科之间、学科与专业之间、专业与专业之间的融合学习，培养高素质复合型人才。

专家点评

李箭
盐城师范学院外国语学院教授，博士，
英语教学专家

点评

　　为适应时代发展的需要，促进学生跨学科问题解决能力的提升，《义务教育课程方案和课程标准（2022 年版）》提出跨学科学习，强调加强学科间相互关联，带动课程综合化实施，强化实践性。课程方案要求每个学科拿出 10% 的时间开展跨学科学习实践活动，凸显了"在增强综合素质上下功夫""加强课程综合，注重关联""统筹设计综合课程和跨学科的主题学习"的要求。

　　跨学科学习走进课程标准，变为一种国家引导的教学改革行为。江苏省教育厅专门组建了项目推广团队，跨学科学习由理念变成了现实。于是，人们不禁要问：什么是跨学科学习？为什么要进行跨学科学习？

　　要回答什么是跨学科学习这个问题，先要理解什么是跨学科。所谓跨学科是培养学生综合全面素养的重要载体，它通过打破学科知识的壁垒，引导学生综合运用不同学科的知识，解决真实世界问题，并产生综合性的成果。而跨学科学习以学科间有关的共同问题为研究对象，运用多学科的理论和方法，探讨解决问题的途径，促进学科技术全面协调发展。现代科学发展的突出特点是既高度分化又高度综合。一方面，学科划分越来越细，分支越来越多；另一方面，解决日益复杂的许多重大问题，又需要多学科的配合和综合，学科之间相互渗透、相互交叉、相互结合，形成合力，解决复杂问题，由此不断涌现与传统学科分类迥异的新学科，这就是"跨学科学习"的内涵。

那么，跨学科学习有哪些特征呢？归纳近几年学者们对跨学科学习的理解，跨学科学习有四个基本特征。一是综合性，这是跨学科学习的基本特征，指跨学科学习需要建立在综合运用多学科知识、方法、模型等认知工具基础上进行知识的深度整合。综合具有不同的层次，从简单拼凑到有机组合，从深度叠加到迁移应用，由低到高呈现出不同的层次。二是真实性，这是跨学科学习的社会情境特征，指跨学科学习需要指向现实世界的真实问题，而不是经过抽离的、脱离社会情境的孤立问题或被学科逻辑化的问题。真实问题有其产生的社会、历史、自然的情境脉络，是鲜活的、复杂的、多层次的，学生能够依据问题产生的这些情境脉络对问题进行反复提炼，对研究和解决问题的视角进行选择，探索其复杂性和层次性，并生成意义。三是创新性，指跨学科学习需要构建新的理解或知识，这种理解不同于学生在学科教学活动中学到的知识，它是聚焦真实问题的、基于学科知识构建的新理解。知识创新是高质量跨学科学习的重要标志。四是可迁移性，这是对跨学科学习的更高要求，跨学科学习产生的新知识或成果不仅能解决一个具体的实际问题或完成一个具体的项目，而且具有迁移到其他问题或情境的潜力。可迁移性是跨学科学习在知识价值上的重要特征。

那么，为什么要跨学科学习呢？

国家课程方案指出：推进综合学习，整体理解与把握学习目标，注重知识学习与价值教育有机融合，发挥每一个教学活动多方面的育人价值。义务教育语文课程标准指出：围绕学科学习、社会生活中有意义的话题，开展阅读、梳理、探究、交流等活动，在综合运用多学科知识发现问题、分析问题、解决问题的过程中，提高学生运用语言文字的能力。义务教育英语课程标准指出：英语教学要通过开展英语综合实践活动，提升学生运用所学语言和跨学科知识创造性解决问题的能力，促进学生核心素养的全面发展。引导学生结合个人生活经验和社会生活需要，围绕特定主题，由真实的问题或任务驱动，综合运用其他相关课程的知识自主开展项目学习，如，与化学联合的"调查大气污染"，与道德与法治联合的"探析中华传统节日"，与历史、生物等联合的"走进博物馆"，与地理联合的"家乡一日游"等。结合教材内容，遵循项目学习的路径，将语言学习和内容学习有机融合。

国家政策作出这样的调整，是基于课程改革的现实需要。大家知道，我们现有的课程是工业革命时代的产物，学科越分越细，大家重视基于"主题"或"问题"的课程和教学过程设计。学生常常根据所学习的知识从明确的问题中、从偏好的解决方法中获得已知的、正确的答案。对学生来说，这种线性的问题解决过程，只能教给他们一种记忆、实践和习惯化的一种程序，它过度强调答案而忽视了意义的生成。以线性逻辑发展为特色的课程是现代课程的基本特点，这种课程是为了满足工业时代对学校教育的基本要求。当我们进入后工业时代，课程也必须发生变化。我国的课程改革正在向后现代课程方向发展，跨学科学习就是最好的回应。

那么，我们可以怎么做呢？

在这个专题中，胡晓艳博士与我们分享了《红蚂蚁与黑蚂蚁》的跨学科学习案例，让我们看到幼儿园也可以实现跨学科学习，让儿童有不一样的收获。焦卉校长的"本草学园"案例，给我们呈现了小学阶段的创新实践，让小学生借助学校周边中草药的资源，与学校古诗词教学、科学课程有机整合，形成了跨学科学习的本草课程。翟应品老师的"寻找'偷电大盗'"的案例分享，让我们看到了中学阶段的跨学科学习特点。范勇老师的"自然笔记"，更是将地理、生物、化学、物理、数学、语文、美术等学科整合在一起，让学生借助众多学科知识解决复杂的问题。蔡明老师抗疫主题的跨学科学习案例，让我们领略了中职生是如何运用多学科知识解决问题的。

如何有效实施跨学科学习呢？

查阅国内外文献，我们发现，跨学科学习可以分为"基于问题的学习"和"基于项目的学习"两种类型。

我们来看看基于问题的跨学科学习。这里所说的问题，至关重要，只有有了问题，才能激发学习者解决问题的求知欲。我最近去了徐州的睢宁高级中学，这所学校有一个水塘，里面养了一些锦鲤，大家都希望到这儿看看。前几天，突然发现，水塘里死了一些锦鲤，大家都很奇怪，好好的锦鲤怎么会死呢？范勇老师的团队召集了一群志愿者来研究这个问题，从哪儿入手呢？志愿者提出了很多建议，诸如化验水质、解剖锦鲤、调查水塘周边环境变化等等。这样的学习就是基于问题的学习。面对真实的问题，教科书给不了我们答案，需要学习者综合各方面因素给出合理解释。

我们再来看看基于项目的跨学科学习。项目式学习强调通过一个驱动问题引入，将个人碎片化和零散的知识进行整合。指向生活的、真实情境的、创造性的教育是项目式学习的精髓和理念。项目式学习是一种以学生为学习主体，以学习为中心的教学方法，它提供一些关键素材，构建一个环境，学生组建团队通过在此环境里解决一个开放式问题的经历开展学习。需要注意的是，项目式学习过程并不关注学生可以通过一个既定的方法来解决这个问题，它更强调学生在试图解决问题的过程中发展出来的技巧和能力。这些技巧和能力包括如何获取知识，如何计划项目以及控制项目的实施，如何加强小组沟通和合作。项目式学习关注提升学生解决真实世界问题的能力，并强调知识综合性的内在联系。两者的融合可以引导学生在深入学习和探究的基础上进行学科知识与真实世界的整合、个体经验和学科新知的链接，让学生感受到学科间的知识联系，体验不同视角的补充、碰撞与张力，使学生产生深入的跨学科思维，并能在不同的学科中寻找关联、冲突，进而形成创造性的自我见解，形成跨学科学习后的核心素养。

下面与大家分享一个项目化学习案例，案例来自中国人民大学附属中学朝阳学校王丹老师，主题是外研版义务教育教科书英语八年级下册模块 9 Friendship。

第一步是关于跨学科项目的启动。驱动问题的设置是一切跨学科项目活动的开端。模块 9 的主题是"友谊"。在教学前，为了解学生的交友现状及问题，王丹老师团队对任教的两个班级进行了关于交友现状的调查，调查发现 70% 的学生在交友方面存在缺乏正确的人际交往策略、不善于解决朋友间的冲突等问题。究其原因，可能是在信息急速发展的今天，有些青少年过分依赖网络，导致缺乏在真实世界交友的能力。良好的友谊对青少年的社会化发展、情感和认知的成长具有促进作用。因而，王丹老师团队基于跨学科理念开展项目式学习，设置驱动问题"如何在友谊果园里创丰收"，让学生思考友谊的建立和植物成长的相似性，并通过探讨友谊树生长的过程，树立正确的交友观，提高处理人际关系的能力，进而形成对积极和良性的友谊关系的正确认知，塑造共享、谦让、互助等优质品质，最终促进全面人格的建立和长久发展。友谊果园项目式学习以英语学科为基点，融合生物、数学、道德与法治等学科的相关内容，提升学生语言能力、思维品质、文化意识和学习能力。与生物学科相关的目标有"认识生物与环境的关系""认识植物有自己的生命周期，包括种子的萌发、生长、开花、结果等阶段"等。与数学学科相关目标有"感悟数形结合的思想，会用数形结合的方法分析和解决问题"。而与道德与法治相关的学习目标有"正确认识自己，能够自我反思，不断完善自我，保持乐观的态度，学会合作，树立团队意识""自主调控自身情绪波动，具有良好的沟通能力，主动建立良好的人际关系"等。将以上三个学科的目标和内容有机融进果园友谊跨学科项目学习，确定英语学习的目标为：①能正确认识自我，关爱他人，尊重他人，有正确的和积极向上的交友观；②能根据语篇推断人物的心理、行为动机等，推断信息之间的简单逻辑关系，推断语篇的深层次含义，作出正确的价值判断；③能运用果树成长相关知识创造性解决不同的交友问题；④能结合个人交友的生活经验和生活需要，围绕如何交友，综合运用生物、数学、德法课程的知识自主开展项目学习。

第二步是跨学科项目开展。在英语跨学科学习课堂上利用驱动问题创设语言情境，驱动问题通常是宏观和综合性的问题，需要拆解为小的、更容易操作或实现的子问题链，形成由浅到深、由表象到实质、由低阶认知到高阶思维的跨学科知识构建过程。王丹老师团队组建项目学习小组，引导学习小组讨论将"如何在友谊果园里创丰收"拆解为"你理想的友谊果园是什么样子？""你想选择什么样的友谊果树？""你将如何守护果园？""如何能在果园里创丰收？"四个子问题，并模拟真实果园建立的场景将四个子问题创设为果园的设计、果树的播种、果树的苗壮成长和果园的丰收四个活动，引导学生在探究果树成长的过程中，理解友谊建立的过程。

在果园设计的阶段，学生根据驱动问题的深入研究和理解，设计、反复修改跨学科项目活动的策划书，最终确定活动最终产品的形式和方向。在果树的播种和果树的苗壮成长阶段，学生小组在教师引导下建构生物、数学、英语学科间，果树成长知识与个人交友真实世界间的联系，形成类似"专家"的探究思维，引发跨学科的情境迁移。项目小组通过深挖数学学科中三角形的性质和概念、"金字塔模型"的知识，借助生物学科中植物多样性的特点，绘制出金字塔型的友谊果实，最终形成观点：每个人虽然有差异性，但"稳定""团结""和谐"是建立友情的关键要素。在这一过程中，学生梳理并反思自己交友历程中遇到的不同困惑，进而通过跨学科学习方式分享自己从友情中得到的收获，感悟友情的价值与高质量友谊带来的积极影响，建立积极正向的交友观。

　　第三步是项目的结项阶段，即跨学科学习的评价。 跨学科学习评价是开展高质量跨学科学习的前提。不同于学科教学，它更聚焦社会生活和生产实践中真实问题的解决和探索，其目标定位是发展学生的创造、合作、交流、批判、元认知等高阶思维能力，其学习成果也表现出实用性、创新性、综合性和可迁移性等关键特征。因此，跨学科学习也需要与之相匹配的评价方式、评价内容和评价标准，既要对知识技能进行评价，也要将同伴合作、问题解决、创造性思维等方面纳入评价范围。友谊果园案例中，王丹老师采用同伴和教师使用"点赞贴纸"或写评语的方式对小组和个人进行过程性评价。"点赞贴纸"融合了友谊果园的场景描述，分别代表友谊的关爱、支持、尊重和鼓励。学生根据过程性评价的反馈及时进行调整和改进。在终结性评价中，学生使用跨学科项目式学习成果评价表和个人自评表反思在活动过程中的闪光点和不足，学习成果评价表包括教师评价、小组自评、小组互评三个主体，评价内容包括组员参与度、目标达成度、跨学科深度和表达准确度四个维度，评价标准有良好、优秀和卓越三个层次；个人自评包括自评内容、层次、反思与未来计划三个方面，其中自评内容包括学生是否具备跨学科知识和技能的判断与认识；是否能够从跨学科视角和立场陈述和验证综合性观点；是否能够结合小组成员观点，权衡利弊，作出个人决策；是否能尊重他人不同看法，理解和欣赏他人差异；能否在面临交友复杂问题时，利用数学、生物和语言学科知识、技能和思维建构学科间的逻辑关联，从整体上，综合解决问题；是否能根据他人建议，自我反思，优化活动成果，并思考未来进行跨学科项目式学习需完善的地方，最终形成新的跨学科学习理解和素养。

教师核心素养

黄翠萍

泰州市姜堰区教师发展中心研训员，正高级教师，江苏省特级教师

幼儿教师研究素养的提升路径

高素质、专业化、创新型的教师队伍是幼儿园发展的人力资本，能为幼儿园的持续发展提供不竭动力。而教育研究则是教师专业发展的引擎，也是提升保教质量的重要手段。具有研究素养的教师能够不断重建能力结构，改变教育行为，提升反思能力，增进团队凝聚力，使幼儿园一日活动更有活力，教育生活更有乐趣、更有质量也更加精彩！

一、从问题到课题

爱因斯坦说过："提出一个问题往往比解决一个问题更重要。"我们要从众多没有被认识和需要研究的问题中提炼出适合自己研究的课题，这是决定研究成败和成果大小的关键。但不是每个问题都可以成为研究课题，由于问题的研究价值、教师自身条件与研究的客观条件限制，我们必须对问题进行遴选与转化，使其成为可研究的课题。我们可以从以下几个方面来选择课题。

一是从教育热点或教育争议中发现课题，如"基于'娃娃日记'建设高质量师幼互动的实践研究""科学幼小衔接理念下的幼儿园教育学习共同体建设研究"等。

二是从保教工作的实际问题和困惑中选择课题，如"指向深度学习的幼儿游戏样态创新研究""幼儿绘画表征的解析及其成长支持策略研究"等，结合教师在保教工作过程中发现的问题而展开，能够激发教师研究的愿望与冲动，并且可以产生可持续性的研究行动。教师每天在对儿童进行一对一倾听与记录的过程中，凭借敏锐的观察能力和深刻的分析能力，在不断的思考中，将"问题"转化提炼成为有研究价值的"课题"，从而把每天收获的一粒粒"珍珠"串起来，最终成为一条美丽的项链。

三是从教育科学规划课题指南中选课题。如江苏省教育科学规划办每年都发布课题指南，我们可以从中选择，但要注意的是，指南中列出的项目不一定等同课题本身，这只是选题参考，不能直接将其项目作为课题题目，要根据自己的实际情况，寻找一个小切口着手，进行有针对性的研究才有价值。

课题研究方向确立以后，要对课题名称进行清晰、准确、规范的表述，让课题名称体现研究的创新点和生长点，然后撰写出有质量的课题申报书争取立项。

二、从经验到理论指导下的实践

以课题研究牵引理论学习是提升教师理论水平的法宝，有针对性的理论学习能够解决教师在研究中遇到的各种问题，从而少走弯路。课题组成员要广泛理解国内外与本课题相关的研究成果与最新研究动态，并在实践中广泛吸取前人或他人的研究成果，为自己的课题研究提供强有力的理论支撑。规范、系统的研究方法是必然要涉猎的学习内容，这是能够在研究道路上披荆斩棘的"宝剑"，但研究方法一定要根据具体的研究内容有选择性地运用，在研究的过程中使"宝剑"越发锋利。可以从以下几个方面提升教师的理论水平。

一是组织教师学习书本理论。运用共读与自主阅读相结合的方法，研究幼儿教育心理学、教育科研基本理论，以及系统论、信息论和控制论等基本知识，举办教育科研理论知识辅导讲座等。如在《幼儿绘画表征的解析及其成长支持策略研究》中，我给领课题组成员列出了阅读清单，有《表征·文化表征与意指实践》《理解孩子从画画开始》《儿童曼陀罗绘画分析理论与实践》《儿童绘画与心理治疗》《孩子的画告诉我们什么？》《儿童心理画——孩子的另一种语言》《自由的学习》《童年哲学》《哲学与幼童》《儿童绘画心理学》《儿童游戏通论》《读懂孩子的心里画》《看懂孩子的话，读懂孩子的心》《看画识童心》等等，有目的的理论学习极大地拓展了成员们的视野，为自己的研究提供了更多的借鉴。

二是及时了解和收集最新研究信息。课题组成员经常翻阅《学前教育研究》《学前教育》《早期教育》《幼儿教育》等幼教专业杂志，掌握有关专家和同行的最新研究动向，并开展研究和讨论，从中筛选出对自己研究有用的信息。

三是定期聘请幼教专家来园讲学。通过聆听专家讲学，对理论知识产生深刻的认识，使教师的观念不断更新，知识结构不断发展并趋向合理，理论素养得到明显提升。

教师的教科研与日常保教工作要形成良性互动，以研究的方式与态度开展一日活动，赋予教师日常工作以专业研究的价值，将研究落实到保教工作的每个环节中，在教育现场进行接地气的研究，更好地发现儿童、理解儿童、支持儿童。

首先要做好科研计划。科研计划是确定科研活动的纲领和方案，是趋向目标的起始环节。一份好的科研工作计划，可以使园长全面掌握科研面貌，正确布置科研活动，可以使科研人员明确自己的任务职责和努力方向，从而提高管理的预见性和活动的成功率。为此，幼儿园每学期都要根据本园实际，制订科研工作整体计划，明确指导思想、课题管理、组织推动、研究进程、质量要求以及保证措施等。各课题组根据本课题研究的进程在总结前阶段科研活动的基础上制订出下一阶段的实施细则，力争做到科学客观，切实可行。

其次是提升课题组成员的执行力。执行阶段贯穿于科研管理活动的全过程，要运用各种手段激发教师的科研热情，使教师全身心地投入科研工作。在实施过程中，将科研活动渗透于幼儿各类游戏及一日活动的各个环节之中，支持儿童充分获取大量的生活经验。及时督促课题组成员深入现场认真观察，以发现问题的本质和规律。同时，要注重随时了解每个科研课题的进展情况，并针对存在的问题和难点给予指导帮助，有时还请有关专家来园帮助解决研究过程中出现的重大难题。

最后要及时检查研究进程。在日常工作中，要把检查作为一项不可缺少的重要环节，并将它纳入科研管理人员的经常性工作计划中。检查能及时掌握研究进程，发现问题，解决问题，修订计划，推广经验，有力地促进科研工作的有效进行。

三、从反思到逻辑清晰的成果提炼

美国心理学家波斯纳提出了教师专业化成长公式：成长＝经验＋反思。反思是教师的一块"自留地"，只有不断耕耘，才能检讨自己的教育理念与行为，不断追问："我了解儿童吗？""我的活动促使儿童获得了哪些有益的经验？"不断总结自己的工作得失，不断深化自己的认识，不断修正自己的策略，从而获得持续的专业成长。不失时机地进行卓有成效的研究，科学地总结自己和其他优秀教师的教育经验，使之上升为教育理论，以丰富、充实和发展教育科学。做到墙内开花，墙内先香。同时将优秀论文推荐到有关幼教刊物发表，进行成果推广，以获得更大的社会效益。

研究是理性思维过程，能够培养教师的高阶思维能力，如教师在研究中学会使用各种思维导图，系统有逻辑地分析问题，寻求解决问题的方法，其概括归纳能力、批判性及结构性思维能力等都能得到提升，从而在研究成果的提炼上具有更强的内在逻辑结构。

当今社会，教师个人的学识和水平都是有限的，单打独斗力量薄弱，而抱团发展可以形成优势互补，相互启发，相互激励，共同提高。在团队的协作中，每一个成员都学会了与人相处，同时在科研中达到教师思想观念和人格精神的不断升华。因此，幼儿园要成立以园长为首的中心课题组，分管教育教学的副园长要将研究工作贯穿于课程管理过程中，实行分层指导，分类提高，逐步推进。充分调动不同层级教师的积极性，采用小组实践的方式，鼓励教师共同学习、互相启发、实践、总结、反思、改进、再实践，如此循环往复，不断重新建构教师的知识和能力结构。同时聘请幼教专家组成教育科研顾问组和科研成果评选组。做到园内有科研组织，课程有科研核心，教师有科研课题，园外有行家辅导、专家评定，从而保证教育科研工作有领导、有组织、有步骤地进行。将教研组与科研组建成幼儿园内的一个个强而有力的小拳头，这样才能充分发挥幼儿园这个大拳头的威力。在教研组和科研组的建设上，要注意讲究其相对固定性和灵活性，着重培养各个教科研组长的能力，包括业务能力和组织能力。各组既相对独立又相互联系。让各组组长独立作业，自主聚合群体智慧，各组相互学习，相互配合，从而促进教师的能力水平逐步提升，让专业发展真正落到实处。

戎敏

泰州市靖江外国语学校教师，正高
级教师，江苏省特级教师

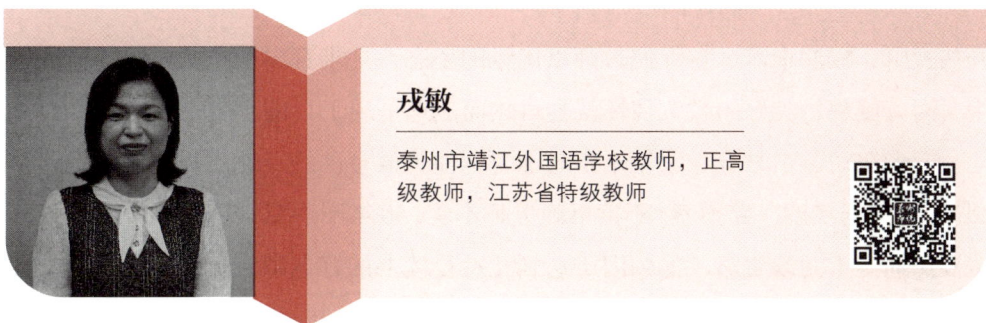

读书提升小学教师素养

　　"读书破万卷，下笔如有神。"读书是一种积淀，"书卷多情似故人，晨昏忧乐每相亲"。读书是一种陪伴，"粗缯大布裹生涯，腹有诗书气自华"。读书是一种滋养，"读书之乐乐何如，绿满窗前草不除"。读书，是一种乐趣。

　　两年前，《中国教育报》记者、作家张贵勇博士给我寄来了《读书，成就名师》。书中讲述了于永正、王崧舟等15位教育大师读书成长的动人故事。他们都持之以恒地做了一件非常普通但又非常重要的事，那就是坚持不懈地读书。他们在阅读中丰盈专业，建构体系。读书是教师成长为名师公开的秘诀，读书提升教师的核心素养。

　　教育情怀、专业素养、教育艺术和创新精神是教师的四大核心素养，是教师区别于其他职业最本质的特点。读书，是提升教师核心素养最好的途径。

一、读书厚植教师的教育情怀

　　真正的教育是一种成长启蒙，是志趣被点燃和唤醒的过程，它的使命是唤醒学生的灵魂。真正的教育情怀触及学生的心灵，是执着的师爱。读书，增广见闻，开拓视野，浸润素养。它促使教师以优雅的姿态，把求真向美作为自觉的教育行为，因人施教，美好的教育情怀就会自然而然地呈现于眼前。

记者采访著名教育专家于永正老师时，他笑谈自己的专业成长之路就是伴着阅读、思考与实践一路摸索，不读书晚上睡不着，50年不改变，并没有其他的秘密。谈及缘何走上阅读之路，他归因于遇到几位爱读书的好老师，特别对小学老师念念不忘。

他讲了一个小故事。教他们语文的张老师总喜欢大声读书。无论是课上还是课间，她总是声情并茂地读书。"随风潜入夜，润物细无声。"时间长了，于老师也在不知不觉间大声读书。像《西游记》《水浒传》这些名著，他看着看着就不由自主地读出声了。他觉得读出声来真"过瘾"，不仅能抒发出自己内心的喜悦，还能把文字所蕴含的情趣表达出来。古稀之年，他还常常像小时候那样读书读出声来。一个有教育情怀的老师影响学生一生的成长。

人生如山，立于高处，方可望其远，见其深，从而心存敬畏，未敢自负，于细微处自省，以谦和心见人。读书，没有让人顶礼膜拜的力量，却如涓涓细流，缓缓地积聚着学生成长的厚度，丰厚着教师人生的根基，厚植教师的教育情怀。

二、读书夯实教师的专业素养

如今，有很多老师慨叹："有的学生太难教，讲道理不行，非得要他服你，才肯听你的。"是的，老师的身上必须要有值得学生学习和仰望的要素，比如人格魅力。其中最重要也最根本的，是深厚的学识底蕴，学生懂的我懂，学生不懂的我还懂。

"诗意语文"倡导者王崧舟老师博览群书，举手投足之间自有一种文人的儒雅大气，心平气和，不疾不徐。他的课非常有味道，唯美深邃，如诗如画，让人情不自禁地陶醉在艺术享受之中。不光是学生，听课的老师也如沐圣贤光辉，似受春雨滋润。他让语文多了一份诗意的浪漫。

在王老师看来，他灵动的语文课来源于脱离功利、随性自然的阅读习惯。他认为，每一本书都是一个生命，充满美感与灵性。你不去跟它打照面，它便静静地躺在你的书柜里。你拿起书来，它就是活的，就会和你对话。每一本书都会给你开启不一样的精神世界。当我们沉浸在书中，也就进入了一个异彩纷呈的世界，体验一代又一代人不同的生活。从文学作品、教育理论到哲学名著等，王老师都有所涉猎，且乐在其中。

我还清晰地记得他讲的小故事。因为表现好，母亲给他一点儿零用钱，让他去买一支棒冰或一截甘蔗，但他总是把钱省下来，跑到新华书店买连环画。当时的连环画不是一套同时出版，而是一本一本推出，于是，他每天都要跑到新华书店看下一本推出没有，他特别留恋当时等书读的美好与向往。

他曾语重心长地对年轻老师提希望：底蕴是靠书堆起来的。书读得多，不一定底蕴就深厚。但是不读书，少读书，是一定没有底蕴的。

为什么读书对教师的成长如此重要？王老师告诉我们，教师专业成长的历程实际上是两个转化的过程，即"读书——底蕴——教学"。第一个转化是从读书到底蕴的转化，这是一个积淀的过程；第二个转化是从底蕴到教学的转化，这是一个创生的过程。读书夯实教师的专业素养。

三、读书增强教师的教育艺术

读书人往往有一种高贵的气质，如儒雅睿智、温婉知性，对教育也有独到的见解和深刻的思考。别人在他们的周围，会立刻感到有一种"气场"深深地"感染"着自己。潜移默化中激励自己读书、成长。

一个偌大的讲台上，满头银发的于永正老师语言风趣，沉着自信又不乏激情，他总是和学生一起读得绘声绘色、有情有趣，在给老师介绍教学经验时娓娓道来，让听者沉醉其中。讲到兴奋处，一段京剧《春秋配》脱口而出，声如天籁，宛转悠扬。

是什么让一个老人拥有青春的光彩、明星的魅力，让老教师依然保持着对教育教学执着的爱？又是什么让他拥有超乎常人的教学智慧，引领孩子们在愉快的学习中走向神圣的知识殿堂？

显而易见，是读书增强了于老师的教育艺术。就像他说的那样，抱着从书中寻找智慧和方法的态度进行读书。如果读书不与自己的生活、工作联系起来，学而不用，读书就失去了大半的意义。

我也是一名语文老师。在课堂上，我常会结合文本的时代背景，给学生讲讲文字、诗句的背景故事。例如，在学习《闻官军收河南河北》一诗时，我以该诗被称为杜甫"生平第一快诗"的定评为切入点，讲述诗人创作此诗的心境、缘由，带领学生走进那个特殊的年代，了解诗人波折困苦却流芳百世的一生。

我永远忘不了，每每有意或无意讲到课本之外的那些故事时，学生熠熠的神采和佩服的目光。这样的课堂，我快乐了，学生们也快乐了。

四、读书弘扬教师的创新精神

创新是素质教育的核心。社会不断向前发展，面向未来，教育一定会有新的转变。读书完全可以营造适应未来发展的"学习场"，在创新中行稳致远，走向美好的未来。

十年前我开始进行绘本创意读写研究。绘本"创读创写"融合学生认知世界、圆融学生创生思维。站在学生立场，让学生的读写同构共生。

师生共读《图书馆老鼠》这本书时，学生认识到每个人都可以成为作家，每个人都是作家。阅读《左手右手捣蛋鬼》这本书时，学生对创意有了崭新的认识。他们知道当自己的左手、右手有了不同名字后，充满创意的故事就会随之发生。而《换换书》这本书，让他们找到了修改习作的策略，让文章变得更有味道……

当我们发现，许多学生课间捧着一本书全神贯注时；当我们发现，学生们开始在习作中尝试运用从书中读来的词汇、语句时；当我们发现，学生们的读书交流越来越有深度，教室里氤氲着书香的气息时……我们的教育教学已经发生了翻天覆地的变化，这些正是读书弘扬创新精神的最好见证。

这，就是读书的力量，这也是老师的幸福。

五、读书滋养师生的精神成长

常常有老师问，教师需要读哪些书？我建议首先要读童书，老师们会更加了解学生，走进学生的心灵世界，如《爱哭鬼小隼》；还要读哲学书，如《中国哲学简史》，如此我们看待世界的思维就会不一样，对学生的认知也不一样了；我们老师也要读人文经典书籍，如《教师人文读本》，语文一旦有了文学的味道，课堂一定会充满惊喜而又令人期待；更要读教育教学专业书籍，如陶行知、苏霍姆林斯基等教育名家的著作，开拓自己的专业视野……

读书的时候不必刻意追求书籍对教师专业成长的帮助。在好读书的人眼里，看什么都是自己的专业，都有自己的专业。我们对自身专业的追求，就是阅读的自我立场。

作为老师，只要我们对这份职业有使命、有追求，那么在我们的眼里，读到的老子，不是哲学，而是教育；读到的稻盛和夫，不是企业管理，而是带班的路径；我们读到的哪怕是一本普通的小说，也会感受到教育的亮光……当读书丰富了我们的视野的时候，教育就在我们的世界里广博了，伸展了。

其实呀，我们每个老师都是一本书，有的温婉、有的豪放、有的洒脱……你是什么样的老师，你想成为什么样的老师，你就会去读什么样的书。教师选择读什么样的书，就选择了自己看待世间万物的角度，更凸显了自己对待教育人生的态度。我们每个老师，读书读到一定境界，自己也就成了一本书，再引领自己的学生来读，不就是用教师的核心素养滋养学生的精神成长吗？老师们，书香盈满素养路，躬读诗书正当时。与书为伴，终有一日，我们都有可能成为教育大师，都会领略到"会当凌绝顶，一览众山小"的最美教育风光，成就最好的教育人生。

曹伟林

泰兴市洋思中学校长，正高级教师，
江苏名校长

发展模式　成就教师

——以洋思经验为例

一、洋思教师成长概说

　　洋思中学因洋思教学模式而闻名全国。40年来，洋思人专注课堂教学模式的研究与改进，在模式研究的进程中，一大批名师脱颖而出，辐射区域，走向全国。

　　1. 退休者各地争聘校长：蔡林森——洋思中学创始人，全国劳动模范，江苏省特级教师，2016年退休，被河南省沁阳永威学校聘为校长，至今已经82岁，仍在担任校长；秦培元——蔡林森校长的后继者，荣获"全国优秀教师"名誉，泰州市名校长，退休后被安徽舒城中学聘请为执行校长；吴长华——洋思中学办公室主任，退休后被河南睢县蓝博学校聘为总校长。

　　2. 多名教学骨干就任市内初中学校领导：现就任泰兴市初中校长的就有三位——济川初中校长陈辉、马甸初中校长凌俊、河失初中校长李飞；副校级领导也有两位——泰兴市实验初中享受正校长待遇的刁勇副书记、西城初中副校长李新刚；此外，洋思中学还有五位泰兴市教育局的后备校长。

3．众多教师在教改路上获得表彰：先后有 6 名教师获得国家级表彰，21 位教师获省级表彰，40 多位教师获泰州市级表彰，100 多位教师在泰兴市级以上比赛中获奖或获得荣誉表彰。

4．多人外派支教传播洋思经验：每年被外派支教人员多，省内有去往徐州的，省外有去往新疆的，有去往甘肃的，有去往西藏的，最多时达 30 多人。

5．多人被外地名校录用：我校先后有近 30 人被南京、深圳、苏州、无锡、常州等地名校聘用。

6．多人次应邀外出讲学：应全国各地教育局、师范院校、各中小学等邀请，洋思中学每年外出上课、讲座教师达数十人，均得到受邀单位的好评。

二、洋思教师成长探源

为什么是洋思中学领导得到聘用？为什么出自洋思中学的校长最多？为什么洋思中学获得各级各类表彰的人数多？为什么洋思中学安排支教的人数多？为什么被名校聘用的教师多？为什么外出讲学上课的人数多？一句话，为什么是洋思？难道洋思教师都是高学历？水平特别高？能力特别强？

都不是。

根本原因是洋思中学的教师都深谙课堂教学之道，都能按照课堂教学规律进行科学施教，都能真正科学实施"洋思教学模式"，他们都是课堂教学的专家、行家，其所教学生品德一流，成绩出色，得到家长与社会的高度认可。

为什么是洋思？是课堂成就了洋思，是课堂成就了洋思教师，是"洋思教学模式"的实践研究成就了洋思教师。

可事实上，洋思中学的师资在学校初建之时可是全泰兴市、泰州市、江苏省闻名的"三流的师资"。那又是什么原因让洋思中学师资力量发生翻天覆地的变化呢？是什么原因让"三流教师"成为教育教学的行家里手呢？

是洋思中学在全面引领广大教师积极开展原创的"洋思教学模式"的实践研究过程中成长起来的。在研究中，不仅培育了教师，而且也让学校获得了长足的发展，学校由"三个三流"嬗变为"全国教育系统先进单位"、素质教育的典范学校，所研究的"洋思教学模式"也荣获首届国家级教学成果一等奖。

三、洋思教师成长表现

洋思中学教师究竟是怎样通过"洋思教学模式"的实践研究成长起来的呢？除了一些各学校都具有的常规性、共性的做法外，洋思中学有着自己独特的做法。

1. 在"洋思教学模式"的实践研究中强化认知

"先学后教，当堂训练"是"洋思教学模式"的基本样态。要真正实现"先学"，教师就必须放手让学生学，而要放手让学生学，就必须相信每一个学生能学，而要做到此，就必须牢固树立"没有教不好的学生"的办学理念。要真正实现"后教"，教师就必须让学生相互学习，互通有无，这就要教师进一步退居二线，牢固树立"不愤不启，不悱不发"的观点。要真正实现"当堂训练"，就必须惜时如金，精心设计课堂的每一个环节，牢固树立"真教真学·效率第一"的观点。当教师们由"灌"的教学方式走向"先学后教"的模式时，发现学困生在课堂上也"动"起来了，教师们的思想由此发生了根本的转变。

2. 在"洋思教学模式"的实践研究中改变行为

新课程标准强调学生学习方式的改变，即"积极倡导自主学习、合作学习、探究学习"，即切实改变传统的"讲授式""一言堂""满堂灌"的教学方式。而"先学后教，当堂训练"之"洋思教学模式"简直就是新课标思想的模板——"先学"就是自主学习，就是没有教师讲解下的自我探究；"后教"就是合作教学，就是在教师引导下的彼此探究；"当堂训练"又是自主学习，就是在教师组织下的反馈、迁移、实践、应用。教师在此模式实践研究中自然而然地改变了教学行为。洋思教学模式引领老师们在改课中规范课堂言行，让课堂不断走向高效。

3. 在"洋思教学模式"的实践研究中形成自我

也许有人认为"洋思教学模式"最终使教师丧失了自我，变成"千人一面"，因为应用的是统一的"洋思教学模式"。其实恰恰相反，在应用"洋思教学模式"的过程中，教师自我意识觉醒，形成了个性化的教学风格，只不过，这种风格是符合共性的教学规律的风格。"洋思教学模式"本质上是教学规律的体现，所有教师都是教学模式的实践者、研究者，都有话语权，这种教学模式会因为学科特点、课型特点、学生特点、教师特点而呈现出不同的表现形式，形成属于"我的"教学模式。"教无定法"的前提是"教学有法"，洋思中学副校长刘金玉在研课中不断突破，出版了十几部专著，最终成为国家级教学名师。陆丽萍老师深耕课堂，创建具有鲜明个性的洋思课堂，获得江苏省教学成果一等奖，被评为江苏省教学名师。

四、洋思教师成长路径

洋思教师的成长不是一帆风顺的，不是一蹴而就的，而是通过各种路径才能成长起来的，"洋思教学模式"的形成、发展、推广的过程本身就是艰巨的、不易的，教师实践研究"洋思教学模式"的过程同样也是艰巨的、不易的。洋思中学通过多种实践研究路径，促进广大教师认识、理解、实践、丰富、完善"洋思教学模式"，促进自身成长与发展。

1. 假期培训：洋思中学每年都要进行寒假、暑假教师培训，至少一个星期，备课、磨课、上课、说课、评课、改课、同课异构等一着不让，真正把握"洋思教学模式"思想与内涵。

2. 课题研究：洋思中学的大中小课题研究无一例外围绕课堂进行，围绕学生进行，围绕学习进行，围绕教师成长进行，围绕新课标进行，最终在研究中促进"洋思教学模式"的深化。

3. 校本实践：积极推进"洋思教学模式"校本实践研究，特别是与时代接轨，落实"双减"政策，突出课堂教学智能的应用、任务的设计、活动的开展、情境的创设，促进教师与教学与时俱进。

4. 学习借鉴："洋思教学模式"是本土的，但不是封闭的，而是开放的。我们聘请专家指导、外出学习、参与各类课堂教学比赛、完善教育教学设备设施，让模式更科学，让教师更好地发展。

5. 常年点课：每天的点课，让广大教师不仅要上"洋思教学模式"课，更要上好，上出个性、上出变化、上出效果，因为要评，因为要写评语。无疑，这个模式对教师起到促进作用。

......

教师成长之路千万条，通过课堂教学模式实践研究促进教师成长只是其中的一条路径。但这一条路径很重要。因为这一条路径发生在课堂，而课堂是学生学习成长发展的主阵地，只有学生在课堂上做到真正科学地进行自主学习、合作学习、探究学习，真正科学地进行融合学习、分享学习、深度学习，模式才能最终形成；而教师是课堂上学生学习成长发展的主导者、引领者、组织者，只有教师真正认识了、改变了、形成自我了，只有都真正积极参与了、实践了、研究了，这一切才能真正发生，教师专业化专长才能成为可能与必然。

洋思中学将在今后的工作中继续不懈地加强"洋思教学模式"实践研究，继续让教师在课堂教学模式实践研究中茁壮成长，从而为国家培育更多德才兼备的优秀教师持续作出应有的贡献！

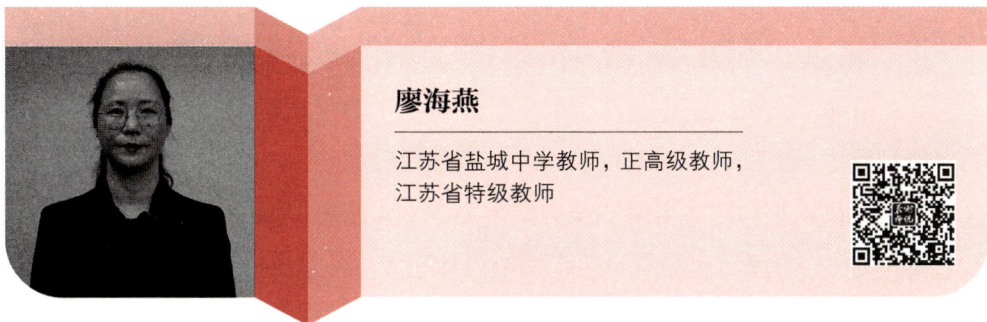

廖海燕

江苏省盐城中学教师，正高级教师，
江苏省特级教师

新形势下中学教师核心素养提升之路

　　我从事语文教育工作 30 多年，回首这漫长而又短暂的语文教育生涯，从初中语文教学到高中语文教学，从一名普通中学语文教师到江苏省语文特级教师、中学正高级教师。其间我不间断地实践、研究和反思，不停步地发展、提升自己教师的专业素养。下面我将结合自己的成长经历，谈谈新形势下中学教师如何提升自己的核心素养。

一、教师应有执着的教育情怀

　　陶行知说："捧着一颗心来，不带半根草去。"教师职业有别于其他任何职业，其教育对象是具有个性特点的人。因此作为"传道授业解惑"的教师，必须具有正确的"三观"，具有大爱情怀和执着精神。爱是教育的前提，教师有了爱才会对教育事业充满激情。

　　刚进盐城中学，我就开始了班主任工作，一做就是 17 年。每天，我最早来到教室，迎接学生到校；傍晚，我最晚离开办公室，和学生谈心，解决学生的问题，常常误了饭点。

我深知，爱学生是教师的第一要义。要管理好班级，首先要爱班里的每一个人。要了解每个学生的个性特点，要了解每个学生的家庭情况。有家庭比较困难的学生，我主动资助他。当时班级有一名学生，他父亲不幸得了红斑狼疮，妈妈又下了岗，我就主动帮他申请学校的奖学金，常买些学习用品给他。现在已上大学的他，每次一回来就来看我，向我汇报他的学习生活情况。遇到有问题的学生，我还去走访学生家庭，和家长沟通交流，共同商讨教学方法。

有一天，我收到这样一封邮件："廖老师，对不起，高三毕业后没有去拜访您，因为我考了个不起眼的大学，觉得有点辜负您。但我喜欢您的语文课，更记住了您三年中曾跟我说过的那些话。在大学里，我没有荒废时光，现在以专业第一名的成绩被中科院上海硅酸盐研究所录取。真心感谢您！是您的鼓励让我不断进取。我以前是您的学生，现在是您的学生，将来永远都是您的学生！"还有一位同学来信说："廖老师！您还记得那一次的事吗？有一天天气突然变凉，您在做操时看我衣服穿得少，晚上把我叫到家里，拿出您爱人的一件红毛衣给我，并送给我一本《论语》。现在，这件衣服和书我都还好好保留着呢。我一辈子都感谢您，都忘不了！"说心里话，这些就是我历经艰辛而无悔做教师的理由。记得我曾写下过这样的承诺："让那三尺讲台，永远成为我心灵的归宿与无怨的依托。"

从教的日子清贫而平凡，但也伴着惊喜。一晃，30多年过去了。现在，我的手机里仍总满载着祝福："廖老师，感谢您一直对我的关爱，祝您工作顺利，家庭幸福！"还有的学生说："脑海里时常想起和廖老师在一起的日子。您，素雅清新，热情大方，严肃中又不失可爱的童真；您，是我们生命中不可或缺的好朋友！"每每读到这些话语，幸福总是不经意间就弥漫开来。

二、教师应具有扎实过硬的专业素养

专业素养是教师的看家本领，是教师赢得学生尊敬的前提条件之一，也是教师成为名师的必备条件。终身学习是提升教师专业素养的必由之路。优秀教师于漪说："要教得好首先是自己学得好，为此我千方百计挤时间读书，用双倍的努力弥补。"于漪用自己的从教人生诠释了什么叫"终身学习"。无论何时，具有扎实专业素养的教师都会受到人们的尊敬。

1. 专业阅读

如果有志于专业发展，中学教师必须建构自己的阅读地图。如语文教师的阅读一般有教学的阅读和文学的阅读。我的教学阅读内容，主要有语文教学方面的期刊，如《中学语文教学参考》《中学语文教学》《语文教学通讯》《中学语文教与学》等语文教学专业期刊，尽管学校阅览室有，但我坚持每年自己订，这样可以慢慢学习研究。我对期刊里的每篇文章都认真学习，从理论文章到教学设计、教学实录。凡是对我有启发的，或复印或摘录。同时我还阅读了大量名家的教育教学书籍，如《叶圣陶吕叔湘张志公语文教育论文选》，钱梦龙的《导读的艺术》《我和语文导读法》《和青年教师谈语文教学》，于漪的《我和语文教学》《于漪语文教育论集》，魏书生的《教学工作漫谈》《魏书生教育思想概论》，苏霍姆林斯基的《给教师的一百条建议》等教育教学类书籍。除了教学的阅读，还有文学的阅读，旨在通过阅读经典文学作品，丰富自身体验，培育对语言的敏感。事实上，语文教师缺乏对语言的敏感，缺乏文学欣赏、文学教育所不可或缺的粗壮感性神经的情况已屡见不鲜。因此，语文教师的专业化阅读必须遵循文学的方式阅读文学作品。阅读大量的小说、散文、杂文，让自己始终保持鲜活的语言感觉。读理论，确保自己的思考有方向有深度；读科学历史，了解本学科发展的脉络，吸收前人的智慧。

一直到现在，我都在不断地读书，床头、案头到处是书，每天睡觉前不看书就无法入眠，读书成了我今生的习惯。

2. 专业写作

我们无法容忍美术老师不会绘画、音乐老师无法演奏乐器，我们自然要求语文老师不但能写文章，还要热爱写作。写作应该是语文老师的基本素养。每当读到同学或好友发在专业期刊上的文章时，我都很受触动。我为什么不能像他们那样把自己的教学方法或收获写出来呢？于是，我开始尝试教研写作。自己上课的心得或者听别人课的体会，都可以加入自己的思考写成文章。如 2013 年在特级教师南通论坛上，我开了《登高》的研讨课，上完后，我根据自己备课时的想法以及上完课的反思写了《读出隐藏在文本深处的意蕴》，发表在 2014 年《语文教学通讯》第 9 期上。后来，我又想，这首诗还可以怎么教？于是又写了篇文章《诗歌可以这么教》，发表在《中学语文教学参考》2014 年第 9 期上。现在大家都在说应试环境，但我们也可以在大环境不能改变的情况下打造自己的小环境。我对学生阅读的引领作了尝试。高一学生较高二、高三学生来说，课余时间较多，我精心设计了"阅读小条"，帮助学生根据自身特点寻找适宜的读书时间。我把这种做法也写成文章《用多元评价引领学生课外阅读》，发表在《中学语文论坛》2016 年第 2 期上。

我还通过做课题，参加"国培"生活化语文工作坊等对课堂教学和生活化语文课堂进行思考和反省，然后通过写文章把想法表达出来。《生活化语文教学就是师生一起过"生活"》被《高中语文教与学》（人大复印资料）第 3 期全文转载；《生活化背景下语文知识的教学策略》发表在《语文教学通讯》第 6 期上；《"一化六教"的归真引领价值》发表在《语文教学通讯》第 11 期上。

大量的阅读写作，提高了我的教学技艺。那些年，参加市、省教学大赛，并先后获得一等奖。渐渐地，我在教学上获得了一些荣誉，先后被评为市教学能手、市学科带头人、市名教师，并在 2012 年被评为江苏省特级教师，2016 年被评为中学正高级教师。

三、教师应具有娴熟的教育艺术

教学既是一门科学，也是一门艺术。因此，教师要自觉遵循教育教学规律，遵循学生身心发展规律，遵循人才培养规律，认真研读教材、课标、大纲，悉心备课，科学准确地向学生传授知识培养能力。

1992 年 8 月，我正式步入中学语文教坛。工作之初，我教初中语文。我知道，要想立稳脚跟，不误人子弟，第一位的就是要在上课方面下功夫，一定要努力上好每一堂课。于是，我坚持每天听课，听不同老师的课；再自己认真备课，一丝不苟地过备课关。为此，我查资料，读原著，看名家的分析，读不同的教案，之后设计自己的教学方案。我用心听同行们的课，认真写听后感；上完自己的课，我还写教后感。每天，我都在办公楼忙碌到很晚，或备课，或读书，或改作业，办公楼里经常只有我一个人了。就这样，一次次地观摩，一课课地教学，一回回地反思，直到自己能熟练地上路了。功夫不负苦心人，工作第三年，我参加盐城市优质课比赛，摘下了一等奖的桂冠；同时，我又被推荐参加了学校一年一度的大型公开教学活动，也取得了令人欣慰的佳绩。

2000年9月，我开始从事高中语文教学。回顾这些年来的初中语文教学之路，反思自己所取得的一些成绩，再直面高中语文教学的实际，我深深感到自己对语文和语文教学的认识还很有限，在语文教育科研上还有很大的差距。记得当时已退休的盐城中学老校长庞天仪曾对我说："作为一名中学语文老师，不仅要完成繁重的教学任务，还得要从事教育科研。盐中的老师，不仅要当教书匠，还要当教育专家。"老前辈的话，令我醍醐灌顶。这之后，我开始从只专注课堂教学的趣味性，逐渐转移到更关注规律性，更注重我们教的是语文，该更有语文味，该更务实有效。2006年10月，我参加省优质课竞赛，获一等奖。这是我教学路上的一个里程碑，更是我理念和实践比较成熟的一个重要标志。

四、教师应具有与时俱进的创新素养

当今社会发展日新月异，整个世界就是一个地球村。而且，新课程理念背景下，师生不再是单纯的课程传授者与接受者，而应成为课程的主动参与者和开发者。从某种程度上说，一位优秀的教师就是一门优秀的课程，教师要变教教材为用教材教；教师要从课堂教学主角变为配角，从台前退到幕后，成为学生学习的组织者、引导者、激励者和合作者；师生关系是双向的、平等的、民主的交流与合作关系。

当前，新课标新高考大背景下，课堂教学的难度和深度也都在不断加大。那么，如何使自己和团队教师们更适应新形势对语文教学的要求呢？我开始静下心来，梳理自己30多年的教学实践和研究，提出了"融通式语文教学"这一理念，并从理论内涵、认知逻辑、教学实践、价值引领等方面来加以阐述。目前，在市教育局和学校领导的大力支持下，我领衔成立了"盐城市高中语文名师工作室"，现有16位校内外成员。

　　我们的实践研究目标：立足中国学生发展核心素养和《普通高中语文课程标准（2017 年版 2020 年修订）》，积极探索 "融通式语文教学"的理论与范式，打造符合江苏乃至全国语文教育情境的"融通式" 教学品牌，积极促进未来中国中学语文教育教学的改革与发展。

　　围绕工作室的建设主题，我们还成功申报了省"十四五"规划课题"文史哲融通背景下的高中文言文教学研究"，希望能够借助这个课题研究，从理论、实践两个层面都实现自我超越，使教学效益更符合语文教学的自身规律。

　　总之，我认为教师的教育情怀、专业素养、教育艺术和创新精神是教师的必备核心素养，是教师区别于其他职业最本质的特点，教师应在这四个方面进行修炼，方能成为一名受学生欢迎的教师。

　　最后用钱梦龙老师的话和大家共勉："不言春作苦，常恐负所怀"，此为第一境界；"却顾所来径，苍苍横翠微"，此为第二境界；"行到水穷处，坐看云起时"，此为第三境界，也是教学的最高境界。让我们一起努力吧！

陈鹏

江苏师范大学教育科学学院副院长，
教授，博士，职业教育专家

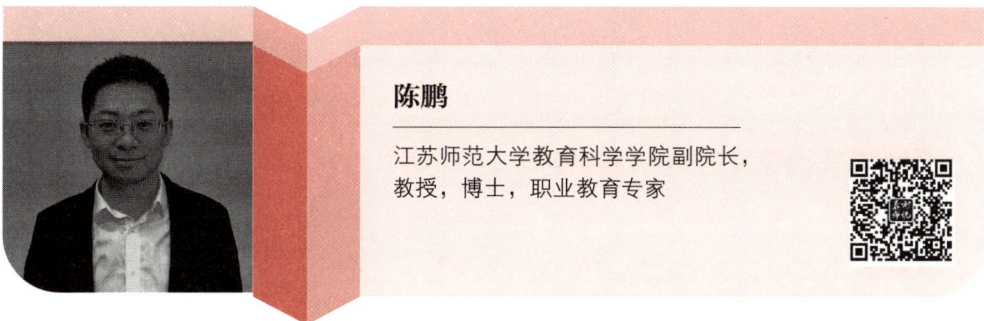

中职教师核心素养框架解读

我们主要来了解一下中职教师的核心素养，看看基本框架是什么，有哪些指标，具体包括哪些素养内容，以及"双师型"教师核心素养有哪些。

一、教师核心素养概况

首先，教师的核心素养是什么？所谓核心素养就是一个人在社会实践中所应具备的基本知识、能力和态度。那么教师的核心素养，就是在教育教学实践活动中所应表现的知识、能力与态度的总和。

《学记》言："君子既知教之所由兴，又知教之所由废，然后可以为师也。"孔子要求教师应学而不厌、诲人不倦，以身作则、言传身教，热爱学生、有教无类，因材施教、循循善诱。德国教育家第斯多惠认为，一个具有渊博的普通和专业知识以及高度道德品质的人才能成为一名好的教师。叶澜教授这样描绘21世纪的教师素养写意图，即"对人类的热爱和博大的胸怀，对学生成长的关怀和敬业奉献的崇高精神，良好的文化素养，复合的知识结构，在富有时代精神和科学性的教育理念指导下的教育能力和科研能力，在教育实践中凝聚生成的教育智慧"。

可见，古往今来的教育学家对教师的核心素养都提出了很高的要求和期待。

二、中职学校教师核心素养

职业学校教师的素养有哪些？其基本框架是什么？

（一）教师专业标准

早在 2013 年，教育部为贯彻落实《国务院关于加强教师队伍建设的意见》，建设高素质中职学校教师队伍，就制定了《中等职业学校教师专业标准（试行）》（以下简称《专业标准》）。该《专业标准》是国家对合格中等职业学校教师专业素质的基本要求，是中职教师开展教育教学活动的基本规范，是引领中职教师专业发展的基本准则，是中职教师培养、准入、培训、考核等工作的基本依据。具体而言，《专业标准》基于师德为先、学生为本、能力为重、终身学习的基本理念，从专业理念与师德、专业知识、专业能力 3 个一级指标、15 个二级指标，规定了中职教师应该具有的核心素养。

其中，在若干个二级指标中都凸显了职业学校教师的独特性。例如，在专业知识之"职业背景知识"二级指标中就强调，职业学校教师应了解所在区域经济的发展情况、相关行业现状趋势与人需求情况；掌握所教专业涉及的职业资格及其标准。专业能力之"实训实习组织"二级指标更是凸显职业教育类型特色的二级指标。该指标要求，中职教师应掌握组织学生进行校内外实训实习的方法，安排好实训实习计划；熟悉有关法律和规章制度，保护学生的人身安全等，这也是职业学校教师"双师型"教师素养的重要体现。

在《专业标准》的引领下，中职学校教师的培养培训、准入与考核都逐渐走向专业化、规范化的道路。但是总体而言，中职学校教师队伍整体质量还有待提高，专业化水平还需要进一步提升。

（二）教师职业能力标准

为此，为进一步贯彻《中共中央国务院关于全面深化新时代教师队伍建设改革的意见》，提升职业教育师范生教育教学能力，教育部于 2021 年组织研制了

《中等职业教育专业师范生教师职业能力标准（试行）》（以下简称《职业能力标准》）。该《职业能力标准》不仅是对职业教育师范生毕业的基本要求，更是职校教师必须具备的核心能力要求，是对《专业标准》的进一步超越，是新时代职业学校教师应该遵循的基本能力纲领。该《职业能力标准》从4个一级指标、12个二级指标和36个三级指标建构了职业学校教师应该具备的核心素养能力。

具体而言，一级指标包括师德践行能力、专业教学能力、综合育人能力和自主发展能力4个维度。其中，师德践行能力包括遵守师德规范、涵养教育情怀、弘扬工匠精神3个二级指标和理想信念、立德树人、师德准则、职业认同、关爱学生、用心从教、自身修养、工匠精神8个三级指标。需要特别注意的是除了一般性的师德规范和教育情怀，工匠精神是凸显职业教育类型特色的一个重要核心素养。职业学校不仅是培养工匠精神的摇篮，而且还要求工匠精神的培养者也要具备工匠精神，主要体现为要弘扬劳动光荣、技能宝贵，创造伟大的时代风尚，树立质量意识、服务意识、竞争意识、责任意识，在专业实践和教育实践中，秉承爱岗敬业、诚实守信、精益求精、追求卓越的职业精神，以形成工匠精神持续性传承的教育生态。

专业实践能力包括掌握专业知识、开展专业实践、学会教学设计、实施课程教学4个二级指标和教育基础、专业素养、信息素养、知识整合、操作能力、获取证书、熟悉标准、掌握技能、分析学情、设计教案、情境创设、教学组织、学习指导、教学评价14个三级指标，这是作为一名职校教师最基本也是最重要的核心能力。其中，比较凸显职业教育特色的是开展专业实践中的操作能力和获取证书能力两个指标。"操作能力"要求职业学校教师掌握技能形成规律，具备熟练的专业操作技能，有企业实践、技能大赛经历，或参与学生职业技能考核评价初步体验；"获取证书"要求教师关注国家资历框架发展要求，熟悉"学历证书＋职业技能等级证书制度"，考取专业相关的职业资格证书或职业技能等级证书等，这无疑给职业学校教师带来了较大的挑战性。

综合育人能力包括开展班级指导、实施专业育人、组织活动育人3个二级指标和育德意识、班级管理、心理辅导、家校沟通、职业指导、育人理念、育人实践、课外活动、主题教育9个三级指标。职校生相对于普通中小学生、普通高校大学生而言具有其特殊性，在思想道德、日常生活、身心健康、学业发展方面需要特殊的关照，这就给职校教师提出较高的要求。例如，要了解中职学校学生身体、情感发展的特殊性和差异性，进行有针对性的心理辅导；更为重要的是他们未来还有就业的需求，如何针对学生职业发展的需要，引导他们更好地进行职业生涯规划、创新创业活动成为重要的能力标准要求。

自主发展能力包括注重专业成长、主动交流合作 2 个二级指标和发展规划、反思改进、学会研究、沟通技能、共同学习 5 个三级指标。职业学校教师不仅要关注学生的成长，还应主动关注自己的成长，具有终身学习和可持续发展理念，具有自我反思、主动探究的精神，不断更新自己的知识体系和能力素养，不仅要有一潭水，还需要有源头活水；同时，还需要具有共同体精神，在与同事、同行、行业企业人员、专家学者进行有效沟通交流中不断成长。

各位学员，以上是对中职教师职业能力标准基本框架和主要内容的分析，大家可以以此为参照，检验或审视自身在相关维度和指标体系中的缺失或值得改进的地方，在理论学习、实践创新中不断完善自我。

（三）"双师型"教师素养标准

提到中职教师，绕不过"双师型"教师。

"双师型"教师，一般主要是针对职业学校的专业课教师而言的，当然在类型教育的时代背景下，也要求公共课教师具有一定的"双师型"素养，了解专业相关的行业特点和学生生涯发展需求，以更好地进行学科融合教育。关于"双师型"教师的核心素养可以参照教育部办公厅于 2022 年发布的《职业教育"双师型"教师基本标准（试行）》的相关要求。

《职业教育"双师型"教师基本标准（试行）》分为中职教师和高职教师两个层级，每个层级又分为初级、中级和高级"双师型"教师三个层次。总体而言，"双师型"教师在具备专业知识和技能、教育教学研究能力的基础上，还必须要有企业相关工作经历和实践经验，了解或掌握本专业工作过程或技术流程，承担实习实训、产教融合、校企合作等工作，甚至能够在设备改造、技术革新等方面取得突出成果；更为关键的是还应获得相应行业的国家职业技能等级证书或职业资格证书，或者具有相应专业非教师系列相应等级的专业职务职称，或者具有同等能力水平。否则，不能申请认定相应等级的"双师型"教师。

中职教师核心素养是对广大中职教师从教的基本要求，无论对于初任新手型教师，还是多年任教的熟手型教师，都必须以此为纲，加强自身学习与积累，不断成长为高素质、专业化、创新型的中职优秀教师。而对于专业课教师，还应以"双师型"教师认定标准为依据，强化企业实践锻炼和专业技能水平，在推进产教融合、校企合作中增值赋能，为职业教育高质量发展和技术技能型人才的培养作出应有的贡献。

仲稳山

泰州学院心理健康研究所所长，
教授，泰州市心理学会理事长

积极关注态度下的儿童心理健康维护

什么是积极关注？我以为，教师以积极的态度看待学生，注意他们的长处，对他们言语和行为中的积极面、光明面或优点给予有选择的关注，并利用学生自身的积极因素促使其发生积极的变化，这就是积极关注。

要维护学生的心理健康，教师就要积极关注学生，而积极关注学生就必须要做到尊重学生的人格，与学生共情，接纳学生的差异，公平对待学生。

第一，要尊重学生的人格

尊重是人的基本需求。尊重是尊敬、重视。尊重是不宣扬别人的隐私，不诋毁别人的人格，不干涉别人的生活，不嘲笑别人的缺陷。

受到别人尊重，是人人都向往的一种情景。幼儿和小学生也不例外。

尊重学生，是教育学生的前提。只有从尊重学生出发，将学生当作有思想、有个性的"完全平等的人"，而不仅仅是被管理的对象，才能采取合理的教育措施，才能取得良好的教育效果。

学生的人格是指学生个人的尊严、名誉和价值的总和。幼儿和小学生也是有人格的。尊重学生的人格就是要使学生在包括知识学习在内的各种活动过程中，体验到做人的自尊和自豪。

那么教师要怎么做，才能够做到真正地尊重学生的人格呢？

在这里，给大家分享两个故事。

故事1

一位一年级学生做错了一道题，老师罚她重做十遍。第二次她照旧出错，老师在全班点名批评，罚她做二十遍。第三次她又做错了，老师把她叫到讲台前，当众用红粉笔在她脸上画了两个叉。小女孩哭着说，再也不愿上学了！

故事2

一次公开课上，执教老师点名要一个小男孩朗读课文，可是这个男孩却不顾听课的领导和老师在场，大胆地说："老师，现在我不想读！"

执教老师笑容依旧，说："你有权保持沉默！我们会耐心等待，以后再欣赏你的精彩表现。"

果然，在后半节课中，这位学生主动请求，以自己精彩的朗读获得了听课师生热烈的掌声。

大家思考一下，上面两个故事中的教师有没有尊重学生？

总的来说，教师尊重学生是指教师不挖苦学生、不讽刺学生、不打击学生、不报复学生、不算计学生、不排斥学生、不侵犯学生、不欺负学生、不侮辱学生、不体罚学生……

尊重学生不是简单地给学生面子，也不是顺从与放纵，让学生随心所欲，由着他们的性子来。

第二，要接纳学生的差异

无论教师怀着多么美好的愿望，在学生的成长过程中做了多少工作，他所教导的学生最终仍然会表现出极大的差异。差异是客观存在的，也是不可避免的。

学生的差异是指不同的学生在认知、思维、情感、兴趣、爱好、能力、态度、观念、行为上表现出来的相对稳定而又不同于他人的特点。

　　具体地说，在认知上，由于每个学生的智力水平不同，在学习新的教学内容时，他们的兴趣和接受能力就会存在很大的差异；在情绪情感上，同样的情景会引起不同的学生产生不同的情绪情感反应；在思维上，有些学生的动作思维强，有些学生形象思维好，还有些学生抽象思维厉害，等等。

　　学生与学生之间的差别主要是每个学生所拥有的多种智力在学生身上所表现出的各种不同的组合方式。也就是说，每个学生都有自己的强项和特长，只不过他们的才能在类型上有差异而已。所以，学生对教师讲的内容理解有差异时，教师要从多元智能的角度看待学生的差异，先听听学生为何这样理解，而不是加以否定或指责，并且在引导学生强项智能的同时，还需要唤醒他们的其他智能。

第三，要与学生共情

　　故事 3

　　小明因一件小事与其他同学发生冲突，将对方的桌椅掀翻在地，围观的同学纷纷指责他的行为。面对众人，他拳头紧握，气势汹汹，整个人处于一种高度警戒的状态。老师得知情况后，将他找来。下面是老师和小明的对话：

　　老师：今天你和小雨吵架了，你能跟我具体地说说吗？

　　小明：（气呼呼的）小雨在我的纸上乱画，我很生气，就把他的桌子给掀翻了。

　　老师：嗯，他在你的纸上乱画，所以你很生气。

　　小明：是的，那张纸是美术老师奖励给画得好的同学的，不是每个人都有的。

　　老师：哦……我明白了，这张纸对于你来说，不是一张普通的纸，它更代表着你的荣誉，是这样的吗？

　　听了老师的这句话，刚才还一直全身戒备、处于警惕状态的小明突然就哭了起来。老师在旁边静静地等待，等他宣泄完自己的情绪。哭了一段时间后，小明渐渐平静下来。下面又是他们的一段对话：

　　小明：其实我把他的桌子推翻在地上的时候，我就已经后悔了，我太冲动了。

　　老师：可以有更好的解决这件事情的办法，对吗？

　　小明：嗯，我应该告诉他我很在乎这张纸，让他不要画，我错了，我会去向他道歉的。

人是情感性的动物。在学生所有的矛盾和冲突中，几乎都是情绪在起作用，只要处理好他们的情绪，很多事情就迎刃而解了。像在这起事件的处理过程中，如果一开始，老师紧紧抓住小明掀翻桌子的错误，训斥他，批评他，不分青红皂白地指责他，就不仅不能解决问题，还会使小明产生对立情绪，不会很好地认识到自己的错误。所以，在这种情况下，"共情"就显得很重要了。老师能够站在小明的角度，接纳他的委屈和愤怒，理解那张纸对他的重要性，给他一个宽容、温暖的环境，他整个人就放松了下来，开始认识到自身的错误。此时，不需要说教，他自己就会思考如何面对问题、解决问题。

故事4

某老师上课时，向学生们提出一个问题，要求同学们举手回答，她发现班里一位学习成绩较差的学生也举起了手，心里很高兴，就让这位学生回答，可是他一个字也回答不上来。下课后，老师把这位学生叫到办公室，问他为什么不懂装懂，学生哭着说："别人都举手，如果我不举，会让他们笑话的。"老师听了以后觉得十分感慨与愧疚，于是告诉这位学生，以后提问，如果他会就举右手，不会就悄悄举起左手。一段时间以后，这位学习较差、性格内向的学生变得开朗起来，成绩有了很大的提高。

"不会就悄悄举起左手"，这是一句多么温暖人心的提示，同学们都会回答问题，如果个别同学不会，必然会感到被孤立，心理上会形成弱势，进而影响自信心的树立。这位老师的共情，给予孩子更多的是理解、关怀、鼓励和尊重。

第四，要公平对待每位学生

当学习成绩好的学生与学习成绩差的学生发生矛盾时，能否是非分明、公正对待每一个学生，这是每一个教师都必须认真思考的问题。

在实际工作中，有的教师往往会在第一时间对成绩差的学生进行很严厉的批评教育，有时还会新账、老账一起算；而对成绩好的学生，教师则轻描淡写地说几句就算了。

　　但这种简单处理对成绩差和成绩好的学生都会产生不良的后果。一是这样做是对成绩差的学生的歧视。教师没有进行具体调查，怎么就知道一定是成绩差的学生犯了错呢？难道没有冤枉了这位学生？如果学生觉得被冤枉而感到委屈，但老师又不听他的解释，他会觉得自己在老师的心目中已经被定格了，自己怎么做都没有用。那么从此以后，他可能就懒得去解释，破罐子破摔了。二是这样做容易助长成绩好的学生的自满情绪。他会有一种优越感，常常表现出高高在上的姿态，不利于他的健康成长。

　　因此，教师在管理过程中，要是非分明、公正地对待每一位学生。如果学生之间发生矛盾，教师首先要让自己静下心来，不要让这件事本身影响了自己的是非判断，让学生也都先冷静一下，想想事情的发生过程，让他们自省。然后，平心静气地听听每个人的说法，尽量给他们时间让他们把内心的委屈都倾诉出来。在听的过程中，教师就会弄清事情的来龙去脉。在调查清楚后，教师决不能和稀泥，一定要给出一个正确的判断，因为不但当事的学生在看着教师，其他的学生也在看着教师，教师不能偏袒任何一方，是谁的错就是谁的错，一定要批评教育。当然，这种批评教育一定要掌握好度，决不能损伤学生的自尊心，也不能乱扣帽子，批评教育适可而止。这样处理完之后，会让学生内心佩服老师，能真正认识到自己的错误，也会让学生觉得老师对每个学生都是公平的。

　　总之，如果每一位教师都能够以积极关注每一位学生的态度，去尊重每一位学生，接纳不同学生之间的差异，与每一位学生发生共情，并公平对待每一位学生。那么，我们就完全可以相信，每一位学生都可以拥有健康的心理和健全的人格，都可以成为国家和社会的栋梁之材。

仲稳山

泰州学院心理健康研究所所长，
教授，泰州市心理学会理事长

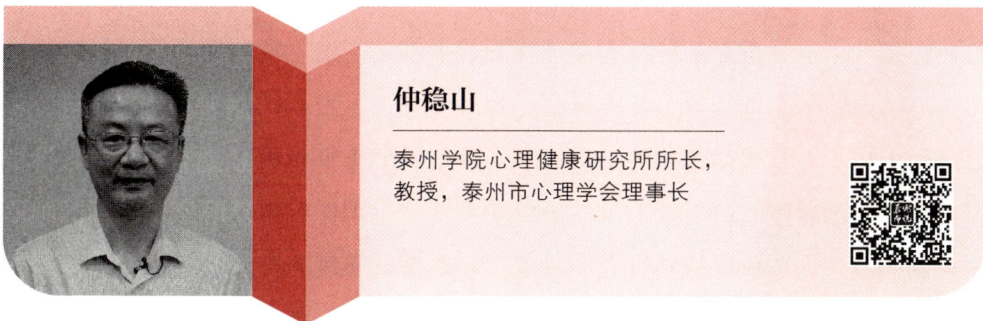

基于理念改变的中学生心理健康维护

《中小学心理健康教育指导纲要（2012 年修订）》要求心理健康教育应从不同地区的实际和不同年龄阶段学生的身心发展特点出发，做到循序渐进，设置分阶段的具体教育内容。目前，小学阶段的心理健康教育在维护小学生心理健康方面作出了巨大的贡献，但是进入初中和高中阶段后，有些学校的心理健康教育工作却出现了"说起来重要，做起来不要"的异常现象。每一位教师都是心理健康教育的推动者和实施者，都应该掌握中学生心理健康辅导的理论与技巧，并贯穿于每门课的实际教学过程中。

那么，中学教师如何维护中学生的心理健康呢？

一、尊重学生的人格

某校在学生中间开展了"我心目中的好老师"的问卷调查。结果显示，对好教师的评价，就其品质参数而言，占被调查人数百分比依次分别是：理解信任学生（84%），尊重学生人格（83%），对学生一视同仁（74%），和蔼可亲、平易近人（73%），教学能力强（67%），教学认真（65%），有事业心、责任心（57%）。

其中尊重学生人格占 83%，位居第二。

受尊重是人的基本需求。受到别人尊重，是人人都向往的一种情景。处于青春期的中学生尤其渴望得到教师的尊重。尊重学生，是教育学生的前提。讲台不是上下尊卑的界线。只有从尊重学生出发，将学生当作有思想、有个性的"完全平等的人"，而不仅仅是被管理的对象，才能采取合理的教育措施，才能取得良好的教育效果。

中学生的人格是中学生个人的尊严、名誉和价值的总和，主要是指中学生所具有的与他人相区别的独特而稳定的思维方式和行为风格。尊重学生的人格就是要让学生在包括知识学习在内的各种活动过程中，体验到做人的自尊和自豪。

学生在人格上与教师是平等的，学生的人格不容教师的任意侵犯和践踏。学生渴望得到教师的理解和尊重，希望得到教师的肯定和赞许。只有尊重了学生的人格，学生才会大胆发表自己的见解，在自己有错误的时候才会勇于承认，并能正确对待别人的批评。

二、宽容学生的过错

中学生接受教育的过程，也是一种人格完善的过程。教师不仅要教给学生知识，还要教给他们怎样做人。每一个学生都是一个鲜活而又有丰富内涵的个体。中学生犯了错，教师要怀有宽容的心。该批评的就善意批评，该规劝的要好言相劝，该谅解的就诚心谅解。教师慈祥的面孔、温柔的笑容、亲切的言语、文雅的举止，以及善解人意的目光，比声色俱厉的态度更能贴近中学生的心理，更能取得教育的实效。教师，应以宽容、博大的胸怀，诲人不倦的精神，用人格的力量，来影响学生的言行举止，照亮学生的心灵。

宽容是教师的一种品德，一种精神境界，是教师对学生所犯错误的一种谅解，是一种博大无私的爱。当然，宽容不是一种无原则的纵容，不是漠视学生的缺点和过失，不是让学生随心所欲，由着他们的性子来。宽容是要求教师将心比心去包容学生，去化解问题，去引导学生，去教育学生。

三、化解学生的困惑

中学生处于青春期，不仅身体处于急剧变化的阶段，心理也逐渐成熟起来，理解能力、辨别能力正逐步形成。然而，成长有成长的烦恼，为学习、为生活、为朋友、为家庭，甚至为一件小物品、某人一句话等等，中学生都会出现困惑，甚至困扰。

中高考虽然不能决定一个人的未来，但至少，它决定了初中三年和高中三年的生活节奏，用"疲于奔命"来形容目前中学生的学习与生活状态是非常恰当的。在这样紧张的学习生活中，处于青春期的中学生，敏感性更强，更容易出现人际关系的紧张和心理不平衡。他们没有丰富的社会经历，当和别人出现摩擦和矛盾时，不懂得如何恰当处理，因此感到迷惑、慌张，想要弥补却无从下手。他们在与其他同学进行对比时，会因学习成绩的波动而感到自卑，甚至自暴自弃。

教师年长于学生，有着比学生更多的生活经历和经验，有着更强的理解能力和辨析能力。不妨多留心，多观察，多关心他们的学习、生活，帮助他们解决各种困惑、困扰，指导他们如何学会学习、学会休息、学会自强自立、学会处理人际关系，让学生健康、快乐地成长。

四、疏导学生的恋情

中学生在谈恋爱的过程中，一定会经历三个阶段：第一是"谈"，谈人生，谈理想，谈未来，也会谈学习；第二是"恋"，所谓"恋"，就是在"谈"的基础上，产生了共同的话题和志趣，获得了强烈的共鸣，进而互相依"恋"；第三是"爱"，如果这种"恋"是长久的，不断更新的，志同道合的，那么，就会萌生爱。其实，一个人身心发育到一定程度以后，自然会对异性产生一种好感，产生恋情，这是身心健康的一种标志，也是未来择偶的预演和准备。

很多教师反对中学生恋爱，因为教师的心里存在这样的逻辑：谈恋爱——导致分心——影响学习——成绩下降。因而，决不允许男女生恋情在中学阶段滋生。而事实上，这种做法只是把中学生的地上恋情演变为地下恋情，并且因为阻力越大，动力越大，反而促进了中学生的恋爱势头。由于中学生的社会阅历浅，思想单纯，对自己的人生目标和需要还缺少清楚的思考，在进行地下恋爱时，简单、幼稚、不成熟，而且自控力与耐挫力都较弱，一旦陷入热恋之中，往往不善于控制自己的情感，很容易情绪失控，对学习造成严重影响。

"请别把我们看成坏人"，这是中学生恋爱时说的一句话。

当教师在面对中学生的恋情时，要树立"堵不如疏"的理念，科学疏导中学生的恋情，不能导致师生关系紧张和其他恶性结果的发生。

具体做法包括：

第一，要选在一个较为私密的空间与当事的男女生交流。不要让学生的恋情暴露在全班乃至全校同学的面前，这样易于保护学生的自尊心，防止给他们的心理带来负面的影响。第二，与学生换位思考，以"理解、平等、引导"为原则。先和更感性、胆小、害羞的女生谈，了解恋爱的发展阶段和真实状态。再和更理性、有大男子气概的男生谈，进一步引发男生的保护欲和正直心。第三，与当事的男女生分别作约定。女生要自尊、自爱、自我保护；男生要自尊、自强、自我约束；双方如想要在一起，请努力付出，争取更好的成绩，如能坚守，请在成年后延续美好。第四，运用"双向监督"的方式，与家长定期联系，随时交流，以便积极调整疏导策略。

如果每一位教师都能够在自己的教育教学过程中，有意识地维护学生的心理健康，那么，面临着艰巨学习与考试任务的广大中学生也一定能够感受到学习过程的轻松和成长过程的快乐。

**专家
点评**

时金芳
南通大学文学院教授，语文教学专家

点评

关于教师的核心素养，几位老师作了很好的阐述。陈鹏老师通过对《中等职业学校教师专业标准（试行）》以及《中等职业教育专业师范生教师职业能力标准（试行）》的解读，使大家了解了从 4 个一级指标、12 个二级指标和 36 个三级指标建构的职业学校教师应该具备的能力结构。一级指标包括师德践行能力、专业教学能力、综合育人能力和自主发展能力 4 个维度。陈老师对中职教师核心素养的阐述具体全面，具有文件依据。

黄翠萍老师认为，高素质、专业化、创新型的教师队伍是幼儿园发展的人力资本，能为幼儿园的持续发展提供不竭动力。而教育研究则是教师专业发展的引擎，也是提升保教质量的重要手段。具有研究素养的教师能够不断重建能力结构，增进团队凝聚力，使幼儿园活动更有活力，教育生活更有乐趣、更有质量也更加精彩！黄老师抓住了教师专业发展的核心要素——教育研究能力，阐发了她对教师核心素养的认识。

戎敏老师着重阐述了读书对于教师专业成长的重要性，强调：读书提升教师的核心素养；读书厚植教师的教育情怀；读书夯实教师的专业素养；读书增强教师的教育艺术；读书弘扬教师的创新精神；读书滋养师生的精神成长。这些既说明教师专业成长以及核心素养的养成离不开读书，同时又表达了养成读书习惯也是教师必备核心素养的观点。这样的认知来自戎敏老师的真切感受，且具有同理性。

曹伟林校长觉得，洋思中学通过实践研究路径，带领广大教师认识、理解、实践、丰富、完善"洋思教学模式"，促进了教师的成长与发展，这是教师专业成长的必经路径。通过对洋思中学教师专业成长实践经验的总结，可以拓展对教师核心素养的认知视阈：具有团队合作精神，具备参与教育教学整体改革创新的协作能力，应该成为新时代教师核心素养的重要构件。

廖海燕老师主张，教师应有执着的教育情怀；教师应具有扎实过硬的专业素养；教师应具有娴熟的教学技能；教师应具有与时俱进的创新素养。这些想必会得到广大教师的认同。

从以上老师的阐述中不难发现：教师到底应该具备哪些核心素养，似乎没有标准答案。形成认知的基础是个人对教师工作的理解、感受与领悟，很实在。

先哲们对教师的角色定位是"传道授业解惑""学高为师，身正为范"等。总之，很神圣。其实教师也是芸芸众生中的一分子，遵纪守法是最基本的要求。只是对于芸芸众生而言，他们又是类似于父母般的存在，关爱、呵护、教导、陪伴，在他人的成长中留下自己人生的故事。

在此先和大家分享两个教师的故事。

苏联著名教育家苏霍姆林斯基在一所小学当校长。一个寒冷的早晨，他走进学校养花的暖房去看看那些菊花开得如何，当他发现一年级小女生季娜手里拿着那朵全校师生极为喜爱的蓝色的"快乐之花"，愣住了。但是，他很快注意到孩子那无邪的、恳求的目光。他了解到季娜祖母病重，孩子想给她采一朵鲜花，使她在病中得到一点快乐。可是，天寒地冻，哪里能采到鲜花呢？她发现学校暖房里有许多菊花，就忘了学校的规定，一清早就进到暖房，采下了最漂亮的那朵。校长大为感动地说："季娜，你再采三朵，一朵给你，为你有一颗善良的心；另外两朵送给你的父母，为他们教育出了一个善良的人。"

这个故事使我们看到了一位校长为了呵护一颗幼小的善良的心，而没有拘泥于所谓校规。因为教育家深信"儿童不是用规则可以教得好的"。

陶行知先生四块糖果的故事，想必大家都知道。有一天，陶先生看到一位男同学用泥块砸同学，便将其制止，并要求该同学到校长办公室。当陶先生回到办公室时，男孩已经等在那里了。陶先生掏出一颗糖给这位同学："这是奖励你的，因为你比我先到办公室。"接着又掏出一颗糖，说："这也是给你的，我不让你打同学，你立即住手了，说明你尊重我。"男孩子将信将疑地接过糖果。陶先生又说："据我了解，你打同学是因为他欺负女生，说明你很有正义感，我再奖励你一颗。"这时，男孩感动得哭了，说："校长，我错了，同学再不对，我也不能采取这种方式。"陶先生于是又掏出一颗糖："你已认错了，我再奖励你一块。我的糖发完了，我们的谈话也完毕了。"

面对犯错的孩子，陶先生未有一字批评、一句责怪，也没有讲大道理，更没有要求其写什么检讨，或者把学生家长叫来训斥一顿。反而还给孩子奖励糖果，且告知奖励理由。孩子不仅大为感动，更是主动认错，自知错在哪里。

这个故事使我想起苏格拉底用"庄稼"覆盖"杂草"的主张。一天，苏格拉底带他的学生来到一片草地，他问学生："如何除掉这些杂草？"有的学生说用手拔，有的说用镰刀割，还有的说用火烧。苏格拉底告诉大家，除掉这些杂草的最好方法是种上庄稼，让庄稼占据杂草的生存之地。

生活中谁都可能被各种"杂草"覆盖了心灵，若不及时除掉，心灵就可能变得荒芜。然而人性中自带真善美的种子，教师的全部责任就在于催生这些种子发芽、生长、开花、结果并在生命中不断繁育生长，从而使杂草无衍生之地。陶行知先生的四颗糖果，不仅为一个行为有错的孩童根植了本性中正直、善良的种子，而且使孩童自己知道如何覆盖心灵的杂草。

这几个教育家的故事，听上去似乎是关于教育方法或者教育艺术，是一种实施教育的行为方式。但是我们分明触摸到他们的思想、观念与情怀。今天，在探讨教师核心素养的话题下，跟老师们分享这些小故事，不是为了大家能效仿他们的行为方式与教育艺术，而是想引起大家思考：为什么他们能给我们留下这样的教育故事？对于一个教师，核心的素养是什么？

当我在思考这个问题的时候，不禁想起"慈爱的儿童之父"——裴斯泰洛齐。他是19世纪瑞士著名的民主主义教育家。他早年受卢梭教育思想影响，毅然放弃神学研究。他深信每个人都有与生俱来的受教育的平等权利。1798年，在瑞士斯坦兹城，由于贵族和天主教士的煽动，农民暴动惨遭镇压，留下了两百多个无家可归的儿童。新政府决定建一个孤儿院。裴斯泰洛齐谢绝了友人所荐的高官厚禄，毅然接受了政府委托，负责孤儿院工作。他说："我为实现我一生的梦想，不惜牺牲一切。"他像慈父一般，以孤儿院为家，视孤儿为子女。他亲自教他们读、写、算的知识，同时让他们学习农耕、纺纱等生产技艺，参加生产劳动，从而在教育史上首次进行了教育与生产劳动相结合的初步实践。他十分注重培养孤儿们的道德品质和行为习惯，培养孤儿们适应社会生活的能力。

当代中国教书育人楷模张桂梅的事迹想必大家耳熟能详。"中国好人"颁奖词这样评价张桂梅："他乡的生活提纯着您温暖的善良；人生的苦难从未撼动您执着的坚强；没有孩子，却被几百个孩子称呼为"妈妈"；日子清苦，内心却总能安享另一种阳光……"

从古今中外杰出教师的故事里，我们似乎找到了答案：教师的一生能书写出怎样的教育故事，取决于他们的教育理想与人文情怀。如此，方能知道"君子既知教之所由兴，又知教之所由废，然后可以为师也"，才能认识到"要成为孩子真正的教育者，就要把自己的心奉献给他们"，才能做到"捧着一颗心来，不带半根草去"，才能发现"教育根植于爱"，才能明白"教导的目的在于使人能够持续教导自己"。

叶澜教授这样描绘 21 世纪的教师素养，即"对人类的热爱和博大的胸怀，对学生成长的关怀和敬业奉献的崇高精神，良好的文化素养，复合的知识结构，在富有时代精神和科学性的教育理念指导下的教育能力和科研能力，在教育实践中凝聚生成的教育智慧"。

我以为，对教育有怎样的理解，对学生有怎样的情怀，对做教师有怎样的梦想，就会有怎样的素养。因为这是教师核心素养生长的土壤。

学业质量水平测试分析

李红蕾

徐州市教育科学研究院学前教研员，中学高级教师

幼儿园质量评估评什么、如何评？

魏本亚教授：李老师，学业水平测试的改革对不同学段都产生了影响。作为学前这样一个没有"考试"的特殊性、基础性学段，幼儿园是如何进行质量评价的，这些评价对于幼儿园的发展又有什么样的影响？

李红蕾老师：魏教授您好！从学前阶段课程的综合性、启蒙性、生活化、完整化的特质，以及学前期儿童学习的生活性、操作性、体验性等特点来说，学前阶段的儿童是没有也无法组织其他学段意义上的"学业水平测试"的。但这并不意味着学前教育质量没有测试、不能测试。近二十年来，我国的学前教育已经走出了一条普及、普惠、安全、优质的发展之路。国家于2022年初颁布了《幼儿园保育教育质量评估指南》（以下简称《评估指南》），标志着幼儿园的质量评估从过去的关注结构性指标、关注结果转向了注重过程评估。这不仅体现了新时代国家对高质量学前教育的新要求，更为每一个幼儿园思考如何走内涵建设、质量提升之路指明了方向。

魏本亚教授：2022年我们国家颁布的《评估指南》的背景是什么？有什么特点呢？幼儿园应该如何使用？

李红蕾老师：这要从近年来国家对学前教育发展的要求来分析。《国家中长期教育改革和发展规划纲要（2010—2020 年）》提出了"基本普及学前教育"的规划目标；同年，国务院印发《关于当前发展学前教育的若干意见》，从"科学保教"角度提出了 7 个具体方向和要求，从顶层设计上确定了学前教育"普及""提高"同步发展的双重任务。时间到了 2018 年，中共中央国务院印发的《关于学前教育深化改革规范发展的若干意见》对学前教育发展的新目标进一步提升为"普及普惠安全优质"。沿着时间线来分析，我们能看到国家对于学前教育在坚持普及普惠方向的基础上，对质量提出了"安全优质"的标准。因此，科学保教的水平、教育过程的质量、教师专业能力成为实现安全优质目标的重要影响因素以及亟待提升的要素。在这个背景下，《评估指南》的出台，将进一步帮助各级各类幼儿园明确科学导向，进入质量快速提升的阶段。

《评估指南》出台后，中国科学教育研究院刘占兰、王化敏两位研究员以及国内相关学者进行了细致的解读。我通过学习专家、学者的文章，结合自身的研读，深刻认识到《评估指南》的出台对于全国学前教育的质量提升是恰逢其时、恰到好处。广大教研员，幼儿园园长、教师能用好《评估指南》这个指挥棒，将更好地认识高质量学前教育的内涵，在科学评估基础上找准自身问题、梳理正确方向，将课程建设与教研工作有机结合，促进儿童全面发展与教师专业发展的目标更好落实。

我认为《评估指南》有三个突出特点，我想结合案例谈一谈幼儿园如何利用《评估指南》的指标进行自我评估、自我完善、自我改进。

第一，坚持立德树人。《评估指南》整体分为 5 个板块、15 个评估要点、48 个评估指标。文件将办园方向放在首要板块，将教育过程作为重点板块。这充分说明幼儿园教育质量评估首先要明确和回答"为谁培养人""培养什么人""如何培养人"这一系列问题。例如指标 4 "全面贯彻党的教育方针，落实立德树人根本任务，坚持保育教育结合，将培育和践行社会主义核心价值观融入保育教育全过程"就非常清晰、具有操作性地指明了幼儿园自我评估的方向。幼儿园的所有工作均应在落实"立德树人"的基础目标之上，再去反观和修改制定五年、三年、一年发展规划和具体的学期工作计划，就能够站在更高的层面上理解教育、实施教育。

例如，2022年8月，我在阅读一所幼儿园的年度发展计划时发现一个现象——幼儿园花了大量篇幅来构想如何开发有特色、有影响力的课程，从目标的设置、内容的选择以及具体实施的步骤，都提出了非常具体、落地的思考，但缺少了对办园理念、课程理念、儿童发展目标的思考。我便问了园长一个问题："幼儿园的办园方向是什么？"园长认为是"办有影响力、有特色、有成果的学前教育"。我追问："你的课程会培养什么样的儿童呢？"这个问题让园长有了思考，她逐一列举出包括"有秩序、会交往、友爱、善良、坚持、勇敢"等良好品质。由此，她反思到自己制定的幼儿园发展规划中，过于关注可见的成果，忽略了幼儿良好的品德和行为习惯养成，忽略了一日生活和各项活动对于儿童全面发展的价值和意义。我建议园长认真学习《评估指南》，特别是要准确把握学前教育阶段如何"立德"，如何"树人"，如何整合幼儿园、家庭、社区的力量，协同育人。经过这样一番对话，园长有了思考，幼儿园的办园方向便有了顶层层面的思考。

第二，坚持以人为本。《评估指南》指标第6条指出"遵循幼儿身心发展规律和学前教育规律"；第32条指出"幼儿园与家长建立平等互信关系……认真倾听家长的意见建议"；第41条要求"关心教职工思想状况，加强人文关怀"。这些评估指标凸显了鲜明的"以人为本"的理念。

教育的根本目的是促进人的发展，在《评估指南》的表述中可以看到，这里的"人"包括受教育者——儿童，以及实施教育者——教师和家长。促进儿童的发展，要求幼儿园要再次反思如何充分挖掘一日生活及游戏的教育价值，如何坚持保教结合，如何贯彻落实《3~6岁儿童学习与发展指南》；促进教师的发展，要求幼儿园要有完善的教师专业发展保障机制以及问题导向的教研活动体系；促进家长的发展，要求幼儿园要将家长视为平等的合作伙伴，并通过多种路径吸收家长参与到课程建设中来。

例如，"自主进餐"是一个老话题，关于自主进餐的价值、自主进餐的环境优化、自主进餐的组织，在课程游戏化推进8年以来，已经有无数幼儿园进行过各种形式的研讨。一些幼儿园觉得这个话题已经没有研讨的价值了，但也有幼儿园带着不同的视角，向改革的深水区探究。徐州市星光实验幼儿园在制订年度教研计划时，将"自主进餐"的老话题拿出来，继续思考：自主进餐还能给儿童带来哪些新的学习？保育员能否参与自主进餐的管理和评估？自主进餐环境适用于什么样的观察方法？透过对观察数据的梳理，我们还能有哪些支持策略？在园自主进餐后，在家如何进餐？因此，幼儿园设计了"儿童是主动、有能力学习者"的主题教研，开展了基于班级持续性观察的系列教研活动。

这个教研选题的目的，是对透过寻常的教育现象探寻教育规律做一次尝试，也是对幼儿园整合课程与教研，推进儿童、教师、家长在实施教育、反思研究的过程中共同成长做一次尝试，更体现了幼儿园对于《评估指南》以人为本理念的落实。

第三，坚持园本实施。《评估指南》中再次强调了对课程资源的挖掘与利用。第35条"充分利用自然、社会和文化资源，共同创设良好的育人环境"，第36条"合理规划并灵活调整室内外空间布局，……避免奢华浪费和形式主义"，这些指标传递的信息是鼓励幼儿园充分挖掘、分析、利用本园周边资源，在对园舍条件进行分析的基础上，以园为本、灵活调整，立足本园、本地，探索适宜的教育。基于对《评估指南》的学习、理解、落实，幼儿园在日常工作中应带着"诊断"的视角对环境进行持续性优化，并将之融入幼儿园课程建设、儿童学习与发展中。

例如，徐州有一所坐落在小区内的老幼儿园，户内外环境都非常狭小，对幼儿活动的组织与开展带来了诸多困难。面对这种先天不足的条件，园长与教职工思考如何将"不足"转化为"研究点"，申报了"小空间幼儿园课程环境优化路径"。另一所地处偏远农村的幼儿园，其偌大空旷的院子里，有三分之一的地方由于地面沉积形成了芦苇湿地，幼儿园没有资金改造，又不知道如何处理。面对这种情况，我建议幼儿园、教职工、家长一起参与到院子的设计、整理工程中，将院落改造的过程转化为基于幼儿园现有条件和资源的课程开发、实施过程。经过商讨，大家分工合作，一起清理杂草、清除淤泥，在湿地上用防腐木搭建了小桥，对水质进行清洁，收集各种石块沿芦苇地边缘进行装饰围合，在不断地观察、实践、调整过程中，该园不仅将芦苇湿地改造成为一片可以探究、可以观赏，具有安全条件的课程基地，还开发了"幼儿园湿地"课程，孩子、家长、教职工在其中不仅收获了快乐，增进了对幼儿园的情感，还深刻理解了学前课程的特质和魅力。这个案例也体现了扎扎实实走中国化、本土化、满足本园需要的教育发展之路的价值与意义。

通过以上案例可以清晰看到，《评估指南》的颁布是学前教育质量评估的改革，是推进幼儿园内涵提升的有力举措。对于引导幼儿园将视线从结果转到过程，引导幼儿园将评估的方式由"外引"转向"内生"，通过自我评估、自我完善、自我改进，形成持续性发展的态势，具有非常积极的意义。让教育回归原点，让幼儿获得更好发展，让教师获得更专业成长，让幼儿教育实现内涵提升，学习与运用《评估指南》是每一位幼教人的必修课。

张所滨

泰州实验学校校长，正高级教师，
江苏省特级教师

关于"义务教育学业质量测试分析"的思考及案例分享

教育评价事关教育发展方向，有什么样的评价指挥棒，就有什么样的办学导向。中共中央国务院印发《深化新时代教育评价改革总体方案》强调改进中小学校评价。义务教育学校重点评价促进学生全面发展、保障学生平等权益、引领教师专业发展、提升教育教学水平、营造和谐育人环境、建设现代学校制度以及学业负担、社会满意度等。国家制定义务教育学校办学质量评价标准，是为了完善义务教育质量监测制度，加强监测结果运用，促进义务教育优质均衡发展。

一、江苏省义务教育学业质量测试分析情况说明暨趋势分析

1. 情况说明

江苏省自 2006 年开始，每两年实施一次义务教育学业质量测试。对学生学业质量进行测试与分析的目的主要在于三个方面：一是全面呈现地方和学校课程教学质量情况；二是对教育教学的过程进行深入细致的诊断，为教育教学和管理改革提供依据；三是引导地方、学校和教师把学生的学习与事业发展水平的提升、

课程与学习环境的改善结合起来。

江苏省义务教育学业水平测试，原来是四年级学生参加三年级语文、数学的测试，九年级学生参加八年级语文、数学、英语、科学的测试。2020年，对测试进行了调整，初中仍然是九年级学生参加八年级语文、数学、英语、科学的测试；而小学调整为：五年级参加四年级语文、数学、英语测试。这里有两个变化，一是对测试年级进行了调整，二是小学增加了英语学科的测试。其中，学科的增加可能是为了体现小学与初中学科的衔接；而小学年级的调整，是为了确保监测对象的统一，这样监测的数据更有说服力。

2. 趋势分析

2023年将再次进行江苏省义务教育学业质量测试。从今年起，由原来的每两年测试一次，调整为三年测试一次，初中正好间隔着一个学生在校学习完整的三年周期。两年测试一次，太过频繁，特别是义务教育学生学业质量综合指标分析的情况，几乎没有什么变化。

今后省学业质量测试，在学科测试方面，初中阶段可能不会变化，但小学阶段，可能会增加科学学科。

我们都知道从中央到地方，都特别重视科学教育。同时，小学科学学科的教学已经延伸到小学一年级，学业质量测试分析测试科学学科成为可能。另外，这样也可以跟初中测试学科保持一致，保证测试、评价、质量监督的完整性。

今后省学业质量测试综合指标分析里面，可能会增加心理健康、劳动意识、科学家精神及科学素养方面内容。涉及"双减"政策的，如作业的时间、类型、作业量，课后辅导落实的情况也将是重点内容之一。

3. 学科测试命题

《中国高考报告（2023）》指出，在今后比较长的一段时间内，高考命题将面临四大方面的重大变化：语文，更加注重考查考生的阅读面和阅读理解能力，阅读内容除了文学作品，还包括政论、学术、科普等，一共7种文体，要求考生既有阅读广度又有阅读深度。数学，将加入"复杂情境"，直击考生的思维能力，强调用数学思维的方法解决问题，对考生的数学逻辑性进行考核。英语，将融合我国传统文化，词汇量要求更大。物理和化学，着重考查考生的探究意识、深度思维。

中高考的命题变化，一定会引领并影响着学业质量水平测试的命题。苏州市学业质量监测，命题围绕实现"课程——教学——评价一致性"和"破解'超量刷题、刷卷基本有效'的难题"两大目标积极探索科学的考试，引导科学的应试，形成了苏州监测指向核心素养的命题五大策略：一是创设真实情境；二是设计探究任务；三是构建学习支架；四是基于现场学习；五是设问适度开放。试题形式的五大改革方向：减少客观性试题的比例；提升情境化命题水平；增加开放性试题比重；增加综合性试题比重；不断创新试题形式。试题内容的四大趋势：一是重视对知识理解、能力应用的结构化考查；二是重视对实践经历、实践能力的考查；三是重视对学科大观念（大概念）的考查；四是重视对情感、态度、立场的考查。我想这些都是值得我们借鉴的。

二、义务教育学业质量水平测试区域实施的建议

一方面，应做好江苏省义务教育学业质量水平测试的数据分析，并在此基础上作好跟进式改革。

另一方面，如果组织区域性义务教育学业质量水平测试，我建议把区域性的测试定位于对省级测试的补充，没有必要做省级测试重复性的工作。同时，也不需要过于频繁地测试，省里已将两年一次的测试，调整为三年一次。

那么，区域性义务教育学业质量水平测试，如何做到对省级测试的补充呢？我们可以做些专题性的学业质量水平测试。如关于劳动意识、科学素养、学生高阶思维能力等，当然也可以是对学科核心素养的表现方式作一些测试分析。另外，省级测试是随机抽样或全员参加，我们还可以针对学业质量水平相对稳定的群体，做一些专门的学业质量水平测试。

三、我市义务教育阶段学生素养测试案例分享

为促进泰州教育高水平可持续发展，2019年度泰州市教育学会与泰州市教研室联合对全市义务教育阶段部分学生进行了素养测试评估，目的是全面了解义

务教育阶段学校在推进素质教育和学生学科素养培养方面的优势和不足，为今后我市义务教育阶段教学改革和全市教育高质量发展提供科学决策的依据。

1. 测试概况

本次素养测试的对象为全市初中和小学四至六年级部分学生，抽测学校由市区教研室推荐，学生由测试学校推荐。本次测试抽测了市直初中 1 所、小学 2 所；高新区初中、小学各 1 所；其他市区初中 3 所、小学 4 所，其中农村学校各 1 所。测试的学科为九年级物理、八年级信息技术、七年级数学、六年级信息技术、五年级数学、四年级语文。初中各学校每个学科推荐 30 名学生，小学各学校每个学科推荐 25 名学生。初中参加测试的学校合计有 20 所，推荐参加测试的学生每个学科 600 名，3 个学科合计 1800 名，实际参加测试的学生 1794 名，因病未能参加测试的学生为数学 2 人、物理 1 人、信息技术 3 人；小学参加测试的学校有 27 所，推荐参加测试的学生每个学科 675 名，3 个学科合计 2025 名，实际参加测试的学生 2014 名，因病未能参加测试的学生为数学 2 人、语文 6 人、信息技术 3 人。

2. 测试结果分析

（1）从学科成绩的统计来看，这次素养测试体现出以下几点不均衡：

①市区不均衡。全市学科均凸显市区的不均衡性，四个市区各个学科低于全市均分。

②城乡不均衡。从全市的情况来看，无论是小学还是初中，各个学科农村学校与城区学校均存在较大的差距，两个市区分别有一两个城区学校的情况不容乐观，几乎跟农村学校差不多甚至还不及。

③学科不均衡。小学语文学科较其他学科而言，市区差异不大且在高位均衡。其他学科学生的学业成绩差异较大。市区平均分相差较大的有：初中数学相差 23 分，初中物理相差 24 分，初中信息技术相差 17 分，小学数学相差 15 分，但个别乡镇的小学、初中均在全市农村学校中名列前茅。

（2）从分数段统计的结果来看，除小学语文学科，其他学科高分层的比例相对偏低，而 60 分以下的比例又相对较高。

（3）从均分统计比较来看，城乡差异方面：多个学科城乡差异较大，其中两个市、区尤为突出。部分学科城乡差异明显，它们是市区 1 的初中数学、小学数学，市区 2 的初中物理、小学语文，市区 3 的初中物理，市区的 4 小学数学；另外，市区 2 的初中数学城市的均分还低于农村。性别差异方面：两个市区多个学科，某市区小学数学、初中数学男女生差异明显；两个市区初中数学男生低于女生；但整体上男生较女生有稍许的优势。

（4）从测试的具体内容分析来看，有以下几点值得引起重视：

①有一定比例的学生存在心理问题，部分家庭教育及片面地追求成绩排名，造成了学生身心健康的扭曲。

②教师不缺乏理念，也有一定的专业功底，但实施方法及能力不足，培养学生高阶思维的专业素养不够。

③学生甄别信息的能力欠缺。

④学生的创新意识、阅读理解的能力有待培养，特别是面对新的问题情境，独立思考、质疑表达、逻辑推理等高阶思维能力与水平亟须提高。

（5）从调研情况来看，尚有少数学校不能开齐开足信息技术等相关课程。

3. 教学教研工作和师资队伍建设建议

（1）实施"学生自主学习能力"提升工程。我们要引领学科教学，不仅要关注知识的理解与掌握，更要关注知识的形成过程，从而真正地理解学科本质。在教学过程中，关注阅读及信息处理能力的培养，引领学生养成认知能力、理解能力、筛选表达的能力，从而促进自主学习能力的提升，全面提升学生的核心素养。从小学开始可适当开展一些项目化学习，尝试改变作业的方式，真正实现"从教会学生解题"向"教会学生学习"的转变。

（2）实施"高阶思维能力"培育工程。这次测试除了小学语文学科，其他学科均呈现了高分层次学生较少，而低分层又相对较多的情况。实际教学中要指向核心素养的培养，引导学生在独立思考的基础上，进行问题的分析与推断，提升逻辑推理、问题解决与解释的能力，进而发展学生高阶思维的能力，提升学生的思维水平。要建立统筹拔尖培养与补差机制，把发现培育学生个性智能、兴趣特长纳入学校教育整体框架，从根本上夯实我市高中五项学科竞赛基础，提升我市应对新高考"强基计划"及综合素质评价录取改革的能力和水平。

（3）实施学生身心健康关爱工程。统筹学校、家庭与社会教育，引导全社会关爱学生的身心健康，树立正确的学生成长、成才观，消除唯分数、唯成绩论对学生健康成长造成的不良影响。

（4）实施教师专业素养提升工程。一方面要注重培养更新广大教师新课程理念，不断提升广大教师实施新课程的能力与水平；另一方面更要培养各学科教师具备培养学生高阶思维的能力和学生特长发展与拔尖培养所需要的学科专业素养。

（5）实施"乡村教育"振兴计划。这次测试城乡间的差距较明显，但有少数市区、少数乡村学校的情况相对较好，我们要在全市推广这些市区、学校的经验，将乡村教育振兴计划落到实处。虽然现在各个乡村学校的生源数相对较少，但全市乡村学校学生总数的比例超过50%，乡村教育振兴计划迫在眉睫。

（6）实施"主城区"板块提质计划。"主城区"板块要加强学科研讨，组建研修共同体，实施教科研联动机制。实施义务教育学校、地区面向新课程理念的教育教学质量监督评估工作，及时、全面、动态掌握全市义务教育教学质量情况，并及时反馈调整。

王荣

泰州市姜堰区励才实验学校副校长，正高级教师，江苏省特级教师

透过"数据"看"素养"

——中考（检测）数据分析

学业评价是检验、提升教学质量的重要方式和手段。要充分发挥评价的诊断、激励和改善功能，促进学生发展和改进教师教学。

学业质量是学生在完成课程阶段性学习后的学业成就表现，反映发展学生核心素养的要求。它包括学生在初中所学各科课程的考试成绩以及日常学习的行为表现。

学业质量分析是基于证据的。证据不仅源于区域层面的考试成绩，还源于通过问卷调查、调研等途径获取的信息。除了区域层面，学生在日常学习生活层面的一切行为表现也是学业质量分析的重要依据。一般来说，区域层面的考试数据分析是定量分析；学生日常学习行为表现分析因无法进行完全、周密的统计，通常是定性分析。

学生日常学习行为表现折射出学生的学业水平。同样在课堂，却有着不同的情绪状态、思维状态，有的兴致勃勃、积极互动，有的心神不定、神游天外；同样是体育课做准备活动，却有着不同的活动体验，有的动作规范、力度适中，有的不得要领、浮光掠影；同样错一道题，原因可能不同，有的不懂题意、审题不清，有的缺乏知识、能力不够，有的粗心大意、张冠李戴……要重视表现性评价，结合学科特点，注重观察、记录学生在学习、实践、创作等活动中的典型行为和态度特征，运用成果展示、观点交流等形式，对学生的学习情况进行质性分析，同时兼顾其他评价方式的应用。

以下，以道德与法治学科为例，分析某市2022年初中学业水平考试的相关数据。

一、考试情况统计

2022年，某市共37319人参考，平均分37.26分，最高分满分50分，最低分0分。优秀人数6941人，优秀率18.60%；良好人数11561人，良好率30.97%；及格人数11981人，及格率32.10%。从平均分及"三率"分布来看，考试结果符合预期目标，体现了毕业、升学"两考合一"的考试要求。

二、典型案例分析

根据20道单选题的数据统计，比较发现，第15题正选率最低，为65.72%。题目是：

2022年3月5日，第十三届全国人大五次会议在北京召开。李克强总理代表国务院向大会作政府工作报告。这表明

①全国人民代表大会受国务院监督

②国务院对全国人民代表大会负责

③人民代表大会制度是我国的根本政治制度

④全国人民代表大会是我国的最高国家权力机关

A. ①②③   B. ①②④

C. ①③④   D. ②③④

本题考查2022版课标"五大学习主题"中的国情教育，涉及人民代表大会

制度、人民代表大会与其他国家机关之间的关系、全国人大的职能等知识，学科核心素养是政治认同，试题有一定的综合性。

统计发现，超过 1/3 的考生把干扰项①作为正确选项，说明部分考生对人民代表大会制度这一根本政治制度一知半解。2022 版课标学业质量描述中提到"能够结合实例阐明人民代表大会制度……"数据表明，没有完全达成这一质量标准。

再看主观题。3 道主观题共 5 小问，其中，第 22 题标准差为 2，在主观题各个小题中得分波动最大，最低分 0 分，最高分满分 8 分，平均分只有 3.9 分，难度系数为 0.48，属于偏难题。题目是：

新修订的《中华人民共和国未成年人保护法》实施后，某校七年级学生掀起了学习热潮。

第七十六条：网络直播服务提供者不得为未满十六周岁的未成年人提供网络直播发布者账号注册服务；为年满十六周岁的未成年人提供网络直播发布者账号注册服务时，应当对其身份信息进行认证，并征得其父母或者其他监护人同意。

学习了上述法律条文后，小锋叹息道："唉！暑期开游戏直播间的计划泡汤了。"请运用所学知识开导小锋。

试题以新修订的未成年人保护法为背景，创设贴近学生生活的真实情境，让学生在真实情境中分析、解决实际问题，考查内容涉及七年级下册、八年级上册、八年级下册三册教材，属于 2022 版课标"五大学习主题"中的法治教育，学科核心素养有法治观念、健全人格、责任意识。试题跨度大、综合性强。

阅卷发现，案例反映的学业质量水平暴露了考生的素养缺陷：

首先，知识素养：①基础知识掌握不够牢固，不能准确再现观点，学科语言表达有待规范，表述口语化、随意化并非个例；②对基础知识的理解、运用能力亟待提升，答非所问、张冠李戴现象并不少见。

其次，技能素养：①对任务设置的理解不清。学生看题似"走马观花"，对关键要求视而不见。任务要求"运用所学知识开导小锋"，不少考生将其等同于"评析"，文不对题。②提取信息的能力缺乏。解决问题是基于现实条件的，"现实条件"在案例中的表现就是"有效信息"，不能提取并充分利用有效信息，导致问题不能顺利解决是理所当然的。③解决问题的能力较弱。角度单一、层次不明、逻辑不清，是最为显著的表现，反映考生不能调动多方知识，组织生成答案，形成问题解决的综合方案，解决问题基本方法的掌握有待进一步加强。

最后，学品素养：书写不规范，字迹潦草，错字、别字较多，甚至用汉语拼音代替。

就本例而言，2022版课标学业质量描述是：

"能够尝试化解青春期烦恼，采取正确方法面对成长过程中的顺境和逆境……"

"……能够正确认识和行使公民权利、履行公民义务，运用实际案例说明与生活相关的法律规定。"

学科核心素养指向法治观念、健全人格、责任意识等。数据表明，本例所反映的学业质量达成不够理想，学生学科核心素养有待提升。

三、教育教学建议

2022版课标提倡在真实情境中学习，用真实情境丰富教学内容，设置具有一定思维含量、富有挑战性的项目化任务，引导学生尝试完成，让学生感悟和体验，以期自主建构，培育核心素养。

1.落实课程理念，把准课改方向

道德与法治课程旨在提升学生的思想政治素质、道德修养、法治素养和人格修养，增强做中国人的志气、骨气和底气，为培养以实现中华民族伟大复兴为己任的有理想、有本领、有担当的时代新人打下牢固的思想根基，这是义务教育道德与法治课程的基本定位。根据这一定位，2022版课标从五个方面阐述其理念："以立德树人为根本任务，发挥课程的思想引领作用"；"遵循育人规律和学生成长规律，强化课程一体化设计"；"以社会发展和学生生活为基础，构建综合性课程"；"坚持教师价值引导和学生主体建构相统一，建立校内与校外相结合的育人机制"；"综合运用多种评价方式，促进知行合一"。教育教学中，要认真把握，贯彻落实。

2. 吃透教材精髓，夯实学科基础

素养立意的命题导向，与知识立意、能力立意一脉相承。知识是能力的载体，能力的发挥是对基础知识的运用。任何能力都是建立在知识储备基础之上的，能力的实质就是运用知识分析、解决问题，通过"解题"来呈现"解决问题"的能力，通过"做题"来体现"做人做事"的品行。素养不可能离开知识、能力而存在。要通过大观念、大单元、议题式的教学设计，设置项目化、任务群、综合性的系列问题，促进学生在完成系列化、挑战性任务的过程中，形成素养。

3. 关注现实生活，理论联系实际

不能单单用讲的方式培养政治认同、道德修养、法治观念、健全人格、责任意识的核心素养，应倡导"话题＋探究""情境＋对话"等方式，让学生在亲历实践或真实情境中自主获取认知。"话题""情境"既要贴近学生生活，更要具有时代特征。要将党和国家的大政方针、热点时事引入课堂，落实理论联系实际的教学原则。理论上升到素养需要一个"内化"的过程，这个过程就是通过贴近学生生活、具有时代特征的教育教学活动，引领学生对道德与法治原理真学、真懂、真信、真用，在这一过程中形成正确的价值观念、必备品格和关键能力，成就核心素养的知情意行。

4. 注重知行合一，培育核心素养

正确的价值观念、必备品格和关键能力的形成不是一蹴而就，而是一个长期积淀的过程。学业质量的达成、核心素养的培育也不是立竿见影，而是一个科学实践的过程。学生核心素养的形成，应该体现5个关键词：认知、认同、内化、践行、坚守。学生知道原理，发自内心地认同吗？学生认同了，能内化吸收吗？内化吸收了，能付诸行动吗？付诸行动了，能长期坚守、成为素养吗？这是道德与法治学科的过程与方法，也是核心素养培育、形成的过程与方法。

刘斌河

江苏省姜堰中学教师，中学高级教师，江苏省教学名师

高中学业水平质量数据分析
——以某次大规模学业质量测试为例

一、学业水平质量数据分析意义

联考是每一位学生和教师都不可回避的问题。对联考为代表的学业质量水平进行数据分析是任何一所学校对教学常规管理的一项基本要求，也是有效提高教师教学水平的重要方法和途径。开展学业质量水平数据分析，能够对教学进行诊断、调整和补缺。通过数据能够实施精准教学，开展"补缺补差"和"提优补差"等教学活动，实现教与学的匹配和优化。对教师而言，能够减轻工作负担，科学诊断、分析问题，及时调整教学策略，增强工作的有效性，进而有针对性地提升教学质量。

1. 数据意义

然而，长期以来，我们往往凭着自身经验把控教育质量，由于缺乏准确反映教育质量状况的客观数据，既不能全面客观地对教育质量作出评价，也不能有效诊断存在的问题并找到根源。数据本身不能改进教学，数据的根本意义在于分析、使用，供使用者挖掘它们背后的规律，发现问题。数据反映教师教学质量提高及进步状况，为教师教学质量从粗放管理到精细管理提供有效的监测和反馈，用数据来驱动教师改进自己的教学行为。

2. 时代要求

大数据时代背景下，新的教育质量评价模式突出三个维度，即学业成就变化（增量）、学习过程方法、学习生活质量。首先，关注学生的起点，促进可持续发展；其次，关注取得增量的过程与方法的长效性；再次，关注学生生活质量，促进每个学生的终身发展。江苏省姜堰中学自采取精细分析措施以来，教师学科分析与教学调整遵循以数为据、以学定教、以思促学的原则，教学行为摆脱了传统的经验主义束缚，精准教学有了科学的依据。数据分析为教师改进教学行为和教学策略提供服务，为学生个性化学习与发展提供可能，为学科整体改进教学质量提供决策依据。

3. 地区局限

依托数据对考试进行综合性评价是改进教学的重要途径和手段。泰州地区每年都会举行不同层次的学科质量测试，其目的就是为改进教学、提高教育质量提供重要参考。然而，现阶段泰州地区大部分学校仍然沿用传统的做法，即大部分教师仅仅是对每次学科质量测试成绩进行常规性的分析，如成绩均分、班级排名、分数段人数分布数据等。但是这些常规性数据分析因缺乏针对性，无法真正促进教师改进教学行为，更不能帮助学生改善学习方式。

二、学业水平质量数据分析维度

2014 年开始，江苏省姜堰中学高三英语备课组利用每次的考试数据开展立体化、分层次、历时性分析，把测试结果整理转化成数据，让数据说简单易懂的话，让教师在缺少教育测量与统计专业知识的情况下，能够明白数据所揭示的现象，以达到成绩说透、问题说清、措施找对、方法得当、增效减负的目的。教学骨干对本校学业质量分析系统的数据收集项目与教学指向性进行研讨，筛选出相关度较高的数据项目，进而根据不同教师群体对教学归因分析的数据要求，梳理出项目数据与教师群体的指向链。通过构建模型，确定各项数据指标，依据相关数据的挖掘、分析和解读，查找问题和薄弱环节，构建了"教学——检测——分析——改进"的教学闭环系统。每次联考检测后，学校从阅卷系统中导出数据、清洗数据、输入所建构的模型，生成校级、班级、个体三级数据报告单，为精细诊断、精准教学提供依据，能有效地、有针对性地改进师生教与学的行为，促进学习真正发生。

1.学科整体状况报告单

精细呈现年级整体学科数据，为学科教学中的优势和不足提供依据，促使年级组领导下的学科备课组开展基于数据实证支持的研讨活动。此报告主要是对数据的横向比较、纵向跟踪、综合分析，通过数据来发现日常教学中的优势和不足，切实改进学科教师的教学。

在学科整体情况层面，遵循直观呈现学业质量测试这一设计原则，以基本情况统计表为主要形式，横向方面指标有：听力理解、阅读理解、七选五、完形填空、语篇填空、应用文写作、读后续写、主观题、客观题、总分；纵向方面指标有：参考人数、卷面分数、年级平均分、最高分、最低分、难度系数、标准差、优秀率、良好率、及格率、低分率，纵横交织，整体展示了测试的全貌。此外，呈现学科关键数据，可帮助教师从对学业优势和不足知识模块进行分析，细化到对具体的试题、各知识点进行分析。

2.班级学情报告单

通过班级学情报告单，任课教师可以科学了解全班学科成绩，并通过各种评价指标，全方位、多角度及时把握班级整体发展状况。报告不仅包括本班级的数据，还包括与其他班级相比下的本班级弱势项目与优势项目分析、班级各个层次的比例分析、总分变化趋势。

在班级分析层面，遵循呈现班级优势项目与弱势项目原则，展示了各个班级在项目均分、项目级差、项目优秀率、项目良好率、项目及格率、项目低分率、项目排名、各项目优秀生比例、项目分数段、总分分数段、各班在某项目年级人数统计等情况。

3. 个体学情报告单

个体学情报告单包括项目分值、项目班级排名、项目年级排名、自我分析、历次项目排名等模块，帮助个体及时发现学习上的问题，找到有效的解决方法，为下阶段的学习指明方向。

在个体分析层面，遵循个体存在问题原则，展示了知识板块分值、知识板块班级排名、知识板块年级排名、成绩动态分析、自我整理总结等情况。

三、学业水平质量数据分析案例

以本地区某次高三联考英语考试为例，具体分析如下：

1. 某校本学科整体情况概览

表 1　学科整体状况表

项目	听力理解	阅读理解	七选五	完形填空	语篇填空	应用文写作	读后续写	总分
参考人数	1053	1053	1053	1053	1053	1053	1053	1053
卷面分数	30	37.5	12.5	15	15	15	25	150
年级均分	28.2	33.1	10.9	12.5	13.7	11.6	17.1	127.1
最高分	30	37.5	12.5	15	15	14.5	21.5	142
最低分	13.5	15	0	5	3	0	6	79
难度系数	0.94	0.88	0.87	0.83	0.91	0.77	0.68	0.85
标准差	1.9	3.7	2.4	1.6	1.6	1.6	1.8	8.7
优秀率	87.6%	51.4%	62.8%	26.9%	77.9%	12%	0	18.6%
良好率	98%	87.3%	82.3%	77.4%	92.3%	55.9%	4.4%	81.9%
及格率	99.8%	99.4%	94.4%	98%	99%	97.8%	91.2%	99.7%
低分率	0	0	1.9%	0.1%	0.2%	0.3%	0.4%	0

从表 1 可以看出本学科在某一学校整体情况，和英语学科关键能力之听力理解、阅读理解、书面表达等在本试卷中呈现的听力理解、阅读理解、七选五、完形填空、语篇填空、应用文写作、读后续写各项目的情况。

表 2　子项目整体状况表

项目	听力理解			阅读理解			七选五			完形填空		
学校名称	学校1	学校2	学校3	学校1	学校2	学校3	学校1	学校2	学校3	学校1	学校2	学校3
参考人数	1105	1163	785	1105	1163	785	1105	1163	785	1105	1163	785
卷面分数	30	30	30	37.5	37.5	37.5	12.5	12.5	12.5	15	15	15
年级均分	28.4	28.7	29.2	31.3	31.7	32.4	10.7	10.7	11.0	11.9	12.3	12.2
最高分	30.0	30.0	30.0	37.5	37.5	37.5	12.5	12.5	12.5	15.0	15.0	15.0
最低分	15.0	16.5	18.0	0.0	10.0	17.5	0.0	25	5.0	0.0	5.0	5.0
难度系数	0.95	0.96	0.97	0.83	0.85	0.86	0.86	0.86	0.88	0.79	0.82	0.81
标准差	21	19	15	4.4	4.1	3.5	21	19	1.9	18	1.7	15
优秀率	86.4%	90.1%	95.8%	32.7%	33.5%	39.1%	49.2%	46.3%	55.9%	16.5%	25.6%	21.3%
良好率	96.2%	98.0%	99.0%	75.6%	80.4%	85.2%	82.6%	84.5%	87.1%	65.5%	70.1%	71.7%
及格率	99.9%	99.9%	100.0%	97.1%	97.9%	99.0%	96.9%	97.9%	98.0%	95.1%	97.3%	97.8%
低分率	0	0	0	0.1%	0.3%	0	0.6%	0.2%	0	0.5%	0.2%	0.1%

项目	语篇填空			应用文写作			读后续写			总分		
学校名称	学校1	学校2	学校3	学校1	学校2	学校3	学校1	学校2	学校3	学校1	学校2	学校3
参考人数	1105	1163	785	1105	1163	785	1105	1163	785	1105	1163	785
卷面分数	15	15	15	15	15	15	25	25	25	150	150	150
年级均分	10.9	11.2	11.8	9.8	9.9	8.9	16.0	16.0	15.1	119.0	120.4	120.7
最高分	15.0	15.0	15.0	14.0	13.0	13.0	22.0	22.5	21.0	140.5	139.5	139.5
最低分	0.0	3.0	0.0	0.0	4.0	3.5	0.0	5.5	0.0	28.5	69.5	68.5
难度系数	0.73	0.75	0.79	0.65	0.66	0.59	0.64	0.64	0.60	0.79	0.80	0.80

项目	语篇填空			应用文写作			读后续写			总分		
学校名称	学校1	学校2	学校3	学校1	学校2	学校3	学校1	学校2	学校3	学校1	学校2	学校3
标准差	2.7	2.4	2.4	1.2	11	13	19	1.8	19	111	9.6	8.6
优秀率	25.9%	28.2%	39.4%	0.2%	0	0	0	0.1%	0	2.5%	3.3%	1.0%
良好率	52.3%	53.7%	67.0%	5.9%	4.4%	1.1%	1.4%	1.8%	0.9%	53.8%	59.0%	61.8%
及格率	84.9%	88.1%	93.5%	84.3%	86.7%	58.0%	80.6%	79.9%	64.7%	98.3%	99.4%	99.1%
低分率	3.9%	2.2%	2.0%	0.2%	0.2%	0.9%	0.9%	0.5%	1.1%	0.1%	0	0

从表2中可以发现本学科在此次联考中各项目在不同学校之间的比较，发现学校的优势与劣势。

通过对表1、表2的综合分析，备课组对试卷数据整体进行分析、研究，依据数据提供的线索和思路，开展集体教研。汇聚集体智慧，深究学情与教情，诊断阶段教学得与失，明确提出改进措施。从上表可以看出读后续写部分的优秀率为零说明学科对读后续写优秀作文与中档作文应该给予应有的重视，进一步研究如何提升学生的读后续写项目如开设专题公开课，备课开展专项研讨；七选五部分低分率过高，整个备课组应该在"补差"方面开展专题研究。此外，通过与同类型学校进行比较可以得出本校该学科的优势与劣势，开展校际交流研讨活动，相互借鉴，取长补短，做出整体教学策略调整。

2. 班级层面分析

表3 班级总分班级总分状况表

总分	1班	2班	3班	4班	5班	6班	7班	8班	9班
最高分	139.5	138.5	138	136	137	137.5	140	141.5	140
最低分	100	92	103.5	94	79	100.5	125	123.5	121

总分	1班	2班	3班	4班	5班	6班	7班	8班	9班
均分	122.6	124.7	122.3	122.8	121.8	123.1	133.9	133.7	132.9
排名	15	9	16	14	17	13	1	2	4
Z分	448.3	472.4	444.8	450.6	439.1	454	578.2	575.9	566.7
级差	−5	−2.9	−5.3	−4.8	−5.8	−4.5	6.3	6.1	5.3
优秀率	5.7%	14.3%	3.7%	3.1%	4.5%	4.3%	47%	44.1%	38.3%
良好率	64.2%	75%	64.8%	70.8%	65.2%	68.1%	100%	100%	100%
及格率	100%	100%	100%	100%	97%	100%	100%	100%	100%
低分率	0%	0%	0%	0%	0%	0%	0%	0%	0%
标准差	8.7	9.6	8.7	8.8	10.3	8.3	3.9	4.1	4.6

总分	10班	11班	12班	13班	14班	15班	16班	17班	
最高分	141	138.5	138.5	138.5	137	139.5	142	141.5	
最低分	117	106	97.5	102	79	96	124	109.5	
均分	129.7	128.3	126.8	124.7	123.7	123.8	132.8	133	
排名	6	7	8	9	12	11	5	3	
Z分	529.9	513.8	496.6	472.4	460.9	462.1	565.5	567.8	
级差	2.1	0.7	−0.8	−2.9	−3.9	−3.8	5.2	5.4	
优秀率	22.4%	10.5%	13.8%	9%	7.5%	6%	39.1%	41.8%	
良好率	91.4%	89.5%	84.5%	70.1%	73.1%	76.1%	100%	98.5%	
及格率	100%	100%	100%	100%	98.5%	100%	100%	100%	
低分率	0%	0%	0%	0%	0%	0%	0%	0%	
标准差	6.3	6.3	8	8.2	8.8	8.6	4.3	5.3	

表4 班级听力理解状况表

听力理解	1班	2班	3班	4班	5班	6班	7班	8班	9班
最高分	30	30	30	30	30	30	30	30	30
最低分	24	19.5	22.5	22.5	13.5	22.5	24	25.5	25.5
均分	27.7	28	27.5	27.7	27.5	28	29	29.1	29
排名	13	11	15	13	15	11	2	1	2
Z分	473.7	489.5	463.2	473.7	463.2	489.5	542.1	547.4	542.1
级差	−0.4	−0.1	−0.6	−0.4	−0.6	−0.1	0.9	1	0.9
优秀率	81.1%	82.1%	72.2%	83.1%	80.3%	87%	98.5%	98.3%	98.3%
良好率	100%	98.2%	94.4%	95.4%	97%	98.6%	100%	100%	100%
及格率	100%	100%	100%	100%	98.5%	100%	100%	100%	100%
低分率	0%	0%	0%	0%	0%	0%	0%	0%	0%
标准差	1.9	2	2.3	2	2.5	1.7	1.1	1.1	1.2

听力理解	10班	11班	12班	13班	14班	15班	16班	17班	
最高分	30	30	30	30	30	30	30	30	
最低分	24	22.5	22.5	22.5	16.5	21	25.5	24	
均分	28.2	28.3	28.1	28.2	27.2	28.1	28.7	28.6	
排名	7	6	9	7	17	9	4	5	
Z分	500	505.3	494.7	500	447.4	494.7	526.3	521.1	
级差	0.1	0.2	0	0.1	−0.9	0	0.6	0.5	
优秀率	82.8%	91.2%	82.8%	91%	79.1%	85.1%	95.3%	97%	
良好率	100%	98.2%	98.3%	98.5%	92.5%	95.5%	100%	100%	
听力	100%	100%	100%	100%	98.5%	100%	100%	100%	
及格率	0%	0%	0%	0%	0%	0%	0%	0%	
低分率	1.7	1.6	1.9	1.5	2.5	2	1.2	1.3	
标准差	1.7	1.6	1.9	1.5	2.5	2	1.2	1.3	

表 5　班级阅读理解状况表

阅读理解	1班	2班	3班	4班	5班	6班	7班	8班	9班
最高分	37.5	37.5	37.5	37.5	37.5	37.5	37.5	37.5	37.5
最低分	22.5	15	20	22.5	15	22.5	27.5	30	27.5
均分	32.1	31.9	31.9	32	32.2	31.6	35.4	35.3	34.8
排名	11	14	14	12	9	17	1	2	3
Z分	473	467.6	467.6	470.3	475.7	459.5	562.2	559.5	545.9
级差	−1	−1.2	−1.2	−1.1	−0.9	−1.5	2.3	2.2	1.7
优秀率	37.7%	32.1%	40.7%	40%	40.9%	39.1%	84.8%	71.2%	70%
良好率	81.1%	82.1%	83.3%	81.5%	83.3%	75.4%	97%	100%	95%
及格率	100%	98.2%	96.3%	100%	97%	100%	100%	100%	100%
低分率	0%	0%	0%	0%	0%	0%	0%	0%	0%
标准差	3.8	4.3	4.1	3.8	4.4	4	2.2	2.2	2.7

阅读理解	10班	11班	12班	13班	14班	15班	16班	17班	
最高分	37.5	37.5	37.5	37.5	37.5	37.5	37.5	37.5	
最低分	22.5	27.5	22.5	22.5	17.5	22.5	27.5	25	
均分	33.8	33.5	33.3	32.2	31.8	32	34.8	34.7	
阅读	6	7	8	9	16	12	3	5	
排名	518.9	510.8	505.4	475.7	464.9	470.3	545.9	543.2	
Z分	0.7	0.4	0.2	−0.9	−1.3	−1.1	1.7	1.6	
级差	56.9%	49.1%	56.9%	37.3%	34.3%	38.8%	70.3%	71.6%	
优秀率	94.8%	93%	89.7%	76.1%	77.6%	80.6%	98.4%	97%	
良好率	100%	100%	100%	100%	98.5%	100%	100%	100%	
及格率	0%	0%	0%	0%	0%	0%	0%	0%	
低分率	3	3.1	3.7	4	3.7	4	2.2	2.5	
标准差	3	3.1	3.7	4	3.7	4	2.2	2.5	

表6　班级七选五状况表

七选五	1班	2班	3班	4班	5班	6班	7班	8班	9班
最高分	12.5	12.5	12.5	12.5	12.5	12.5	12.5	12.5	12.5
最低分	2.5	2.5	2.5	2.5	5	2.5	2.5	7.5	5
均分	10.7	10.4	10.5	10.6	10.6	10.4	11.5	11.7	11.6
排名	9	15	14	11	11	15	3	1	2
Z分	491.7	479.2	483.3	487.5	487.5	479.2	525	533.3	529.2
级差	−0.3	−0.6	−0.5	−0.4	−0.4	−0.6	0.5	0.7	0.6
优秀率	58.5%	51.8%	57.4%	61.5%	56.1%	52.2%	74.2%	71.2%	75%
良好率	81.1%	76.8%	74.1%	76.9%	74.2%	75.4%	90.9%	98.3%	91.7%
及格率	92.5%	91.1%	90.7%	89.2%	92.4%	91.3%	97%	100%	98.3%
低分率	3.8%	3.6%	1.9%	3.1%	0%	2.9%	1.5%	0%	0%
标准差	2.6	2.7	2.7	2.8	2.5	2.7	2	1.2	1.7

七选五	10班	11班	12班	13班	14班	15班	16班	17班	
最高分	12.5	12.5	12.5	12.5	12.5	12.5	12.5	12.5	
最低分	2.5	5	2.5	5	2.5	0	5	2.5	
均分	11.2	11.2	10.6	10.9	10.7	10.3	11.5	11.5	
排名	6	6	11	8	9	17	3	3	
Z分	512.5	512.5	487.5	500	491.7	475	525	525	
级差	0.2	0.2	−0.4	−0.1	−0.3	−0.7	0.5	0.5	
优秀率	65.5%	64.9%	53.4%	58.2%	68.7%	55.2%	70.3%	71.6%	
良好率	87.9%	86%	79.3%	80.6%	73.1%	74.6%	90.6%	89.6%	
及格率	94.8%	98.2%	91.4%	98.5%	91%	91%	98.4%	98.5%	
低分率	1.7%	0%	1.7%	0%	4.5%	6%	0%	1.5%	
标准差	2.2	1.9	2.5	2.1	2.9	3.1	1.8	1.9	

表7 班级完形填空状况表

完形填空	1班	2班	3班	4班	5班	6班	7班	8班	9班
最高分	15	15	15	15	15	15	15	15	15
最低分	7	8	7	8	5	9	10	11	11
均分	11.7	12.5	12.2	12	11.6	12.1	13.2	13.3	13.2
排名	16	7	12	14	17	13	2	1	2
Z分	450	500	481.3	468.8	443.8	475	543.8	550	543.8
级差	−0.8	0	−0.3	−0.5	−0.9	−0.4	0.7	0.8	0.7
完形	18.9%	26.8%	22.2%	12.3%	13.6%	14.5%	45.5%	40.7%	38.3%
优秀率	62.3%	76.8%	74.1%	73.8%	62.1%	69.6%	92.4%	93.2%	90%
良好率	94.3%	98.2%	96.3%	95.4%	93.9%	100%	100%	100%	100%
及格率	0%	0%	0%	0%	1.5%	0%	0%	0%	0%
低分率	2	1.5	1.7	1.5	1.8	1.4	1.2	1.1	1.1
标准差	2	1.5	1.7	1.5	1.8	1.4	1.2	1.1	1.1

完形填空	10班	11班	12班	13班	14班	15班	16班	17班	
最高分	15	15	15	15	15	15	15	15	
最低分	8	9	8	7	8	7	10	9	
均分	12.7	12.4	12.4	12.3	12.3	11.8	13.1	13	
排名	6	8	8	10	10	15	4	5	
Z分	512.5	493.8	493.8	487.5	487.5	456.3	537.5	531.3	
级差	0.2	−0.1	−0.1	−0.2	−0.2	−0.7	0.6	0.5	
优秀率	36.2%	26.3%	24.1%	28.4%	20.9%	16.4%	37.5%	35.8%	
良好率	81%	73.7%	74.1%	73.1%	76.1%	58.2%	93.8%	91%	
及格率	98.3%	100%	98.3%	98.5%	98.5%	94%	100%	100%	
低分率	0%	0%	0%	0%	0%	0%	0%	0%	
标准差	1.6	1.4	1.4	1.7	1.5	1.7	1.1	1.1	

表 8　班级语篇填空状况表

语篇填空	1 班	2 班	3 班	4 班	5 班	6 班	7 班	8 班	9 班
最高分	15	15	15	15	15	15	15	15	15
最低分	7.5	7.5	9	9	7.5	9	12	12	12
均分	12.8	14.1	13.3	13.7	12.6	12.8	14.8	14.8	14.5
排名	15	6	12	10	17	15	1	1	4
Z 分	443.8	525	475	500	431.3	443.8	568.8	568.8	550
级差	−0.8	0.5	−0.3	0.1	−1	−0.8	1.2	1.2	0.9
优秀率	56.6%	85.7%	70.4%	78.5%	53%	58%	98.5%	98.3%	95%
良好率	75.5%	98.2%	85.2%	93.8%	77.3%	84.1%	100%	100%	100%
及格率	98.1%	98.2%	100%	100%	95.5%	100%	100%	100%	100%
低分率	0%	0%	0%	0%	0%	0%	0%	0%	0%
标准差	1.8	1.4	1.8	1.5	2	1.6	0.6	0.6	0.8

语篇填空	10 班	11 班	12 班	13 班	14 班	15 班	16 班	17 班	
最高分	15	15	15	15	15	15	15	15	
最低分	9	10.5	7.5	3	4.5	7.5	10.5	12	
均分	14.1	13.9	13.8	13.4	13	12.9	14.3	14.6	
排名	6	8	9	11	13	14	5	3	
Z 分	525	512.5	506.3	481.3	456.3	450	537.5	556.3	
级差	0.5	0.3	0.2	−0.2	−0.6	−0.7	0.7	1	
优秀率	84.5%	77.2%	79.3%	76.1%	61.2%	58.2%	96.9%	98.5%	
良好率	98.3%	96.5%	93.1%	91%	91%	86.6%	98.4%	100%	
及格率	100%	100%	98.3%	98.5%	98.5%	95.5%	100%	100%	
低分率	0%	0%	0%	1.5%	1.5%	0%	0%	0%	
标准差	1.3	1.3	1.6	2	1.6	1.8	0.9	0.7	

表 9　班级应用文写作状况表

应用文写作	1班	2班	3班	4班	5班	6班	7班	8班	9班
最高分	14	14	13.5	13	14	14.5	14	14	14.5
最低分	5	8.5	8	8	8	8	8	9	9
均分	11	10.7	10.3	10.6	11.2	11.6	11.9	12.6	12.1
排名	13	14	17	16	12	9	7	2	6
Z分	462.5	443.8	418.8	437.5	475	500	518.8	562.5	531.3
级差	−0.9	−1.2	−1.6	−1.3	−0.7	−0.3	0	0.7	0.2
优秀率	1.9%	3.6%	1.9%	0%	6.1%	14.5%	3%	22%	11.7%
良好率	47.2%	35.7%	20.4%	15.4%	39.4%	53.6%	68.2%	89.8%	71.7%
及格率	90.6%	96.4%	92.6%	98.5%	98.5%	98.6%	98.5%	100%	100%
低分率	1.9%	0%	0%	0%	0%	0%	0%	0%	0%
标准差	1.8	1.5	1.3	1	1.3	1.5	1	0.9	1.1

应用文写作	10班	11班	12班	13班	14班	15班	16班	17班	
最高分	14.5	13.5	13	13	14.5	14	14	14.5	
最低分	0	8	9	9	8	8	9.5	10	
均分	12.4	11.6	11.7	11.4	12.2	10.7	12.8	12.6	
排名	4	9	8	11	5	14	1	2	
Z分	550	500	506.3	487.5	537.5	443.8	575	562.5	
级差	0.5	−0.3	−0.2	−0.5	0.3	−1.2	0.9	0.7	
优秀率	22.4%	7%	0%	0%	25.4%	1.5%	45.3%	32.8%	
良好率	89.7%	64.9%	60.3%	40.3%	71.6%	22.4%	84.4%	76.1%	
及格率	96.6%	94.7%	100%	100%	97%	98.5%	100%	100%	
低分率	3.4%	0%	0%	0%	0%	0%	0%	0%	
标准差	2.5	1.4	1.1	1	1.5	1.3	1.1	1.1	

216

表 10　班级读后续写状况表

读后续写	1班	2班	3班	4班	5班	6班	7班	8班	9班
最高分	20.5	21	19.5	19.5	20	19	21.5	19.5	21
最低分	12.5	9	7	11.5	13.5	9.5	14.5	13.5	14
均分	16.7	17.2	16.6	16.1	16.3	16.5	18.1	16.9	17.7
排名	11	8	12	16	15	14	2	9	4
Z分	477.8	505.6	472.2	444.4	455.6	466.7	555.6	488.9	533.3
级差	−0.6	−0.1	−0.7	−1.2	−1	−0.8	0.8	−0.4	0.4
优秀率	0%	0%	0%	0%	0%	0%	0%	0%	0%
良好率	3.8%	7.1%	0%	0%	1.5%	0%	13.6%	0%	8.3%
及格率	83%	94.6%	90.7%	84.6%	86.4%	82.6%	97%	98.3%	96.7%
低分率	0%	1.8%	1.9%	0%	0%	1.4%	0%	0%	0%
标准差	1.9	1.9	2.1	1.4	1.4	1.8	1.7	1.2	1.4

读后续写	10班	11班	12班	13班	14班	15班	16班	17班	
最高分	21	19.5	19.5	20	19.5	20	21	21	
最低分	13	14.5	13	6	13.5	14.5	14.5	13.5	
均分	17.5	17.3	16.9	16.1	16.6	18	17.5	18.2	
排名	5	7	9	16	12	3	5	1	
Z分	522.2	511.1	488.9	444.4	472.2	550	522.2	561.1	
级差	0.2	0	−0.4	−1.2	−0.7	0.7	0.2	0.9	
优秀率	0%	0%	0%	0%	0%	0%	0%	0%	
良好率	8.6%	0%	0%	1.5%	0%	4.5%	6.3%	17.9%	
及格率	94.8%	98.2%	93.1%	73.1%	86.6%	98.5%	98.4%	95.5%	
低分率	0%	0%	0%	1.5%	0%	0%	0%	0%	
标准差	1.6	1.3	1.3	2.4	1.6	1.2	1.4	1.7	

　　从表3到表10中分析可以看出，各班级的各项目在排名、Z分、级差、优秀率、良好率、及格率、低分率、标准差的各项指标情况。班级任课老师可以依据这些数据分析本班级的优势与劣势，制定有效措施，采取有效方法，实施增效减负下

的有效教学与强化训练。以应用文写作为例，每个班应该在依照应用文评分标准重新审视本班的应用文得分情况，找出本班应用文在书写、词汇、句型、连词等层面的问题，加以改进。此外，应该借鉴优秀班级好的做法，运用到本班教学中。

3. 个体层面分析

个体利用测试数据自我诊断，改进学习行为。利用个体学情数据分析报告，引导个体从关注分数到关注分数背后的原因、行为。首先让个体了解自己各个项目分值以及该项目的班级排名、年级排名，大致了解自己的优势与劣势。同时，让个体自我分析哪些题错了再错，哪些知识点遗忘，哪些解题方法并未掌握，是哪些学习行为、方法、习惯产生这些问题。而这些恰恰是学习提高的关键环节。通过纵向分析历次考试项目成绩的波动让个体了解哪些策略是有效的应该继续保持，哪些策略需要进一步改进。这些分析不仅有助于提升个体成绩而且能够培养个体的自我学习能力。此外，通过对不同个体的筛选、比较、诊断与分析，帮助教师发现不同层面个体的闪光点、问题点和增长点，从而科学指导其有针对性地选准切入点，实现差异化个体学习。

表11　个体历时汇总表

| | 听力理解 | | | 阅读理解 | | | | | | | | |
	得分	班级名次	年级名次	得分	班级名次	年级名次	七选五	班级名次	年级名次	完形填空	班级名次	年级名次
李××	30	1	1	22	24	171	10	1	1	30	1	1
李××	30	1	1	24	29	192	8	29	332	22.5	56	522
李××	28.5	55	498	35	7	14	12.5	1	1	12	30	271
李××	30	1	1	37.5	1	1	12.5	1	1	12	47	459
李××	27	48	444	35	18	111	12.5	1	1	14	13	84
李××	28.5		13	35	24	197	12.5	1	1	13	26	157

| | 语篇填空 | | | 应用文写作 | | | | | | 整体情况 | | |
	得分	班级名次	年级名次	得分	班级名次	年级名次	读后续写	班级名次	年级名次	总分	班级名次	年级名次
李××	10	1	1	12.5	7	12	20	3	6	134.5	3	7
李××	7	31	183	10.5	39	272	18	12	35	120	38	207
李××	6	71	1062	12	9	37	17	44	298	123	42	200
李××	13.5	16	91	12	9	19	18	19	74	135.5	7	18
李××	13.5	9	39	11	38	492	18	39	220	131	20	93
李××	15	1	1	12	9	252	21	6	8	137	2	12

表 11 中展现了个体本次联考中各项目得分、班级名次、年级名次横向数据及历次考试的各项目数据纵向比对。

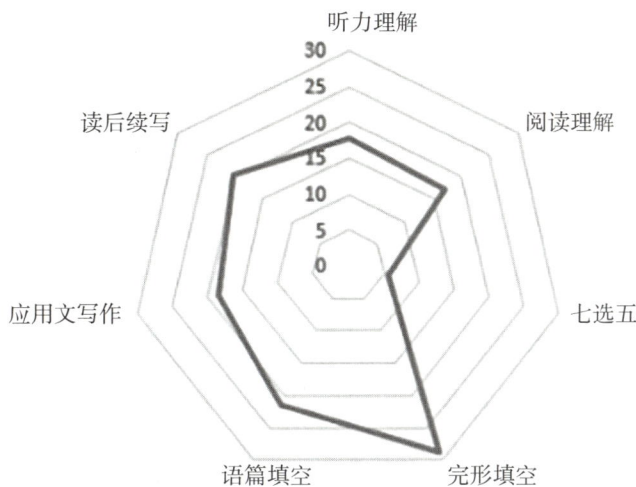

图 1　个体雷达图

图 1 展示了本次联考中个体的项目雷达，可以看出完形填空是其劣势项目，而七选五则相对较强。要求学生自我剖析问题，积极寻找解决策略。以下面一次联考后某位学生分析为例：

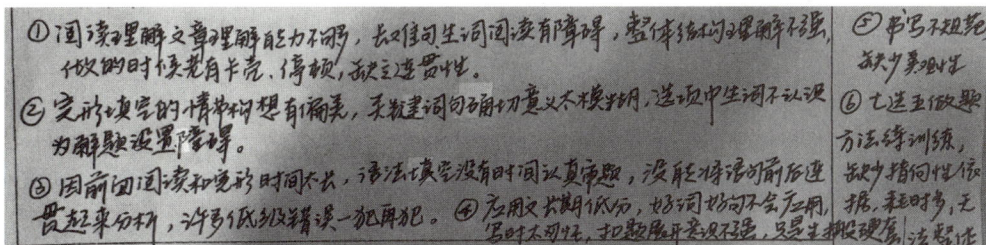

图 2　个体分析

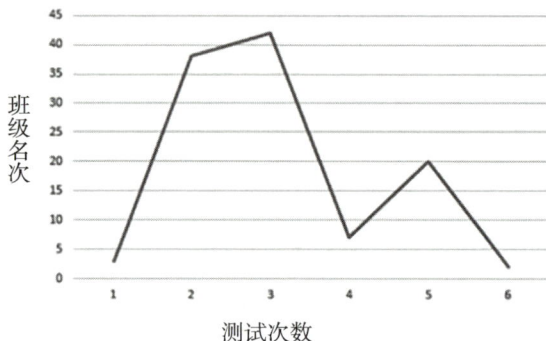

图 3　个体历次考试成绩波动图

图 3 展示了个体历次考试的成绩波动，可以发现整体而言，该个体成绩较理想，但是波动较大。尤其是第 2、3 次考试成绩下滑较严重，应给予及时关注，共同分析找出背后原因。图 4、5 分别展示了该个体在第 2、3 次考试后进行的自我分析。

图 4　第 2 次考试后个体分析

图 5　第 3 次考试后个体分析

四、结语

基于学业测试进行科学的量化统计与分析是教育改革趋势之一。它不仅能够有助于我们了解学习的主要成效，发现教育教学中的优势和不足，也为调整教育教学策略、提高教育教学质量和促进学生全面发展提供有益参考。江苏省姜堰中学高三英语组自从 2014 年以来，依托数据开展精细分析展示教学过程中真实的状况。在骨干教师的带领下，集思广益，侧重分析教学过程中优与劣，提出针对性解决措施，制定了校本练习监测指标，实现精准发力以求实效；开展学业质量数据分析，通过师生精诚合作，共同发现问题、解决问题，做到有的放矢，共创辉煌。谢谢！

潘莉萍

江苏省吴江中等专业学校校长，正高级讲师，江苏省第四届职业教育领军人才，苏州市人民政府督学，苏州市名教师

求真·求善

——江苏省吴江中等专业学校学生评价情况简介

当前职业教育处于转型发展期，需要适时进行改革，教学改革进入了核心素养的新阶段，教育教学活动将从追求学业成绩转到追求"核心素养"培养，而评价的理念也转向"育人为本"。

为了做好评价工作，学校主要做好两方面的工作：首先，从核心素养高度决定评什么；其次，从"用件""平台"角度设计怎么评。

一、评什么

核心素养是指学生在接受教育过程中，逐步形成的适应个人终身发展和社会发展应具备的正确价值观念、必备品格和关键能力。核心素养由三个方面组成，分别是：文化基础，包括人文底蕴、科学精神两方面素养；自主发展，包括学会学习、健康生活两方面素养；社会参与，包括责任担当、实践创新两方面素养。其中文化基础是个体自主发展和社会参与的必要基础，自主发展和社会参与是促使个体适应社会和实现个人价值的重要前提与根本保证。核心素养概念及其总体框架的提出，使"培养什么人""怎样培养人"有了明确的目标，党的教育方针得以具体化、细化。

我校学生评价以立德树人为目标，以学生入校到毕业作为一个总评价周期，依托学校"厚德学院智慧化管理系统"平台，从"学业学分"（求真）和"德育学分"（求善）两个层面对学生展开评价，意在培养"厚德精艺"的高素质技术技能人才。

（一）学业学分

组成：学业课程学分 + 技能学分 + 实习学分 + 奖励学分

1. 课程学分

由任教教师根据学生期末考试（考查）成绩、期中成绩、平时测验结果、学习常规表现（学习态度、测验、出勤、作业情况等）综合评定成绩后确定。

总平均成绩（中专）= 期末成绩 ×20%+ 期中成绩 ×20%+ 平时测验结果 ×10%+ 学习常规得分 ×50%。

总平均成绩（职教高考）= 期末成绩 ×30%+ 期中成绩 ×20%+ 平时测验结果 ×10%+ 学习常规得分 ×40%。

将课程学分取得的重点放在学习常规部分，这一部分借助学校"学生成长"平台，一方面从结果层面，即课堂表现（课堂听课表现、课堂笔记表现、课堂讨论表现、课堂发言表现等）、作业表现（作业数量表现、作业质量表现、作业订正表现、错题整理表现等）等进行评价；另一方面从过程层面，即学生的思维能力（能否提出有意义的问题或发表个人见解）、主动学习能力（求知欲能否得到发展，能否有效进行探究学习）、科学求实精神（能否大胆质疑，主动发问，敢于争论）、合作互助精神（能否通过有效讨论、沟通解决问题，能否在团队中发挥积极作用）等进行评价。

采用学生自评、同伴评价、教师评价、其他评价等方式，不仅关注学生的学习结果，更加关注其学习过程和内在的学习品质。

部分评价表如下：

表 1　语文"三生"课堂学生听课行为评价表

姓名：_____　课程内容：_____　日期：_____

评价内容	评价标准	评价等级			
		优	良	中	差
听课状态	学习兴趣浓厚，热情高涨，无关动作消失				
	视觉集中，师生平等交流。生生积极合作，主动交流				
听课时间	认真听课时间不少于二分之一，在听课过程中有积极思考的时间				
听课反馈	语言反馈积极（提问、答句）				
听课效果	善于倾听、理解他人发言，抓住要点				

表 2　语文"三生"课堂学生课堂笔记评价表

姓名：_____　课程内容：_____　日期：_____

评价内容	评价人		
	学生 1	学生 2	教师
1. 笔记内容清晰、有条理			
2. 重点、难点是否突出			
3. 笔记中是否体现了疑难问题			
4. 笔记中有没有自己的新发现			
5. 学习中是否有自我反思			
6. 笔记的字迹是否认真、工整			
7. 笔记的个人适用性			

表3　语文"三生"课堂学生讨论评价表

讨论次数	讨论态度		讨论问题类型				综合评分
	主动	被动	记忆性	理解性	应用性	综合性	
1							
2							
3							

2. 技能学分

学生取得相关的国家职业资格证书、技能等级证书，可以折合成相应学分。

3. 实习学分

实习考核以实习单位指导人员评价为主、班主任评价为辅，实习指导教师会同实习单位对实习学生的工作表现和实习情况作出书面评定，考核合格，取得实习学分。

4. 奖励学分

（1）学生参加由教育行政部门、学校组织的各级各类知识、技能、创新创业、个人才艺等竞赛并取得个人名次，或在各级各类报刊发表文章等，可获得奖励学分。

（2）学生课程学分、技能学分排名在年级、班级前列，或进步较大等，可获得奖励学分。

（二）德育学分

组成：行为习惯学分 + 社团学分 + 实践学分 + 奖励学分

1. 行为习惯学分

该项内容意在落实德智体美劳"五育"并举的人才培养要求，涵盖学生在校学习生活的方方面面，主要关注行为举止、品德修养等，既关注法律法规、校纪校规等规定的对中学生的相关要求，更包含作为一名合格学生、未来合格职业人甚至一名合格公民应具备的各方面的素养要求。根据学生的表现赋分或扣分。

2. 社团学分

学校 2015 年以来，把社团纳入课表，参与率达 90% 以上，2022 年度学校社团总数达 74 个（德育社团 40 个和专业技能社团 34 个）。社团项目紧跟时代不断更新，逐步增加无人机、烙画、剪纸、木版年画等，结合前沿科技的同时深植传统文化。技能社团紧密结合技能大赛赛项，做好大赛人才储备工作。学生自愿选择社团，通过审核进入该社团，并根据其参与社团活动的相关表现与成绩相应赋分。

3. 实践学分

积极开创"力行教育"实践，充分整合利用社区、企业、学校等校内外资源，建好"一心"志愿者服务队，打造特色志愿服务品牌，重视并鼓励学生参与志愿服务实践活动，不断提升志愿服务活动的社会影响力和认可度。学生参与校内外相关志愿服务予以赋分。

4. 奖励学分

（1）操行上有突出表现者（如见义勇为、献爱心、发现或制止危害校园安全行为）可酌情赋分。

（2）参加文明风采等各级各类比赛获奖可获得奖励学分。

二、如何评

叶圣陶在《习惯成自然》一文中说过："我们在学校里受教育，目的在养成习惯，增强能力。我们离开了学校，仍然要种种方面受教育，并且要自我教育。目的还是在养成习惯，增强能力。"要做到这一点，持续的、全面的、科学的评价必不可少。

1. 量化评价，体现评价的全面性

评价工作面对的是一个个具体的学生，其复杂性不言而喻，如何更为全面地反映学生的实际情况，化繁为简，使学生的点滴变化、教师的点滴付出由无形转为直观并且可测，量化考核是一个必要手段。考核对象可以是班级、教师、学生等各个层面。以学生评价为例，新生入学时每人赋 100 分作为基础分值，在学生平时的学习生活中，评价主体依据前述的"学业"和"德育"两大部分八个项目的评价要求，进行相应的评价，直观表现为加分或扣分。德育学分方面，如果学生有扣分则要求写说明书。以上情况每周反馈一次。德育处、专业办定期对各班级扣分满 10 分以上学生进行检查重点帮教。班级每两周进行一次"班级'文明学生'半月考评"并张榜上墙，强化教育作用。这样，系统中分值的变化全面地、直观地、及时地反映了学生的变化，防微杜渐和积善成德都成为可能。

2. 五支队伍，体现评价的全员性

秉承兼容并包之精神，积极构建"学校——学生——家庭——企业——社会"五个维度，衍生出五支队伍，其中"师德高尚、业务精湛"的教师队伍是核心力量。

表4　师德评价量表

序号	领域	队伍
1	学校管理领域	班主任、科任教师、后勤职工、行政人员组成的导师队伍
2	学生自主管理领域	共青团、学生会、班委会等学生自主管理队伍
3	家庭教育领域	家长、家委会、家庭教育专家等构成的家庭教育队伍
4	企业参与育人领域	企业管理者、企业专家、一线工人组建的企业导师队伍
5	社会教育领域	社区、公安、法院、政府部门、社会各界组成的社会教育队伍

五支队伍依托"厚德学院智慧化管理系统"，开展学生常规管理、学分管理、心理咨询、德育导师、班级考核、社团管理、家校互动、奖惩评价等全员育人工作。其中对学校教职员工，学校设置了全员育人参与率的考评要求，每人每月不少于 6 次，还建立了一对一导师制度，对重点学生进行帮扶。这样，在量化评价的基础上保证了"全员育人"不再是一句空话。

3. 借助平台，解决评价的全程性

量化评价、全员评价的落实，对考核的具体操作方法和手段提出了较高的要求。如何更简洁、更及时、更醒目、更直观、更高效地反映评价情况，需要借助现代信息技术。学校依托校内 OA 管理系统，建设了"厚德学院智慧化管理系统"，贯穿学生整个求学生涯。只要登录，学生、班级、年级、专业部的情况均一目了然，依此可以分析归类，有效督促指导。APP 数据显示：平均每月，教师对学生导育表扬 1200 多次，违纪教育 800 多次，教师个人参与管理记载人均 20 多次，学生考核获奖 200 多次，班级考核获奖 10 多次。这个系统成功地将企业管理经验移植到学校管理中来，在实际应用中成为学生展示素质才华的平台。作为被评价的学生，对自己的"得"与"失"一旦有了如此清晰、直观的了解，好胜心和表现欲得到激发，从而掀起一股"比、学、赶、超"的比赛热潮，学校也利用每周二的晨会对上一周评价结果进行全校性反馈，表扬表现优异的学生。

**专家
点评**

吴晓红
江苏师范大学数学与统计学院教授，博士，
数学教学专家

点评

　　学生学业质量是教育质量的重要组成部分和重要标志。无论是最新的义务教育课程标准还是普通高中课程标准，都增加了"学业质量"这一模块。各个学科也专门研制了学科课程学业质量标准。如何贯彻落实学业质量标准，全面提高学业质量？不同学科、不同学段、不同学校都开展了积极的理论思考和实践探索。

　　张所滨老师对江苏省义务教育学业质量测试作了积极思考，并分享了泰州义务教育阶段学生素养测试的情况；李红蕾老师针对幼儿园的质量评价，从评什么、如何评的角度，给出了学前教育质量评估的理论思考和若干实践案例；王荣老师以道德与法治学科为例，通过对某市2022年初中学业水平考试相关数据的分析，探讨了基于数据的学业质量标准的运用；刘斌河老师以高中大规模学业质量测试为例，分享了姜堰中学高三英语备课组进行学业水平质量数据分析的具体案例；潘莉萍老师则是分享了中等专业学校学生评价的具体做法。

　　这些积极思考和好的做法，为我们深入理解学业质量、开展学业质量评价提供了鲜活案例。

　　基于质量标准开展学业质量评价，是落实课标理念、精准诊断学情、有效教学发力、发展核心素养的关键，有效开展学业质量评价，还需要进一步思考以下问题。

一、学业质量与学业质量标准的内涵

学业质量是学生在完成本学科课程学习后的学业成就表现。学业质量标准是以本学科核心素养及其表现水平为主要维度，结合课程内容，对学生学业成就表现的总体刻画。依据不同水平学业成就表现的关键特征，学业质量标准明确将学业质量划分为不同水平，并描述了不同水平学习结果的具体表现。

例如，高中生物学业质量标准是依据生物核心素养中的生命观念、科学思维、科学探究和社会责任的 4 个维度及其划分的水平，结合必修课程和选择性必修课程的重要概念、方法等，对学生学习相应的课程后所表现出的核心素养水平的描述。它包含 4 个水平，每个水平对应 4 个维度进行了细致的质量描述。

又如，义务教育阶段历史学业质量标准依据学习内容的不同层次，综合评定学生面对真实情境，在完成相应的学习任务中所表现出的解决问题的正确价值观、必备品质和关键能力，由此体现核心素养的发展水平和课程目标的实现程度。

二、基于质量标准的学业质量评价观

学业质量标准是核心素养的具体化表达，核心素养是构建学业质量标准的根本遵循，因而基于质量标准开展学业质量评价，应该树立以下的评价观。

1. 评价取向：由育分转向育人

学业质量标准以学科核心素养及其表现水平为主要维度，因而基于学业质量标准的评价以核心素养为导向，从偏重对知识的掌握转向注重学生核心素养的发展，不再以知识的数量、分数的高低衡量学业质量，而是将学生核心素养的发展水平作为学业质量的判定标准。教育的根本任务是落实立德树人、发展学生的核心素养。显然，素养导向的学业质量评价由育分转向了育人。

2. 评价依据：由经验走向科学

长久以来，我国学业质量评价常常源于"主观臆断""个人经验"和"价值偏好"，对学生学业质量的评价较为主观，评价缺少依据、缺失理性、缺乏客观，违背了学业质量评价的发展性、科学性和全面性，难以促进学生学习的改进、教师教学的提升和教育决策的制定。

此次课程标准各个学科专门组织专家研制了各个学科的学业质量标准，并给出了具体详实的学业质量描述，建立了科学的学业质量标准。

学业质量标准是核心素养在学业上的具体体现，直接反映了学生应达到的学业结果。学生通过课程学习，是否实现了核心素养、实现程度如何，需要以学业质量标准衡量。学业质量标准是连接核心素养与课程标准、考试、评价的桥梁，因而，不仅使得核心素养具体化、可测评，而且成为指导教学实践和教育评价的具体可操作的质量标准。可见，基于学业质量标准的评价从经验走向了科学。

3. 学业成就表现：由单一知识转向整体素养

以往对学生学业成就的考查仅仅关注知识数量和考试分数，忽视学生综合素质和个性发展。指向核心素养的学业质量标准旨在对学生的学业成就进行多维度、综合性的考量，学业成就不是一系列孤立、零碎的知识或技能，而是一个整合的、有机的整体，是学生在真实问题情境中理解和运用课程知识的水平，是学生在应对各种复杂陌生情境时表现出来的思维品质、情感态度，包括学生的学习态度、参与学习活动的程度，以及对课程内容的理解应用水平。因而，基于学业质量标准的学业成就表现，从单一维度的知识转向了全面的整体素养。

三、基于学业质量标准开展学业质量评价的实施要点

学业质量标准的重要功能是为评价提供直接依据，素养本位的学业质量旨在树立一种整合的、实践取向的学业成就观。基于学业质量标准有效开展学业质量评价的关键，在于做好以下几个方面。

1. 评价内容全面化

学业质量反映核心素养要求，学业质量标准是核心素养在学业上的具体体现，因而素养本位的学业质量标准决定了评价内容要全面化。

评价内容要基于学业质量标准对学生的学业成就进行全面考查。不仅要考查基础知识和技能，还要考查学生在真实情境中解决问题的能力，同时还要关注学生在解决问题的过程中表现出来的价值观念、情感态度、过程表现。

例如，在评价数学学科学业质量时，既要关注学生知识技能的掌握，还要关注学生对基本思想的把握、基本活动经验的积累；不仅要考查学生分析问题、解决问题的能力，还要考查学生发现问题、提出问题的能力。学业质量评价需要全面考核和评价学生核心素养的形成和发展。

2. 测评维度多元化

测评维度多元化是指学业水平测评需要考虑多个维度：

一是课程内容：学业质量测评需要依托课程内容，借助特定的知识内容。例如义务教育阶段数学课程内容分为 4 个学习领域：数与代数、图形与几何、统计与概率、综合与实践。每个学段的每个主题的知识，都蕴含着一种或多种核心素养。

二是素养表现：学业质量标准是核心素养在学业上的具体体现，因而需要明确考查核心素养以及核心素养的具体表现。以普通高中数学核心素养为例，主要包括数学抽象、逻辑推理、数学建模、数学运算、直观想象、数据分析等 6 种核心素养。课程标准对每一种核心素养进行了具体描述。评价时需要兼顾对这些素养主要表现的考查。

三是问题情境：现代学习理论表明，知识在情境中建构、知识蕴含于情境脉络中，情境是实现考查内容和考查要求的载体，因而学业质量标准就是要评价学生在问题情境中理解和运用课程知识的水平，评价学生在真实情境中分析和解决问题的综合品质。

四是素养水平：素养水平刻画了学生核心素养的水平程度。评价在本质上是确定课程和教学实现教育目标的程度问题，因此，基于学业质量标准的评价需要考虑素养水平，根据不同学段学业成就表现的关键特征，呈现学生学业成就发展的程度，体现核心素养发展的水平。

3. 评价方法适切性

纸笔测验是考查学业水平的重要方式，但是基于学业质量标准的纸笔测验不同于知识点考查。学业质量评价要考查学生在真实情境和学科任务中，运用知识分析问题、解决问题的能力，考查学生的"做人"品格，而不是"做题"能力。

除了传统的书面测验，还可以采用课堂观察、口头测验、访谈、活动表现、课内外作业、成长记录等评价方式。要能够综合运用多种评价方式，全面获取和掌握学生核心素养发展的相关信息，关注学生的思维过程与努力程度，强化过程评价和增值评价，避免仅凭考试分数判断学生水平的单一评价。

同时，应结合学习内容和学生学习特点，选择适当的评价方式。例如，可以通过课堂观察了解学生的学习过程、学习态度和学习策略，从作业中了解学生基础知识和基本技能的掌握情况，从探究活动中了解学生独立思考的习惯与合作交流的能力，从成长记录中了解学生的发展变化。

这样，传统的单纯以学生学业考试成绩和学校升学率评价中小学教育质量的倾向就可以得到扭转。

4. 促进"教—学—评"一致性

2022年版义务教育课程方案明确指出，要全面推进基于核心素养的考试评价，强化考试评价与课程标准、教学的一致性，促进"教—学—评"有机衔接。

这表明，要发挥学业质量标准对课堂教学和教育评价的引导与促进作用，促进学生核心素养的发展，就要树立"教—学—评"一致性理念，把评价贯穿在教学全过程。教师需要将自己的"教"、学生的"学"与评价相结合，既要对教学过程进行反思，也要对学习情况进行掌握，从而能够开展具有针对性、差异性的评价以及形成性评价，真正实现以评促教、以评促学、以评育人。

家校沟通艺术

吕晓丹

泰兴市襟江小学教师，泰州市
特级班主任

懂——让家校沟通真正畅通无阻的密码

苏霍姆林斯基曾说过："教育的效果取决于学校和家庭的教育影响的一致性。如果没有这种一致性，那么学校的教学和教育过程就会像纸做的房子一样倒塌下来。"因此，要想使学校教育最大化地发挥其功效，离不开家庭教育的助力，有效的家校沟通则必不可少。

一、家校沟通的类别

什么情况下需要进行家校沟通呢？从沟通的人员数量来看，一般分为个别沟通、小范围沟通、群体沟通。从沟通的意图来看，则包括特殊学生的沟通、偶发事件的处理、学习情况的了解、不良习惯的成因及解决方法等，往往比较有针对性。从沟通的方式来看，比较常规的有短信、电话、家校联系簿、邀请至学校三方会谈或是家访等。

二、家校沟通的尴尬

（一）教师又来告状了

这种"告状式"沟通是家长和学生都比较抵触的，虽然教师的本意是为了学生好，但对于我们自己而言，也更喜欢听别人的表扬而非批评，何况是学生呢？况且，家长都比较注重面子，有时候这种沟通方式会让家长感觉自己也受到了批评，失了面子，从而对家校沟通产生不良情绪，不利于家校关系以及亲子关系的和谐发展。

（二）皮球又被踢回来了

相信教师们对这样的话一定不陌生：

"老师，你帮我管教管教他，他只听你的话。"

"啊？家庭作业又没做全吗？昨天问他说都做了呀，你帮我罚他。"

"昨天叫他做他不做，我就对他说：看你明天怎么过你们老师那一关。"

"老师哎，打也打了，骂也骂了，就是没效果，我也没办法。"

我们沟通的目的是希望家长和我们统一战线，齐抓共管，形成教育合力，可是有时候聊着聊着发现，所有的问题又被家长还给了我们。

（三）老师是不是有什么想法

相信有教师曾经经历过这样的尴尬，明明是想请家长配合，共同解决孩子的问题，以期获得进步，结果被敏感的家长误以为我们的动机不纯。

（四）被家长的无理要求带跑偏

比如，有一个男生，上课经常不听讲，喜欢转前转后讲话，不仅自己听课效率较低，还影响了别人。班主任跟家长沟通孩子的听课状态的时候，家长就说："我们家听课是不太专心，这样，您能不能把他的座位往前调几排，在老师的眼皮子底下肯定会好很多。另外，烦请老师把我家孩子跟班上最优秀的学生调去做同桌，最好在他四周都安排好孩子，别人都不讲话，他不也就讲不起来了嘛！"

以上这几种沟通非但不能很好地解决问题，反而会使得家长和教师之间产生芥蒂，结果变得无效甚至反效。

三、家校沟通的原则

怎样才能避免以上的尴尬呢？有效的家校沟通必须具备以下原则。

（一）"私人订制"原则

一把钥匙只能开一把锁，家长千人万性，有比较民主的，有比较溺爱的，有放任不管的，有简单粗暴的，有以金钱奖励为标准的，也有习得无助的，甚至还有对学校和教师抱有偏见、喜欢抬杠的……对待不同类型的家长，采取适切的沟通方式则能迅速拉近教师和家长、学生之间的距离，使自己尽快进入工作角色。

（二）"不让学生遭殃"原则

我们的每一次沟通结果都是为了学生更好地发展，使其能够"跳一跳摘到更高处的果子"，所以如果沟通的结果是学生被批、被罚，甚至被揍，那这样的沟通无论是基于学生层面，还是家长层面，都是比较失败的、令人抗拒的。家校沟通的时候，我们应该尽量站在学生的角度，为他们发声，成为亲子关系的修复剂和黏合剂。

（三）"感情用事"原则

在和家长沟通时开诚布公、真情流露，往往具有出乎意料的说服力，陶行知曾经说过："真教育是心心相印的活动，唯独从心里发出来，才能打动心灵的深处。"

这次家长会上，我对所有家长说了我曾经教过的一个学生的故事。那个孩子当时长得很胖，其貌不扬，而且三门功课加起来也考不到六十分，但是他在家庭和班集体得到了爱的滋养，并没有自卑或是消沉，初中毕业后开了个小作坊，在班上其他同学刚刚考上大学的时候他已经事业有成，而且慷慨地资助班上遭遇家庭变故的同学读大学。我借此告诉所有的家长，孩子学习的过程如跑一场马拉松，发令枪刚刚打响，那些因为各种原因起跑稍慢的孩子并不一定会输在终点。评价孩子的标准是多元的，也是动态变化着的，我们不能给孩子过早地贴上"他不行"的标签，只要我们全力地"给予"，全力地"托举"，孩子总会在某一刻、某一个方面绽放、闪光。作为教师，我不会放弃我的任何一个学生，我也不允许家长放弃自己的孩子。会后一个家长抱住我失声痛哭，她说："我知道您的这番话是专门说给我听的。因为孩子不够好，总是拖班级后腿，我们父母回去总是批评，总是责骂，结果孩子上次要离家出走，吓死我了，我要从改变自己开始，帮助我的孩子……"

（四）"慢半拍"原则

教育是需要把握契机的，家校沟通也一样。但家校沟通的最佳契机并不一定是瞬时的，恰恰相反，有时候需要我们慢半拍。特别是在学生犯错之后，立即沟通往往会让学生产生恐惧心理，家长也比较反感老师常常"揪小辫子"。如果在学生改正之后或有了较大进步之后再沟通，往往比"瞬时"的节点更有效，更利于学生发展，更能促进家校关系和师生关系的和谐。

（五）"平等关怀"原则

特蕾莎修女曾说过要给予别人有尊严的关怀。每个班级都会有一些"弱势群体"和特殊家庭的孩子。随着离婚率的攀升，越来越多的学生需要面临家庭破裂的考验，不光如此，学生本身就是有个体差异的，家长也一样。那么我们在进行家校沟通的时候就要注意，不要对有些学生和家长"另眼相待"，切忌用特别的"爱"来提醒他们的"特别之处"。

四、家校沟通的策略

家校沟通的前提是懂学生，懂家长，一起来看看家校沟通的有效策略。

（一）重视首因效应

案例：一个家长的朋友圈，转发了我在一所学校的讲座《老师您看，我也可以闪闪发光！》并配文：

加油！一起走过的五年，还记得当初的那个笑脸，一句"恭喜你成为小学生了"，瞬间就融化了老母亲的心。

五年后，家长还记得第一次带学生来报名的情景。所以作为一名教师，我很重视和家长的"第一次照面"，这一次沟通甚至不一定是言语上的。但是往往可以建立良好的第一印象。比如我新接手的一年级学生，开学第一天，我会很郑重地弯腰、蹲下，跟每一个孩子握手、微笑，并说："亲爱的×××小朋友，祝贺你成襟江小学一（5）班的学生。"同样的问候，我也会送给每一位家长，让他们感觉："这个老师是温柔的，是容易沟通的，她喜欢我的孩子，我把孩子交给她是放心的。"

不仅如此，我还很重视沟通的"媒介"——班级小喇叭。用心对待班上的每一个学生，让他们变成我的"形象代言人"，有了他们的帮助，家校沟通就变得轻松和谐起来，家长们也比较愿意听我跟他们交流。

第一次家长会往往是老师在家长面前的第一次较为完整的公开亮相。我会很用心地布置教室：黑板上，有孩子们写给家长的话；文化墙，贴着每一个孩子的笑脸和心声；书桌上，是孩子们认真完成的作业和送给家长的画；一体机里，播放的是我和孩子们在一起上课、活动、游戏的视频，以及"泰州教育发布"里"泰美教师"的短视频。家长们看得都很认真，也较为全面地了解了我。

（二）巧用"自己人"效应

在数字技术时代，新媒体的运用给家校沟通提供了不少便利，我经常利用微信、钉钉和家长联系，便捷、省时、高效。但须注意，有时候文字是不带任何感情色彩的，错误的解读往往容易引起误会。所以无论是家长通过微信联系我，还是我因为学生的某些情况需要联系家长，我一般会利用"自己人"效应为每一次的微信沟通奠定基调："你放心，在学校我就是他的大家长，孩子我是放在心尖尖上的，我们一起努力，为了孩子共同的成长。"家长遇到比较棘手的问题时，我也会宽慰："孩子的成长必然会出现这样那样的问题，如果是一个完美的孩子，啥问题都不会有，那还需要家长、老师做什么呢？孩子的每一次犯错都是宝贵的人生经历，他会从试错中习得生活的本领，汲取幸福的能量。"家长看到这样的文字，往往都会燃起信心，愿意配合教师去一点一点地解决问题，促进学生努力生长。

（三）微信群里"话家常"

除了个别沟通，较为常见的新媒体沟通方式是微信群，如何用好微信群呢？

1. 建群之初就设立好群规，阐明建群的意义、对群成员的要求，等等。避免微信群变成"收到，老师辛苦了"之类的应声群。

2. 善于及时处理偶发事件，及时澄清事实，消除误会，切实地帮家长、帮学生解决问题。

3. 微信群里，教师要善于用"话家常"的心态分享和发布学生的日常。比如，前不久我们学校组织五年级所有学生去户外植树，家长们不能亲临现场，但我及时在群里发布了学生成立小组、挑选树苗、植树浇水、挂牌留念的照片，群里的热心家长把它们做成了美篇，留下了孩子们参与活动的宝贵印迹。再如同学们自编自演课本剧，表现完美，我也及时把我们班的"全家福"和孩子们的演出剧照发到群里，家长们一起见证学生的成长时刻，有人甚至写下了几百字的"小作文"。

有时候我们会布置一些特别的作业，比如妇女节的"我让妈妈露笑脸"活动和"今天我当大厨"系列活动。家长们也是非常乐意把孩子实践的视频发到群里，共同见证彼此的成长。

当然，利用微信群分享学生的"高峰体验"时刻是我们喜闻乐见的，但也要注意保护好学生的隐私。同时，如果是个别性的问题，还是用个别交流的方式比较好。

其实家校沟通的策略有很多，只要我们以"懂学生""懂家长"为前提，以"爱学生""促成长"为目的，以"亲和力""共情力"为辅助，沟通就会变得顺畅且有效。

邹道进

兴化市楚水实验初中教师，泰州市特级班主任

家长会设计策略

家长会是学校与家庭相互沟通、联系的重要途径。家长会成功与否不仅关乎学校教育的效率，更可能直接影响学生在家庭中的生活状态。因此，开好家长会是我们每一位教育工作者，尤其是班主任的一项重要工作。成功的家长会，能够消除家长的疑虑，让家长更明朗地看到学生成长的方向以及解决当下问题的有效途径，让教师和家长朝着孩子健康成长这个共同的方向眺望。

下面介绍四种家长会设计模式，希望对大家有所帮助。

一、"教育会诊型"家长会

"教育会诊"，顾名思义，是对家长在家庭教育实践中遇到的疑难情况集中探究，找出共性，分析原因，提出若干对策，最后筛选出最佳方案供家长实践时参考。

比如，有不少家长反映，很多学生在平时的学习生活中自我要求不高，学习时间虽长，但效率一直不高，进步也不明显，甚至偶有下滑的情况。由此，可以针对这部分家长，召开一个关于这类问题的家长会。

为保证"会诊"讨论充分，可以将参与人数控制在十到二十人之间，让每个家长事先准备好在家长会上提出的最典型的问题，以备交流。在明晰了这些家长提出的问题之后，班主任可以总体上把握学生此类问题的根本原因，并且提出一些针对性的办法参与讨论并供家长参考，或者在家长会最后作适当总结。

仍以上述问题为例，很多家长在交流中提及学生"假用功""效率低""学习积极性不高""做事拖拉"等问题，也提出了一些方法，我们最后可以总结为"提高学生学习内驱力"这一核心问题，并以"清心明志"为解决门径。

我们可以向家长解释，学习需心无旁骛、一往无前，之所以出现家长们提及的情况，主要是学生心头有了其他的想法。针对当下出现的问题，可以总结成三个方面：一是无谓的焦虑——患得患失，消磨斗志；二是过多的欲望——不够专一，浪费精力；三是反复的犹豫——踌躇徘徊，浪费时间。因而我们要一起营造利于学生专一拼搏的学习环境，让学生学会静心、学会取舍、学会专一。

这种模式的家长会的优点是针对性强，家长参与的积极性高，在分析案例的过程中，家长由被动接受走向主动参与；而且，在对案例中的一些细节进行剖析时，班主任和家长往往同心协力，提出一些解决问题的方案或者具体建议。班主任要结合具体情况及时对家长的讨论和发言进行调节和点拨，在紧密围绕话题探讨的前提下，把"诊断"和"开处方"的权力交给与会的所有家长，让家长充分表达自己的观点、见解，从而让每位家长在"会诊"过后，有新的收获。

二、"智慧分享型"家长会

"智慧分享型"家长会以经验交流的形式进行，只不过在家长会上交流经验的主角是家长。我们可以根据家长会的主题，围绕部分家长的困惑，在调查了解的基础上，安排一位或几位家长，讲授一些自己的家庭教育理念或者成功的经验。

这种模式的家长会最突出的优点是发挥同伴教育的优势，很容易赢得家长的共鸣，而且可以使家长在很短的时间内收获丰富的家庭教育资源，普及面比较广，实用性比较强。

比如，临近高考时，学生和家长的情绪都渐趋紧张，很多家长面对心理压力

增大的考生往往无所适从、苦不堪言。但也有一些家长，不仅自己心态调适得很好，学生的精神面貌也很健康，备考状态很好。我们可以事先进行沟通，将成功的做法与其他家长分享。当然，班主任可以帮家长梳理出一些细节：比如正确引导学生认识考前的高原反应，模考前后不经意间兜一下远路舒缓心理节奏，用鼓励来强化孩子自身的优点激励自信心，在孩子埋头书山题海自己不知如何交流时默默帮着整理一些资料等。

这些看似不起眼的小事，实则对考生的心理干预起着十分重要的作用。一个经验交流持续的时间不是很长，但对于其他家长参照的意义却很大。

召开这种家长会，我们事前要注意家长交流内容的普适性，否则会因为孩子性格、家庭情况等具有差异性，导致其他家长借鉴时效果大打折扣。

三、"情感体验型"家长会

"情感体验型"家长会借鉴了团体心理辅导的形式，紧紧抓住了成功的家庭教育的核心——建立良好的亲子关系。这种形式的家长会往往以亲子活动为载体进行。班主任在会前可以根据班级中近阶段学生或家长反馈的家庭教育矛盾，设计一系列针对性较强的亲子活动，为家长和孩子搭建起亲子沟通交流的平台。这种家长会用情境体验的方式让家长感悟出教子良方，从一定程度上缓和以至于消弭家长与孩子之间的隔阂与矛盾。

比如，学生进入青春期后，学生和家长（尤其是陪读的妈妈）往往反映亲子关系不似从前那么和谐。针对这一问题，可以精心策划主题为"这才是我的好妈妈"的家长会。

比如，班主任在会前对班里的学生进行调查：最不喜欢妈妈的哪些行为？问卷结果统计发现，排在首位的是打牌，其次是懒散，最后是唠叨。根据这一调查结果，可以编排一个舞台短剧《坏妈妈·好妈妈》，呈现这样的场景：

第一幕：晚自习结束，校门口，同学们都已回家，小明在寒风中等妈妈接他回家，可小明的妈妈还在打牌。

第二幕：周末的早晨，小王作业已经做好，可妈妈还在睡觉，对孩子春游的请求置之不理。

第三幕：小林考试失利，沮丧地回到家中，妈妈不问青红皂白就不停地指责。

接下来，转换场景。

第一幕：晚自习下，妈妈给小明带了热饮，回到家，桌上摆着准备好的消夜。

第二幕：周末的早晨，妈妈起床后告诉小王快做作业，下午一家人去郊游。

第三幕：面对考试失利的小林，妈妈先是安慰，然后心平气和地一起分析原因。

活动的过程中，两组不同的场景让家长明白亲子关系维护与改善的细节方法。在这样情感共鸣的基础上，再向家长提出要求：陪伴、尊重、交流，这样可以有效改善亲子关系，让学生成长的环境更和谐。

这种模式的家长会的效果取决于班主任设计的活动能否触动家长与学生，优点是过程非常温馨，轻松活泼又不失严肃。对于处于青春期，亲子间矛盾较为突出的孩子，这种家长会往往可达到"润物细无声"的效果。

四、"认知澄清型"家长会

在学生的学习、成长过程中，有时对同一问题不同的家长可能会有不同的看法和选择，并且由于各方面原因，很多家长对自己的看法和选择也很犹疑。这时候，可以召开"认知澄清型"家长会，对相关问题进行解释与澄清。

这种模式的家长会通常围绕一个主题，以访谈、论坛等形式进行。会前，班主任应当对家长关于这一主题大致有哪几种看法作一定了解，在家长会上，可以先让这些观点表达和碰撞，然后再自己陈述或者请这一领域内的专业人士作澄清，让有疑惑的家长豁然开朗。

比如，高中阶段的学生在高一结束时要进行科目组选择，这对于很多家长和学生来说，可能难以决断。我们可以在了解本班同学选择倾向类型的基础上，让拟选不同选科组合的几位学生的家长进行交流，让他们畅谈这样选的原因，然后再对现行的高考方案、高考招生录取方式、专业组录取与各类选科的对应关系等方面作详细解读并就近年的数据进行分析，这样可以起到比较好的理念引领作用。

一般来说，这种形式的家长会最好采用讨论的方式，大家畅谈自己的认识和理解。但要取得理想的效果，不仅要消除家长的疏离感，使家长敞开心扉，畅所欲言，同时，班主任的教育理论素养、现场调控能力和家长表达观点的能力等均是关键因素。

以上四种家长会设计模式是我们在实践中摸索、总结出来的，当然，在具体工作中，针对不同的情形，可能还有其他的设计模式。

顾亚龙

江苏省姜堰第二中学教师，泰州市
特级班主任

不同类型学生的家校沟通应对策略

一、案例

对表现有问题的学生的家校沟通要有爱心和恒心。表现有问题的学生决不是不可雕的朽木，只要我们坚持正面教育，动之以情，晓之以理，循循善诱，耐心细致地做好说服教育和引导工作，打消他们的思想顾虑，帮助他们树立自尊心和自信心。举个例子，2017 年我接手高三（19）班，分班的第一天晚上我去宿舍查看情况，发现有个学生的蚊帐没挂好，我就很友好地提醒他，要他将蚊帐的底端放到凉席下面，这样可以避免蚊子钻进来。哪知道这位学生紧随即来了一句："老师，你能不能不理我？"当场我就愣在那里，气氛很尴尬，为了缓解这种气氛，我自嘲地说了一句"晚上蚊子多，要注意"，然后离开了。在后来的接触中我发现这个学生非常特殊，他在自己的身上写了很多字，身上还贴了几张字条。有一天晚上晚自习下课后，我故意和他同时下楼，装作很巧碰到的样子，问他最近学习怎么样，为什么会排斥老师。他的回答让我大惊失色："我想死，我对这个世界没有任何的留恋。"后来他又说了很多话，都是老子和庄子的经典言论和思想。我很震惊于他的学识，说实话我根本达不到这个层次。幸亏我是学哲学的，懂一些老庄的思想，于是尽可能和他谈些正面的东西。

我电话联系家长，了解孩子在家的情况。家长轻描淡写说了一些情况，都是说的孩子的各种好。过了大概一个星期，我邀请家长到学校来谈谈孩子的情况，第一次是妈妈来的，我们沟通得很好，但是没有找到问题的根源，或者说没有得到我想要的答案。又过了一段时间，我再次邀请家长来面谈，并且比较委婉地提出希望孩子的爸爸能来，但结果还是妈妈来的，说了一些感谢的话，对家里的情况还是一字不提，我隐隐觉得这个家庭可能有问题。既然家长指望不上，那就只能靠我自己了。在第一学期里，我不断地和他讨论甚至辩论。他的思想很极端，行为也很古怪。举个例子，他经常在额头上扎个忍者的带子，我就鼓励他说这种想法是好的，但是尽量把它放在心里，我们要学会拥有自己的隐私。在不知不觉中他开始接受我的思想，开始很少谈死，愿意跟我讨论，包括他暗恋班上的一个女生也跟我说，我在宿舍楼前和他谈了很长时间，终于使他决定把这些事隐藏在心里。后来他开始告诉我他家庭的情况，原来他的思想变化来源于特殊的家庭，这是之前的班主任都没有了解到的。在这期间，我经常跟家长电话沟通，一是表扬孩子在不断进步，二是希望家长经常来看看孩子，多关心关心孩子。家长开始满口答应我，但是我几乎没看到他们来过。后来，我把孩子的进步经常跟家长分享，我开始看到妈妈经常来看望他。

到了第二学期，我开始不断地表扬他，虽然他的成绩一直没有起色，但我一定不放过任何一次表扬他的机会。英语是他的强项，我经常利用班会课让他在全班讲他学习英语的心得，看得出来他很开心，每次都很精心地准备。再后来，他开始在各种场合说我的好处，说我是救世主的化身，是上天专门安排来拯救他的。我只是劝说他不要这么夸张，我们都是平常人。可喜的是他的学习积极性越来越高，成绩也开始不断进步，最后高考成绩只差一分就达到了一本分数线。他非常高兴，家长也非常兴奋。填报志愿的那天，一家三口非得要当面对我表示谢意。通过这件事，我更加坚信，表现有问题的学生是可以转化的，只是并不轻松。只要多沟通，多用心，正所谓精诚所至，金石为开。

二、策略

班主任是学生、学校、家长三者沟通的桥梁，是沟通的纽带。班主任起着关键性的作用。班主任最了解学生在校的学习情况，家长最关心学生的学习等在学校的情况，班主任要及时把学生在校的表现告诉家长，特别是需要家长配合的。同时，也要给家长布置落实一些事情，要家校联合，给学生的学习生活成长创造一个健康向上的环境。针对不同类型学生的家校沟通，我们该如何应对？

（一）提高专业素质

教师要提高自己的专业能力及修养素质，赢得家长的信任。第一，向书本学习，尤其是教育学和心理学，现在有心理问题的学生越来越多，如果我们不学习，可能连最起码的识别都成问题，更不要说如何帮助这些学生战胜困难，健康成长。所以，班主任应该要努力学习教育科学理论。学生既有共性也有个性，教师只有了解了学生不同于成人的心灵世界，了解每个孩子的特征，才能和他们融洽相处，引导他们成长进步。第二，向实践学习。理论所不能解决的疑难问题，实践将为你解决。实践中有许多老师，其中包括学生、同事等，虚心向实践中的老师学习，就能不断地成长、进步。第三，向名师学习。每门课都有自己的学科带头人或者专家，有机会就要多听听他们的课，又或者是请他们指导，每个人在自己的岗位上都会有自己的一片天空。

（二）帮助家长对自己的孩子建立正确的期望

帮助家长更全面、客观地看待孩子，不能仅凭一时一事就全面否定或肯定孩子。作为班主任，要正确引导家长不能戴着放大镜去看缺点，更不要动辄就言辞激烈地批评孩子。在老师、家长、学生一起沟通时，班主任一定要注意引导谈话的方向，提醒家长注意说话的语言、语气，不能把交流变成了"批斗会"。理性地同家长一起分析孩子现状，厘清造成这种状况的客观条件与主观条件，确定孩子的发展目标，帮助家长建立对孩子的正确期望。这就要求班主任能作好充分沟通的准备，要明确此次沟通的目的以及对本次沟通成功与否的期望值。特别是要对学生的情况作全面的了解。对班主任来说，可以通过咨询前任班主任、科任教师，和学生谈心等多种途径对学生的在校表现、兴趣爱好、习惯、优缺点等进行全方位了解。在交谈中，让家长感受到老师对孩子的重视，感受到老师的真情，从而达到事半功倍的效果。

（三）讲究沟通的艺术

讲究语言的艺术，要深入浅出，将大道理说小。学生来自不同家庭，每个家长的文化水平、素质、教养不同，这就要求教师必须讲究语言的艺术。首先，尊重家长是沟通的第一原则，要有尊重学生家长的意识，这也是老师基本素质的表现。要有较强的服务意识，与家长联系沟通时要有理性的意识，见面沟通时要先扬后抑，让家长的心理有一个适应过程。

1. 对于有教养的家长，尽可能将学生的表现如实向家长反映，主动请他们提出教育的措施，认真倾听他们的意见，充分肯定和采纳他们的合理化建议，并适时提出自己的看法，和学生家长一起，同心协力，共同做好对学生的教育工作。有些家长对学生的家庭教育其实是很有一套的。

2. 对于溺爱型的家长，交谈时，更应先肯定学生的长处，对学生的良好表现予以真挚的赞赏和表扬，然后再适时指出学生的不足。要充分尊重学生家长的感情，肯定家长热爱子女的正确性，使对方在心理上能接纳你的意见。同时，也要用恳切的语言指出溺爱对孩子成长的危害，耐心热情地帮助和说服家长采取正确的方式来教育子女，启发家长实事求是地反映学生的情况，千万不要袒护自己的子女，因溺爱而隐瞒子女的过错。

3. 对于放任不管型的家长，班主任要多报喜，少报忧，使学生家长认识到孩子的发展前途，激发家长对孩子的爱心与期望心理，改变对子女放任不管的态度，吸引他们主动参与对孩子的教育活动。同时，还要委婉地向家长指出放任不管对孩子的影响，使家长明白，孩子生长在一个缺乏爱心的家庭中是很痛苦的，从而增强家长对子女的关心程度，加强家长与子女间的感情，为学生的良好发展创造一个合适的环境。

4. 对于表现有问题的学生的家长，我们要让家长对自己的孩子充满信心。班主任最感头痛的是面对"表现有问题的学生"的家长。面对孩子可怜的分数，无话可说；面对家长失望的叹息，无言以对。对于"表现有问题的学生"，我们不能用成绩这一个标准来否定学生，要尽量发掘其闪光点，要让家长看到孩子的长处，看到孩子的进步，看到希望。对孩子的缺点，不能不说，但不要一次说得太多，不能言过其实，更不能说"这孩子很笨"这样的话。在说到学生的优点时要热情、有力度，而在说学生缺点时，语气要舒缓婉转，这样就会让家长感到对他的孩子充满信心。只有家长对自己的孩子有了信心，才会更主动地与老师交流，配合老师的工作。

5.对于气势汹汹的家长，我们要以理服人。碰到此类家长，最有效的做法就是面带微笑。班主任在面对家长的指责时，要克制自己的怨气；不要和家长争执，更不要挖苦讽刺学生而伤及家长，脸上要充满微笑，那么无论是在多么尴尬或困难的场合，都能轻易应对，赢得家长的好感，体现自己的宽容大度，从而消除误解和矛盾。

（四）要尽量了解家长

家长的组成非常复杂，其知识结构、职业类别、性格气质、修养程度等都有差异，没有哪一种教育方法是万能的，某种方法在这个家庭有效，但到另外一个家庭则可能不灵。班主任应对学生家庭进行调查分析，对家长的文化水平、职业状况、年龄、家教思想、家庭关系等做到心中有数。在与家长沟通的过程中，尽量做到有针对性和实效性。对于不同文化背景、不同情况的家长，要采取不同的谈话方法。和家长沟通要达成如下共识：在形成一种新习惯或摒弃一种旧习惯的过程中，必须注意在开始时具有尽可能强烈的和坚定的积极主动精神。要利用你所知道的一切手段来帮助孩子创造成功的开端，要抓住每一个可能的教育契机去实现预定的目标。

（五）充分采取便捷的家校沟通方式

家访是家校沟通中最传统的方式之一，它能让教师清晰地了解学生的生活环境、家庭教育环境等直观情况。但在现代信息社会中，还有以下方式可以综合运用。

第一，家长沙龙、家长座谈会、家长开放日。利用家长沙龙、家长座谈会、家长开放日等形式，可以指导家长了解一些必要的儿童心理学或教育心理学知识，或进行集中的家长心理辅导，或请专家对家长的一些共性问题进行疏导，指导家长们及时地和老师一起发现学生的心理问题，并恰当地予以解决。

第二，电话、网络（微信、QQ或电子信箱）等现代化手段。利用手机是最便捷、最有效的手段，可以随时针对学生的学习、生活和思想动态与家长进行交流，家校共同确定问题并决定有效的解决方式。另外，网络提供了极大的便捷，利用网络平台，建立网页，除经常联系、交流，老师还可以把需要家长辅导的知识点用电子邮件的方式发给家长。

第三，家校联系簿。教师把对学生的关注、鼓励、评价写在联络簿上，让家长了解"老师很关心孩子的成长与表现"，家长也可以在家校联系簿上反馈信息，这样家长也能及时地与教师进行沟通。

第四，亲子活动。亲子活动的开展有利于家长多方面地了解学生在校的学习生活情况，同时，也可以促进家长之间的交流沟通，建立家长间的友好关系，对于发挥家委会的作用也能起到积极的作用。

总之，对不同类型的家长要用不同的方法，多听取家长的观点。家校合作是为了让孩子更好地学习，以学生为出发点，利弊分析得当，一般沟通都比较顺畅。

专家
点评

魏本亚
江苏师范大学文学院教授，语文教学专家

点评

任何人的成长都离不开家庭、学校、社会三个方面，三者是有机的整体，缺失任何一方，教育都是不完整的。一位学生在接受学校教育时，会遇到各种各样的问题，教师要解决这些现实问题，就需要与家长及时沟通。但是，面对复杂的社会环境，家校沟通却出现了问题，有时会出现紧张，甚至会出现不该有的舆情，给教师、给学校、给教育带来不应有的伤害。如何有效地与家长进行沟通，这里面既有沟通的技术，也有沟通的艺术。

泰州的三位教师都是特级班主任，都是学生信赖的优秀班主任。他们热爱教育，在家校沟通方面创造了许多有价值的经验。泰兴市襟江小学教育集团吕晓丹老师提出要懂得学生、懂得家长，既要坚持原则又要灵活机智与家长沟通，不能被一些家长带节奏。江苏省姜堰第二中学顾亚龙老师在自己的班主任工作中遇到过多种类型的家长，顾老师总结出五种类型，每一种类型的家长特点不同，就需要教师采取不同的沟通方式。邹道进老师创造性地建构了四种家长会类型："教育会诊型"家长会、"智慧分享型"家长会、"情感体验型"家长会、"认知澄清型"家长会；针对学生的不同问题，召开不同的家长会，针对孩子的成长进行细致协商，化解了许多矛盾，收到了很好的效果。三位特级班主任善于总结、善于思考，家校沟通就变得简单易行。

那么，家校沟通应该坚持哪些基本原则呢?

第一，尊重原则。教师与学生、教师与家长都是平等的个体，彼此之间应该保持基本的尊重。中国有尊师重教的传统，虽然师道尊严这个观念遭到质疑，但是教师的地位还是崇高的，老百姓心目中对老师还是心有敬畏的。这个敬畏的基础是，教师爱岗敬业、善待学生、善于传道授业解惑。教师是正义的化身，家长希望教师主持公平正义。因此，教师要尊重所有学生、家长，不带私心杂念。不能因为家长是领导、是有钱人、是熟人就厚此薄彼。尊重是家校协商的基础。

第二，学生发展原则。所谓学生发展的原则，就是借助沟通促进学生健康发展的原则。教师希望学生发展得好，家长也希望自己的孩子发展得好，这个目标是一致的。学生情商、智商有差异，这是事实，但是不能就此对学生妄下定论。因为学生处于成长期，会遇到各种问题，会有变化，所以我们要静待花开。教育家胡瑗曾经遇到过一位南海商人的孩子，家中有钱，自己不思进取，沉迷于吃喝玩乐。胡瑗给了他一部《心经》，这个孩子读后大悟，成为一名优秀的人才。每个学生都有自己的长处，我们要放大学生的长处，寻找学生发展的潜力。

第三，问题解决原则。教学过程中，教师、学生、家长都会遇到各种问题，协商的目的是解决问题，不是激化矛盾，这就是我们要坚守的底线。老师们都对问题学生感到头痛，他们不好管理，你说，他们不听，专门与你对着干。于漪老师就遇到过这样的学生，这位学生上课不听课，经常逃学、经常打架，家长也管不了。于漪老师就派两位学生陪她上下学，一段时间之后，这位学生就不好意思了，因为被陪这件事很丢人。有了羞耻之心，这位学生就逐渐转变了自己。这就是于漪的救治之道，她用爱去唤醒，问题就解决了。我们只要坚持认为每一位学生都有成长的可能，就可以与家长一起解决学生成长的问题。

第四，描绘蓝图原则。每个学生都曾经有过自己的理想，有的学生经历了一次次失败之后，对自己失去了信心，就破罐子破摔。作为教师，要分析学生、分析家长，找到问题的原因所在。对学生，要点燃他们成长的欲望；对家长，要点燃他们对孩子发展的欲望。学生和家长只有对未来有希望，才能有动力。这需要教师和家长去协商、去勾画。

秉持这些原则之后，教师还需要掌握一些沟通的方法。

1. **换位思考的方法。**当我们遇到学生出现问题时，我们老师都会想去解决它，但是解决要讲究方法。当我们要解决这个问题时，就要预设一下解决问题的路径。有的老师直接批评家长不管孩子，结果是矛盾激化；有的老师换位思考，把学生当作自己的孩子，从家长的角度与家长沟通，沟通就变得容易。20 世纪 80 年代，我曾经遇到过一个特殊的家长，这位家长是一位领导，孩子在学校经常出问题（迟到、玩游戏、不做作业等），家长很没有面子，也不愿意与班主任沟通。我要让家长知道班主任很关心这个学生，希望家长能够配合。我就采取写信沟通的方式，每周向家长汇报一次这位学生的情况，比如有哪些优点、哪些进步，还有哪些不足，希望家长能够配合学校做好哪几件工作。我一次次汇报、沟通，一共写了 8 封信，终于打动了家长，家长主动到学校与我面谈，以后的沟通就变得简单易行。

2. **学会倾听的方法。**学生出现问题，原因是多方面的。我们看到的是表象，深层次原因是什么，我们有时并不清楚，学生的家长可能更了解。学生在家里不听家长的话，家长很苦恼，束手无策，有时就想向老师倾诉，寻求解决之道。这个时候，我们就要有耐心，耐心地倾听，让家长把内心的苦水倒出来，一吐为快。我曾经遇到过一位在工厂上班的家长，每天起早贪黑地上班、加班，没有时间过问孩子的事情。我好不容易把她找到学校，她就大谈自己的困难：离婚了，单亲家庭，工作压力大，没有时间管孩子。我耐心地听，听她把苦水倒完了，我再与她一起讨论解决的方法，我介绍一些行之有效的方法，诸如倾听孩子心声，不以学习成绩压孩子，给孩子自主发展的空间，主动与孩子交心等。让家长把班主任当作自己的亲人、自己最好的朋友。如此，家校沟通就不会有障碍了。

3. **鞭辟入里的方法。**我们与家长沟通，都不可避免地要讨论问题、解决问题，教师要事先针对问题作出细致分析。问题出来了，原因在哪儿？是学生的问题，家长的问题，还是学校的问题，实事求是，不推诿。因为大多数学生的家长是讲道理的，所以这种沟通是有效的。我曾经遇到过一位家长，周末给孩子安排了很多学习任务，学生压力大，上课时精神恍惚。我找到家长，一起讨论这个问题。家长强调本意是好的，没想到会这样。我与他讲，家长对待孩子都是好心，没有恶意，只是我们的一些做法没有与孩子商量，孩子只是表面屈从，内心却是反对的，又不敢表达出来，久而久之就会出问题。明白这个道理之后，家长主动减少孩子的学习任务，让孩子轻装上阵。

4.宽严有度的方法。学生都希望教师公平、一视同仁，这是对教师的渴求，教师也需要努力这样做。但是在对待具体的学生时，我们又要适度从宽。学生犯错误都是正常的，我们不能因为学生有错误就看不起他、就冷落他。我曾经遇到过一位学生，她偷吃了同学的中饭，同学把她告到政教处，学校要处分她。我了解情况后，提出了我的意见。在那个物质贫乏的年代，这位学生父母不在家，她早饭就没吃，上午大课间看到同学带的中饭，就忍不住偷吃了。偷东西肯定不对，但是这位学生并不是惯犯，而是一时冲动。我向学校提出由我来做担保，暂不处分，但是学生要作出深刻检讨。我把家长请来，一起协商解决这件事情，家长首先作了深刻检讨，只顾自己工作，忽视了孩子。家长承诺一定管理好自己的孩子。以后，这位学生再没有出现偷东西的现象。

5.树立典型的方法。尺有所短，寸有所长，每位学生都有优点、都有不足，我们要放大学生的优点，促进学生成长。一位班主任在学期末开展了一项活动，要求家长写一个作文"夸夸我们的孩子"，要讲故事讲事实，班主任把家长的故事放在班级展示。这次家校沟通就取得了超乎预期的效果，家长看到了孩子身上的优点，孩子得到了家长的认可，孩子的优点又在班级得到了传播。家长感到面子上有光，孩子感到受到了尊重，典型经验得到了传播，典型的意义得到了认可。

家校沟通是一门艺术，需要我们老师去研究、去思考、去谋划。作为教师，我们需要坚守沟通的底线是为了学生的发展，家庭、社会、学校是学生教育的三根支柱，缺一不可。只有三者形成合力，学校的教育才会有动力。

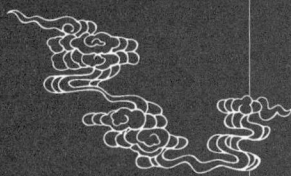

名著导读

卢素芳

靖江市第一实验幼儿园教育集团原园长，正高级教师，江苏省特级教师

教在今天，想在明天

——读于漪《岁月如歌》有感

2019 年 9 月 17 日，国家主席习近平签署主席令，授予于漪老师"人民教育家"的国家荣誉称号。她是基础教育界的唯一代表，今年已是 93 岁的耄耋老人，有着近 70 年的教学生涯，至今依然活跃在语文教学改革的第一线。从一名普通教师成长为共和国的人民教育家，究竟是什么样的原动力推动于老师勇攀教育的"珠穆朗玛峰"？带着这样的好奇与疑问，我开始拜读于漪老师的自传《岁月如歌》。

在这部 2007 年 8 月出版、2021 年 4 月第 23 次重印的自传中，于老师以朴实平和的语言娓娓讲述了家庭中父亲去世的重大变故，镇江中学求学的艰辛与欢乐，工作中遭遇重大疾病的磨难，转行教历史、再转行教语文的困难转折，对办师范院校的深度思考与创新实践等故事。书中有她对语文学科性质和语文教学规律的思考与认识，更有她对教育教学探索的真知灼见。在于老师身上，我看到了一种大写的流光溢彩的教育人生。

随着阅读更加深入，我对于老师的教育观、教师观和学生观有了进一步的了解。书中很多细节、很多箴言让我情不自禁地反复揣摩、反复朗读、反复品味。在沉浸式阅读过程中，支持于老师成长发展的强大精神力量也呼之欲出。

从教以来，"树中华教师魂，立民族教育根"就是于老师高度自觉的使命与信仰。她经常说："教育是为未来培养人才，我一个肩膀挑着学生的现在，一个肩膀挑着祖国的未来。因为今天的教育质量就是明天的国民素质，所以我不敢有丝毫懈怠。""基础教育做的是地底下的工作，打做人的基础，没有什么惊人之笔，但是它关系到国家的千秋万代。"正是基于这样的教育信仰，基于对基础教育清醒的认识，于老师不管是做老师，还是办师范学校，都会时刻牢记八个字"教在今天，想在明天"。

于老师总是把自己的前途、命运与国家的前途、命运和老百姓的前途、命运紧密地联系在一起，这样的爱国情怀和民族精神成了一种渗透在她的血液里、主宰她灵魂的信仰。于老师说："休戚与共、血肉相连时，你就可以站得高看得远，你就能够从平凡工作中洞悉不平凡的意义和价值。"师者的根在祖国，师者的魂在民族，这是于老师成长发展的内驱力，也是她带给我们的最重要的启示。

一、"教在今天，想在明天"，需要具备娴熟的教学艺术和高尚的师德境界

"教"是今天的任务，"不教"是明天的目标。今天的"教"要达到明天"不教"的目的，也就是学生能自学，能独立工作。而自学能力的培养非一朝一夕，只有"教"得得法，才能达到"不教"的目的。

为了教得得法，于老师常常花 10 个小时、20 个小时，乃至更多的时间备好一节课。她说："每堂课要有每堂课的收获，如果学生无所得，时间如流水般逝去，那无疑是谋害他们的青春，罪责难逃。"她给自己立了个规矩：备课必须一丝不苟。每备一篇课文，总要查清时代背景，厘清作者思路，反复推敲词句，毫不含糊。她下的功夫中，苦读苦练，天天"明灯伴我过午夜"的板凳功固然令人敬佩，但她的田野功，特别是反思功更为可贵。从教历史改行教语文时，于老师第一年撇开一切"教参"逐字逐句写教案，第二年搜罗所有"教参"改教案，第

三年整合新的体验再度重写教案，改行三年就成了语文骨干教师。她就是这样无休止地进行自我挑战，将教学工作作为一个语文教育的行动研究过程，一辈子都行走在丰富学识和锻造人格的道路上。

在自己的儿子身患败血症，多次病危，需要母亲照顾时，她深刻认识到：师生之爱超越亲子之爱，它虽无血缘关系，但它被寄予着祖国的期望、人民的嘱托。作为老师要像爱自己的孩子一样，尽心尽力培养他们成长。在儿子重病期间，于老师总是晚上去照顾，早上即使儿子再哭闹，想到班上的学生她还是狠心离开。爱和责任是铸造韧劲的源泉。从教期间，于老师除了自己生病住院，没有脱过一节课，请过一次假，她说：学生身上的事都是我教师心上的事，学习上、生活上、身体健康上，为他们排忧解难，不仅是我的责任，而且是我的快乐。

于老师的这些故事告诉我们：宝剑锋从磨砺出，梅花香自苦寒来。真正优秀的老师是经过勤学苦练，刻苦钻研出来的，是在不断净化情感、修炼师德的过程中成长起来的。

作为幼儿园的老师，我们也要像于老师那样"一辈子学做教师"，勤于学习，勇于实践，将"回顾和反思"作为必修的功课之一，经常反躬自问：今天我们要为孩子作好哪些方面的准备，才能让他们能够快速适应明天的小学生活？今天我们要培养孩子哪些方面的能力，才能促进他们明天的可持续发展，为他们的终身发展奠基？幼儿园的教育原则、教学方法，我们是否知其然，更知其所以然？我们是否"把孩子身上事都当作了自己心上事？"……这些来自心灵深处的叩问，甚至是来自灵魂的拷问，能够帮助我们坚定教育信念，坚守责任使命，成为专业上敏思好学、教学上精益求精的好老师。

二、"教在今天，想在明天"，需要具备清醒的社会认知和自觉的创新精神

面对日新月异、发展迅猛的时代，于老师认为，一个优秀的教师身上应该要有时代的年轮，只有把握时代的脉搏，了解时代的需要，熟知专业的发展，教学时才能立足于时代的高度和专业的高度。

经过广泛调查、深入分析，她推断现在这种知识经济社会是以知识的生产、交换、分配、使用和消费为特点，要求教育为人的发展提供四个支柱：一是学会学习，因为任何一名好的老师都不可能在课堂上把学生日后所需要的知识本领全部教给他们，教会他们怎么阅读、怎么分析、怎么辨别，他们就可以一辈子受用。二是学会做事，能独立思考，有首创精神。三是学会共同参与，她认为现在不是小生产的时代，许多发明创造都是跨学科乃至跨行业的成果，因此要培养学生的参与精神、合作精神。四是学会生存，学会发展。

理念决定行为。于老师针对当时"一种模式、一刀切"的教育现状，针对当时"三多三少"的思想观念（"眼前的学生看得多，将来建设者的要求考虑得少；知识看得多，能力看得少；分数看得多，实际才干看得不够"）等问题，她带头更新教育理念，主动进行课堂教学改革，倡导将"胸中有书、目中有人"的观念作为指导一切教育教学工作的指针。她说："'教'无法代替学生'学'，学生才是学习语文的主人。教师心目中没有学生就没有学习，也就没有教学。"20世纪80年代开始，于老师关于课程改革的公开课就上了近2000节。同时她还在不同场合、不同杂志上发表自己的观点文章，如《既教文，又教人》《弘扬人文、改革弊端》《准确而完整地认识语文学科的性质》等。近70年来，于老师已经出版41部专著，发表了250多篇文章、400多万字的研究成果。其中"无恒的课堂教学模式""立体化施教、全方位育人"等教学理论影响深远，为推动全国基础教育改革发展作出了突出贡献。

于老师育人是一代师表，教改是一面旗帜。她的成长经历告诉我们：真正优秀的老师是有思想、有智慧的，他们紧跟时代步伐，剖析教育现状，勇于改革创新，自我超越，永不满足。如果我们也像于老师那样，能够直面时代对教育提出的新要求、新挑战，乐于接受来自各方面的信息，不断更新教育理念，潜心教学改革，坚持立德树人，我们也能成为新时代的改革先锋。

三、"教在今天，想在明天"，需要具备前瞻的办学理念和明晰的实践路径

20世纪80年代中期，于老师做了上海第二师范学校的校长。她反复思量：

一代小学教师的素质关系到亿万少年儿童心灵的塑造，每一个学生的背后，都有着浩浩荡荡的可爱的少年儿童，绝不能搞短期行为。她在纵向思考、横向借鉴的基础上，明确提出了办学的三个制高点：站在时代的制高点上、战略的制高点上以及与基础教育先进国家竞争的制高点上。为此，她把办学压力变为一种生命张力，以敞亮的胸怀、无限的热忱迎接挑战。

首先，于老师树立育人的大目标。她认为学校最大的事就是一个心眼为学生，为学生今日的健康成长，为明日成为合格的、优秀的小学教师做准备，因此一丝一毫也不能马虎。当时，上海二师内部乱哄哄的，风气不正，纪律松散。而要创建良好的校风、教风和学风，校长就要"敢"字当头。上任之初，她就不顾恐吓和威胁，建立了明确的规章制度：一是恢复坐班制，每名教职工必须准时上下班；二是学校工作没有不可告人的秘密，都可以拿到桌面上说清楚。具体问题再一个个解决。

其次，树立精神支柱。她说：师范生是未来教师。明日教师，今日做起，因此，两代师表要一起抓。她将"一身正气，为人师表"作为全校师生的座右铭，建立了一系列的师德行为规范：学有学规，食有食规，宿有宿规，考有考规，会议有会规，实验有实验规则，劳动有劳动规则。要求每个学生都做到堂堂正正、光明正大。对有损老师形象、有损师德的言行开展批评与自我批评，防微杜渐，禁于未然。

再次，聚焦在学生的培养上，努力做到教书育人、管理育人、服务育人、环境育人。比如，为了解决学生"娇弱、怕脏怕累"等问题，学校既抓早操的规范，又抓劳动锻炼的安排。早操集合做到"快、静、齐"，进出场要精神抖擞、步伐整齐，达到开运动会的水平，精神萎靡不振、马马虎虎的班级就不要做，由此培养学生的敏捷性和集体观念。宿舍管理也是如此，学生自己打扫，内务整洁；还要参加植草、植树、栽花、施肥等校园劳动。由于理念前瞻、管理到位，三年不到，上海二师就被评为全国师范教育先进单位。

为了培养优秀的明日之师，于老师大刀阔斧忙改革，敢抓敢管立正风。我们园长也要向于老师学习这种治校方略。首先要"敢想敢做"，在改革开放的时代背景下，真正的学校应当是积极思考的王国，明日之师到底是什么样子的？明日之园应该走什么样的路？呈现什么样的质态？需要园长们既要有历史的眼光，又要能捕捉时代的信息，遵循教育规律，集聚群体智慧，创造出理想的新幼儿园样态。其次要"敢抓敢管"，幼儿园不是真空地带，金钱拜物、享乐思想、工作懈怠等现象在许多园里屡见不鲜。正所谓"一枝动百枝摇""不患寡而患不均"，园长遇到问题不能和稀泥、做好人，涉及师德师风等原则问题必须旗帜鲜明、毫不含糊地拒绝，涉及理念更新、课程改革等问题需要思想引领、正面引导。只有这样，才能培养出"有理想信念、有道德情操、有扎实学识、有仁爱之心"的"四有"好教师，办出"站得高、看得远、立得住、走得稳"的好学校。

老师们，朋友们，人们常说"教师是蜡烛，燃烧自己，照亮别人"，从于老师身上我们可以清晰地感受到她"一身圣洁，通身光明"。让我们追寻着这道亮光，坚定不移地行走在"为了明日而教"的大道上。

吉桂凤

泰州市海陵区教师发展中心研训员，
正高级教师，江苏省特级教师

做一辈子教师　一辈子学做教师

——《岁月如歌》导读

30年前，我第一次见到于漪老师，聆听她的报告。也正是从那时起，于老师成为我从教生涯中永远学习和追赶的标杆。"做一辈子教师，一辈子学做教师"，也成了我的座右铭。

今年寒假期间，再次认真拜读了于老师的著作《岁月如歌》。于老师1951年22岁从复旦大学毕业，至2007年出版本书时，已在教育一线坚守了56年。书中一个个亲历的故事，一件件感人的事例，其高尚的人格、严谨的学风、高度的责任心和对学生满腔的热情，深深地打动了我。

阅读了《岁月如歌》，我深切感受到，于老师是一位情怀有深度、教改有高度、影响有广度的新时代大先生，是我们所有教师学习的楷模。

第一部分 情怀有深度

生活是信仰的重要源泉。岁月如歌，往事依依。1929年出生的于漪早年饱受艰辛。国家被侵略遭灾难，童年快乐美好的生活被炮火打得烟消云散。社会现实的教育历历在目，难以忘怀。爱党爱国，为民族振兴而不懈奋斗，已成为他们这一代人浸染在血脉里的精神基因。

炮火连天中，于老师辗转于江苏教育学院附属师范学校、江苏省立淮阴中学、镇江中学、复旦大学。在此期间，初中国文黄老师的爱国情怀，高中数学毛老师严谨的做人风范，复旦大学方令孺、周予同、曹孚等"大先生"的言传身教，为于老师树立起一个个求学、做人、教书的标杆，激发了她的人生使命和教育信仰。

从书中，我们发现，"教文育人"是于老师语文教育思想的核心，是她一辈子在讲台上用生命歌唱的目标。而这正是源于于老师伟大的民族情怀，源于其对"心中有学生，眼中有课堂"的坚守。于老师主张把语文的工具性和人文性有机地统一起来，教学既要提高学生的读写听说能力和思维能力，又要使学生具有美好的道德情操和文学、美学、文化的素养，通过"教文"达到"育人"这一根本目的，并推动"人文性"被写入教育部2003年颁布的《普通高中语文课程标准（实验）》之中。

正如于老师在书中所言，她很喜欢宋代理学家张载的名言："为天地立心，为生民立命，为往圣继绝学，为万世开太平。"因为它深刻地道出人生的意义和价值，就在于坚贞不渝地为祖国、为民族奉献自己的一切。今天我们学习于老师，就是要学习她做个有魂有根的人。而这，正是以于老师为代表的广大人民教师，始终默默坚守的核心价值和生命坐标，也是我们所有教育工作者落实习近平总书记"为学、为师、为人"要求的理想与追求。

第二部分 教改有高度

师以教为本。教育部原副部长柳斌曾评价于漪老师"育人是一代师表，教改是一面旗帜"。于老师并非语文专业出身的中学语文特级教师，终其一生，都在进行教改与课改的不懈探索。在书中，于老师这样写道："课不能只教在课堂上，停留在课本上，课要教到学生身上、学生心中，使其萌芽、开花、结果，才能成为他们良好素质的基因。"

　　基于这样的教改目标，她的课堂教学从来没有一成不变的固定模式，而是教无定法，学无定式，变化多姿，灵活多样，形成了"无恒的课堂教学模式"。这种模式基于对语文教学多功能的认识，组成了一种立体化的课堂结构。这种无恒的课堂教学模式，其独特的重情趣、寓美育的教学方法使得她的学生们具有思维敏捷、思想活跃、视野开阔、知识广泛、能力较强的特点。从课堂教学改革起步，于老师先后撰写了数百万字教育著述，许多重要观点被教育部门采纳，为推动全国基础教育改革发展作出了突出贡献。

　　于老师从教以来，始终坚持自我超越，始终站在教育改革的最前沿不断创新。她毕业于复旦大学教育系，开始担任中学历史教师，后因工作需要又改教语文。教育系所学的课程，与教历史和语文都有很大的距离，都需要从头学起，特别是教语文，所学非所用，困难就更大。于老师以常人难以想象的毅力，以火一般的热情，以勇往直前的气魄，以过人的智慧和胆识，从开始教学时的词不达意，到"用语言粘住学生"；从开始时"语文教学的大门在哪里"都不知道，到成为语文教学的行家里手，成为全国第一批语文特级教师……她以亲身体验告诉我们"读书乐无穷"，告诉我们"学然后知不足，教然后知困"，用她"一辈子学做教师"的经历告诉了我们"终身学习"应是我们教师执着、笃定的态度。

　　就拿我来说，我从教 31 年，先执教语文，1999 年服从学校安排转岗教英语后，只有初中英语水平的我又踏上了英语学习的征程。我始终遵循于老师的教导，"做一辈子教师，一辈子学做教师"，努力学习，不断提升，完成了第二学历英语大专和英语本科的学习，通过了英语四级考试。同时，努力探索着英语的有效教学之路，从一开始的读读讲讲、照本宣科到在学中用、用中学，再到英语语篇整体教学、单元整体教学、思维导图的应用等简约有效的英语教学模式，通过阅读和学习逐渐明晰并形成自己的教学风格，在省内外产生了一定的影响，成长为特级教师、正高级教师、教育部新时代名师培养对象。

　　所以，我认为于老师的成长经历说明，好教师不是天生的，好教师也不是评出来的。真正的好教师是勤学出来的、苦练出来的，是在学生的眼光里成长起来的。只要"一辈子学做教师"，根据习近平总书记的期望立德修身、潜心治学、开拓创新、自我超越，我们每一个人都会成长为合格、优秀的人民教师，当好学生成长的引路人。

第三部分 影响有广度

于漪老师 1978 年被评为全国首批特级教师，曾任全国语言学会理事、全国中学语文教学研究会副会长。

在中国当代语文教育史上，于漪老师 1978 年提出的"教文育人"和 1996 年倡导的"弘扬人文"的主张，都在语文教育思想发展史上产生重要影响。面对 21 世纪信息革命的时代，于漪老师"教文育人"的思想为语文教育提出了一条发展新路。她的"弘扬人文"的主张，引发了全国范围的对语文性质观的反思，丰富和完善了"教文育人"的思想，又促进了语文学科从"应试教育"向"素质教育"转变。她的语文教学改革成果，作为一面鲜明的旗帜，在全国产生了重大影响，为推动全国基础教育改革、发展作出了杰出的贡献。

于漪老师密切关注着中国教育的变化与发展，倾力写下几百万字著作，目前已出版的著作有 41 本，公开发表的论文 200 多篇。特别令我敬佩的是，她在 90 周岁高龄还亲自编订出版了《点亮生命灯火》，从基础教育思想与理念、语文学科思想与理念、课堂教学实践与思考、教师自我修炼与发展等几方面，选入了不同时期有代表性的文章，集中展现了她从教 60 多年来探索教育规律、探求语文教学"教文育人"规律以及不断自我修习成长的历程。退休后她还逐字逐句审阅了从小学到高中 12 个年级的上海语文教材和教参。

尽管取得了如此高的成就，但于漪老师却总说，自己"做了一辈子教师，一辈子在学做教师"。

第四部分 做新时代的大先生

"一辈子学做教师"，是于老师对自己教育生涯的注解，这样的教育情怀值得每个教育工作者敬佩与学习，更是对我们后辈的激励。

于老师任教数十年，她是"育人一代师表，教改一面旗帜"，是"中国特级教师群体的优秀代表，当代语文教育界具有鲜明学术个性和广泛影响的标志性人物之一"，竟然"一辈子学做教师"，"总对学生心怀愧疚"。她是为学、为师、为人的典范，是新时代的大先生，是我们所有教师的楷模。

2023年全国教育工作会议提出，"要把开展读书活动作为一件大事来抓，引导学生爱读书、读好书、善读书"。读书使人增才、益智、明理。要引导学生爱读书、读好书、善读书，作为教师的我们更要喜欢读书，只有善读书的教师才能教出爱读书的学生。于老师提出，教学要立足于时代的高度、专业的高度、育人的高度。这就需要我们经常读书，不断学习。我们要把读书当作良性生活方式，成为"读书种子"。习近平总书记提出的"四有好老师"的第三好就是"有扎实学识"。只有坚持不懈阅读，才能积累"扎实学识"。

老师们，朋友们，让我们以于漪老师为榜样，传承她浓厚的家国情怀和坚贞的职业追求，坚持阅读、提升学识，教书育人、立德树人，努力做新时代的大先生。谢谢！

潘霞

江苏省泰州中学附属初级中学校
长，中学高级教师

用崇高人格谱写激荡人心的生命之歌

——读《岁月如歌》有感

　　提起于漪老师，首先想到的是苏教版课本上的一篇精美散文《往事依依》。在这篇回忆性散文中，于漪老师以优美而细腻的笔触，回忆了自己少年时代如诗如画的读书求学生活。2008 年 10 月，我参加洪宗礼语文教育思想研讨会，有幸聆听到于漪老师的报告。其时，于漪老师已近 80 高龄，她面容清瘦，思维清晰，谈及语文教育总能娓娓道来、一语中的，使人有拨云见日之感。

　　2007 年 8 月，于漪老师回顾自己求学和从教的经历，总结了自己不断学习、深入思考、勇于实践的岁月人生，完成了自传体专著《岁月如歌》。作品出版后，受到广大教师的欢迎，我们学校将此书作为培训新教师的范本。捧读《岁月如歌》，一字一字寻觅，一行一行思索，一次一次感悟，于漪老师在岁月沉浮中始终初心不改，锐意求索，用崇高的人格谱写了一曲激荡人心的生命之歌。

"一切为民族"

　　品读《岁月如歌》，让我铭记于心的是于漪老师"一切为民族"的崇高信念。

她说，人之所以为人，成为一个对国家、对民族有用的人，就在于他有"魂"，有指导自己思想言行的"魂"。这个"魂"，就是做人的信念。于漪老师的信念是什么？用她自己的话说，就是甘愿当一辈子合格的中学教师，为中华民族素质的提高默默无闻地奉献一辈子。这颗信念的种子在于漪老师求学时期就已萌芽、生根。寡母"坚持立身""讲究德行"的谆谆教诲，日本侵略者长驱直入给中华民族和家庭生活造成的深重灾难，老师"求学为什么？从愚昧走向文明，就要立志为解救苦难的民族于水深火热之中"的慷慨激昂的话语，母校镇江中学"一切为民族"校训的耳濡目染，深深烙印在于漪老师心中，铸造了她师魂的基因。

为了这一份崇高信念，于漪老师用一辈子默默坚守，潜心探索，躬行践履。于漪老师大学里学的是教育专业，走上工作岗位后，先教的是历史，后来改教语文，可谓是"半路出家"。初教语文，冲劲十足，感觉良好，可是教研组组长听课后对她说，语文教学你还没有入门。面对严厉的当头棒喝，她没有一蹶不振，而是用两年左右时间，专心研读教材，灯火相伴至半夜，"漂白了四壁"。为备好一节课，她要花上十多个小时甚至更多的时间。"文革"动荡中饱受非人折磨，她咬紧牙关，倔强挺立，坚持教书育人，为事业添一份份新绿。改革开放的春风消融了教育界的坚冰，她勇立潮头，积极履行党和人民赋予她的各项使命。她到"老少边穷"地区讲学，外出发达城市交流，从不计较什么"专家待遇"，她如通体透亮的红烛一样，不断散发着光和热，也在人们的心中播下崇高精神的种子。

作家丁玲说："人，只要有一种信念，有所追求，什么苦都能忍受，什么环境也都能适应。"年轻教师走上工作岗位，会遇到一个个关隘，如果不能牢守"为国育英才"的信念，没有一股愈挫愈勇的英雄之气，是很难攻坚克难，实现人生目标的。牢记使命，以苦为乐，坚忍不拔，抵御诱惑，才能镌刻自己高尚的灵魂，打造自己闪亮的人生。我们中学教师，尤其是青年教师要在育人中育己，以于漪老师为镜，努力成为有"魂"的大写的人，大写的人民教师。

"师爱超越亲子之爱"

品读《岁月如歌》，让我肃然起敬的是于漪老师"师爱超越亲子之爱"的大情怀。教育是爱的事业，没有爱就没有教育。在于漪老师的心中，每一个孩子都有自己的独特性，都寄托着祖国的期望，每一个孩子的生命都值得关心，值得爱护。于漪老师说："师爱超越亲子之爱，友人之爱。"她是这样说，也是这样做的。于漪的孩子自幼体弱多病，十岁那年，孩子患败血症，天天高烧，她夜里陪着孩子，早晨离开时，孩子总哭着不让她走。那时，于漪老师正好教高三毕业班，她经过激烈的思想斗争后，还是咬咬牙返回学校上课。于漪老师的无私付出，终于结出累累硕果。她曾带教过底子薄弱的两个毕业班，毕业时学生们竟然100%考取了大学。在多年的教育生涯中，于漪老师除了自己生病，没有为家里的私事脱过一节课，请过一次假。她以自己的行动展现了师爱超越亲子之爱的大胸怀、大气度。

于漪老师的师爱品格是不论贵贱贤愚的"有教无类"。"文革"中，于漪老师多次带乱的年级、乱的班级，她把每个孩子视为自己的宝贝，不断拷问自己"对孩子的感情与责任"。她曾把一个小偷小摸、抽烟打群架的孩子带到自己家中，和自己的孩子一起吃住，一起玩耍。真诚的付出，耐心的指导，终于感化了学生，创造了"铁树开花"的奇迹。

记得我刚走上班主任工作岗位的时候，有一天，班上一名学生突然没有到校上课，我晚上打着手电去家访。家访中得知，学生家庭贫困，家长想早点让孩子回家帮忙种地。加上他家没有通电，孩子晚上读书都是用蜡烛照明，学习时间久了，眼睛有些近视，家长担心近视会影响日后的农活、生活，所以不愿让孩子再到校学习。我多次上门劝说，给家长讲学习改变命运的道理，指导孩子养成健康用眼的习惯。孩子回班后，我赶紧为他调整了座位。后来，孩子顺利考取了中专学校，工作后，事业也有了顺利发展。任何一个孩子，不管家境是否优越，都承载着家庭的希望。我们的每一点付出，都是珍贵的，因为它包含着无限可能，蕴含着巨大价值，既"通向了个人的教育梦，也通向一个更大的中国梦"。

今天，我们学习于漪老师的仁爱精神，就要耐下性子，多一份宽容，多一份理解，对所有孩子一视同仁，自觉抵制不良社会风气的侵蚀。目前泰州教育非常重视青少年生命健康工作，我们省泰中附中正全面开展家访活动，深入学生家庭，"幼吾幼以及人之幼"，关心每个孩子的学业进步、身心健康和个性发展，让每一个生命都能美好生长。

"我也是学生"

品读《岁月如歌》，让我终身受益的是于漪老师"我也是学生"的清醒与谦逊。于漪老师的教学建树是有数字可证的，在语文教学原野上70年的耕耘，近2000节的公开课，500多万字的《于漪全集》——当然，这还只是于漪老师著作等身中的一部分。没有深厚的学养功底与理论创立的勇气，取得这些成果是难以想象的。

20世纪80年代中后期，语文教育"工具化"引导下的技术化教学愈演愈烈，于漪及时提出弘扬人文、改革弊端的主张，旗帜鲜明地提出了语言不但有鲜明的工具属性，而且有鲜明的人文属性。最终，这一思考成为共识，体现在2001年印发的教育部《全日制义务教育语文课程标准（实验稿）》中。由此出发，于漪老师又提出了语文教育的目标就在于"教文育人"，并从课堂教学入手，逐步构建了完整而系统的语文教育理论大厦。

于漪老师的理论建树来自她数十年如一日勤学不辍，驰而不息。于漪老师阅读广泛，从中外优秀小说到戏剧作品等"闲书"，从古代诗文到中外思想哲学经典，均有所涉猎。研读辛弃疾、杜甫、陶渊明等大家作品，她自感"真正增加了见识，提高了思想认识"。20世纪80年代，于漪侧重阅读了语言学、文化语言学等人文科学方面的书籍，这些都为她探索语文教学之道奠定了坚实的地基。于漪老师的阅读路径让我想起温儒敏老师的一席话。温儒敏老师说，教师阅读最好还是要有自己的圈。最外围的那个"圈"，是通识的部分，主要是中外文化经典。第二个"圈"，是与自己从事专业或者职业相关的部分。第三个"圈"，主要围绕自己的专业展开。"读书养气"，以真诚的阅读行动绘制属于自己的"阅读地图"，既能增加教学的底气，又能提高课堂的魅力。这也是我们走向"科研型教师""理论型教师"的必然选择。

于漪老师勤于向书本学习，也勤于向学生、向同事学习。她课堂上平易近人，课后与学生们打成一片，学生的好奇心、求知欲带给于漪很大的冲击，逼得她"非广泛涉猎不可"。和学生在一起，于漪老师"心总是年轻的"。她提醒自己，终日读书，学而不思，只能算"对书"，收获不会太多。所以，她在读中思，在教中思，多年来，她坚持撰写教后记，积淀教学所得，表现出孜孜以求的进取精神和持之以恒的毅力。于漪老师反复说，教师身上要有时代的年轮。当今社会，知识更新迭代速度加剧，跨学科学习、项目化学习等学习理论扑面而来，我们老师更需要敞开胸怀，在实践中检验、辨别真伪，教给学生应对未来竞争的真本领、真能力。

今天，94岁高龄的于漪老师依然活跃在教育改革的第一线，为办好民族教育呼告、建言，她真正无愧为"师者的楷模，教改的旗帜"。阅读于漪，我们就要不断审视自己的教育初心，不断修炼自己的教育品格。我们要像于漪老师一样，树立"一切为民族"的崇高信念，以"师爱超越亲子之爱"的大情怀、大境界，以"我也是学生"的清醒与谦逊，直面教育的问题与挑战，矢志求索，书写中国教育新的奇迹、新的辉煌，奏响一曲曲激荡人心的生命之歌！

仇娴

泰州机电高等职业技术学校财务处
处长，副教授，江苏省教学名师

不止仰望，更愿同行

第一部分 带着情愫去"读"

我常常从电视媒体上看到关于于漪老师的报道，敬仰之心油然而生，有幸研读了于漪老师的自传《岁月如歌》，于漪老师朴实无华的外表下面深藏着一份对教育的情怀，一份对工作的执着，一份对学生的厚爱，这些都深深地吸引着我。书中那句"与其说我做了一辈子教师，不如说我一辈子学做教师"直击我心。于老师的谦逊和用心，折射出她强烈的责任感和锲而不舍的担当精神，我相信我们每一位教师只要用心去品读，一定会有感触，会被感动，会受感染。

第二部分 带着情感去"悟"

于漪老师出生于 1929 年，那是一个山河破碎、风雨飘摇的年代。1951 年，她从复旦大学毕业，走上了教师岗位，立志"热爱自己的专业，刻苦钻研，以身相许"。从教 70 多年来，于漪老师是这么说的，更是这么做的。她坚持"做教师非常重要的一条，就是要谦虚谨慎，好学不倦"。她用"站上讲台，就是生命在歌唱"的精神，走出了属于自己的语文教学之路。她主持过三轮初中语文教改实验，开过近2000堂探索性示范性公开课，有50多堂课被公认为是语文教改标志性课例，为推动语文教改观点深入讨论和课程改革实践全面铺开作出了重要贡献。阅读中，我感悟着于漪老师的心路历程，倾听着于漪老师的谆谆教导，我感受到了她在艰苦的环境中孜孜以求的信念，感受到了她不畏疾病勇毅前行的品质，感受到了她身体力行为人师表的态度，感受到了她面对困难时的坚定，感受到了她面对荣誉时的淡然……我敬仰于漪老师的"一枝一叶总关情"的为师情怀。

从教70多年，从一名普通教师成长为共和国的人民教育家，最重要的动力何在？随着学习的广泛、思考的深入，我感悟到于漪老师的成长动力在于高度自觉的使命与信仰！于漪老师在《身上要有时代的年轮》一文说："教育说到底是培养人，培养怎样的人是个大问题，校长要认真研究，学科教师同样须认真研究。"她还说，"树中华教师魂，立民族教育根"是自己终生奋斗的目标、始终不变的精神追求。她又说："今天的教育质量就是明天的国民素质。""我一个肩膀挑着学生的现在，一个肩膀挑着祖国的未来。""我的理想是做一名合格的教师。所谓合格，就是不负祖国的期望、人民的嘱托。"这些话语既是于漪老师的内心告白，也是对世人的庄严承诺，更是对后来者的谆谆教导和殷切期盼。句句入耳、字字入心！自觉的使命与崇高的信仰，推动着于漪老师一步一步攀登上教育的"珠穆朗玛峰"。我敬仰于漪老师的"不破楼兰终不还"的使命担当。

透过《岁月如歌》中干净而纯粹的文字，我们能听到于漪老师伏案写作时的绵言细语，看到她在黑暗中的纯白生命。作为教师、校长、市人大代表，于漪老师身份多变，但初心未改。对于教与学的关系，她做到了"一个心眼为学生，为学生成长铺路，知心才能教心"；对于教师修养，做到了老师在学生的心中既是"师风可学"又是"学风可师"；对于学术，于漪老师不唯书、不唯上、不追风、不媚俗，实事求是、旗帜鲜明、敢于担当；对于名利，于漪老师淡泊名利、拒绝名人之累，"中学语文教师"是她认同的唯一终身头衔。她说："我当了一辈子的教师，教了一辈子的语文，上了一辈子深感遗憾的课，我深深地体会到'永不满足'是必须遵循的信条。"我敬仰于漪老师那"只留清气满乾坤"的高尚品行。

第三部分 带着情缘去"思"

本人作为一名新时代的教师，一名职业教育战线上的老教师，和于老师一样从事着太阳底下最崇高的事业。职业教育和普通教育是两种不同类型的教育，但同等重要。培养什么人？怎么培养人？为谁培养人？我们要思考学习于老师"教文育人"的教学观，思考我们应该如何既教书又育人？在《拷问感情与责任》一文中，于漪老师说："作为一名负责任的教师，不仅要关心学生今日怎样健康成长，而且要关心他们明日的长足发展。"为此，作为现代教育者，我们应当思考：1. 教师的职责在于教书育人，我们做到"既教书又育人"了吗？ 2. 德育工作只是班主任的事，而与任课老师没有多大关系吗？ 3. 我们在学科教学中是否能够真正做到课程思政？成效如何？学习于漪老师"学生是学习的主人"的学生观，思考我们应该如何正确定位学生与老师的角色。于漪老师提出，学生是学习的主人，是能思善想的人，而不是"容器"；教师不但要胸中有书，更要目中有人。

为此，作为现代教育者，我们应当思考：1. 要真正实现学生是学习的主体，如何从备课开始就做到"目中有人"？ 2. 我们老师如何真正扮演好"主导者"角色呢？ 3. 与于漪老师理念一致的"青年是我师，我是青年友"的新型师生关系实施策略有哪些？

学习于漪老师"一辈子做教师，一辈子学做教师"的职业观，思考我们应该如何做好当代教师。于漪老师把做教师的感悟、对教师这份职业的思考凝结成两句话："一辈子做教师，一辈子学做教师。""一辈子做教师"体现出对教师职业的身份认同，认为教师是太阳底下永恒的职业。"一辈子学做教师"体现出不断自我超越的岗位要求与个人追求。为此，作为现代教育者，我们应当思考：1. 我们对工作、职业、事业有着怎样的认识？ 2. 我们在教育教学实践过程中，心里有尺子吗？是一把，还是两把？ 3. 对照新时代对广大教师提出的"四有"好教师的新要求，我们要强化哪些？

第四部分 带着情怀去"行"

树立正确的教学观，做"全员育人、全程育人、全方位育人"的参与者。从教 30 年来，本人无论是担任系主任，还是财务处处长，始终坚持在教学一线，认真备课、认真上课，以课堂为教学主阵地，与各班班主任、各学科老师保持高度协同，将课堂作为育人主阵地。坚持围绕学生的成长特点、专业特点进行课程思政，将课程思政作为最基础的手段，作为专业思政的基石，也作为专业思政的主抓手。同时，我发挥本人是江苏省职业教育名师工作室领衔人、泰州市会计专业学科带头人的优势，进一步研究、学习现代职教改革相关政策，探究会计专业认知、岗位认知如何渗透核心素养、社会主义核心价值观，强化课程思政，突出财会专业人才的职业道德教育、职业素养教育，收集整理出与财会专业思政教育相匹配的"握好笔、做好账、走好路——会计人才职业道德教育微视频"。

树立正确的学生观，做"教师、教材、教法"改革的创新者。当前，职业教育界大力推进"三教"改革。本人主编的《非营利组织会计实务》《财务会计基础》教材和参编的《企业内部会计控制实务》等教材坚持问题导向、行动研究；以课题研究推动改革创新，省级教改课题"基于五年制高职会计专业优秀文化建设的实践研究"对会计专业学生的人文素养及职业素质培养起到了引领作用；本人在指导学生获得市级、省级会计专业技能大赛奖项的基础上，加强技能训练与职业心理教育相结合的教学改革，收到了很好的成效，与之相关的教学大赛获得了省、市级多项奖项，教学成果获联合学院一等奖、江苏省教学成果二等奖等奖项。

树立正确的职业观，做"名师"成长的引领者。作为江苏省职业教育仇娴财会名师工作室领衔人，本人注重团队成员的进步与成长，坚持抱团取暖，同频共进，凝练出教学主张。教师要着力构建严肃、和谐、活跃的职教课堂，营造教师乐教、学生乐学的现代课堂氛围，教学有法、教无定法，不同学科类别、不同学情基础、不同教学情境应选择不同的教学模式，适合的才是最好的。本人将继续带领团队成员坚持"务实立足当下，创新着眼未来，德技成就人生"的教育理念和"以德育才，以技育人，富民强国"的教育主张，在实践的基础上，紧紧围绕"坚定目标，不改前进方向；星光灿烂，照亮飞奔前程"后期构想，向更高层次目标迈进。

　　《岁月如歌》书中的每一字每一句都值得细细品味，用心"悦读"。《岁月如歌》这本书不重，但书中每一句话却重达千斤。"皎皎如明月，灼灼入我心。"于漪老师踏着风雨而来，伴随骄阳而行，我仰望于她的光芒，沉迷于她的魅力，感动于她的情怀。各位同人，我们应该以于漪老师为师，立大志、务勤学、知使命、笃践行，在教书育人、为国育才这片天地里高唱属于我们自己的教育之歌、生命之歌。

专家
点评

魏本亚
江苏师范大学文学院教授，语文教学专家

点评

  《岁月如歌》是于漪老师的自传体著作，记录了她从教的心路历程。于漪在扉页写到，拉开层层心幕，往事历历眼前：教海沉浮，岁月如歌，被白发欺人奈何，却道天凉好个秋！此书2007年甫一出版，就成为畅销书，成为全国教师必读书。2023年泰州4万多教师共读这部著作，了解于漪的70年从教经历，学习她为师为人的高尚品德，为自己树立起一个教师的标杆。

  在社会急剧变革发展的今天，教师面临许多问题，诸如学生发展问题、教师发展问题、家校协同问题、教学评价问题，教师精神压力大。如何才能适应时代的变化，就是每一位教师必须回答的问题。阅读《岁月如歌》，我们可以从于漪那里获得答案。卢素芳老师结合自己几十年的教学经历，谈了三个问题："教在今天，想在明天"，需要具备娴熟的教学艺术和高尚的师德境界；"教在今天，想在明天"，需要具备清醒的社会认知和自觉的创新精神；"教在今天，想到明天"，需要具备前瞻的办学理念和明晰的实践路径。这三个问题是学习于漪的自我反思、自我提升。仇娴老师从四个方面去读：带着情愫去"读"，带着情感去"悟"，带着情缘去"思"，带着情怀去"行"。仇老师把读书与自己的教学有机融合，学以致用。潘霞老师说，品读《岁月如歌》铭记于心的是于漪老师"一切为民族"的崇高信念。她说，人之所以为人，成为一个对国家、对民族有用的人，就在于他有"魂"，有指导自己思想言行的"魂"。这个"魂"，就是做人的信念。我们每一位教师只有有了这个魂，才能做好本职工作。吉桂凤老师的从教经历也很奇特，先教语文，组织上让改教英语，自己只有欣然服从。一干就是几十年。教语文出身，自己却成为英语特级教师。从于漪身上，她学会了做人、做事。泰州四位名师结合自己的教育经历，读出了自我。于漪是一部大书，每个人都可以读出不一样的于漪。

于漪是江苏镇江人，1929 年出生，成长在一个战乱年代。1947 年考上复旦大学教育系，学习教育学。1951 年毕业，来到华东人民革命大学附属工农速成学校教书，但刚参加工作不久她就患了溃疡病，在 4 个月的时间里她每天只能进食流质食物。祸不单行，接着是肝炎，她不得不遭受肝脏穿刺的痛苦。开始，组织上让她教历史。1957 年，组织上让她教语文。在那个年代，组织决定高于一切。于漪的职业成长经历了四个阶段。

第一，为自我职业救赎的行动学习

于漪的第一教学事件是由偶然引发的。1959 年，于漪上组内汇报课，教研组长一句"你还没有找到语文教学的门"，深深地刺痛了年轻于漪的心。任何一位教师都有自己的职业尊严，都希望被同行认可。这个事件也就成了于漪行动学习的起点。从于漪自述中可以得知，她进行了深刻的反思，反思的结果是发现自己语文教学知识的严重缺陷。为此，她进行了非结构化阅读，阅读语言学、文字学、语法学、修辞学、逻辑学、文学、文学史、文艺理论、古代文论，用了 3 年多时间挑灯苦读，补齐自己语文教育教学的知识缺陷。这种阅读是自发的、卓有成效的。心理学研究表明，这样的目标，即为了达成目标而进行的努力，都可以归入"适应"这个词语中。

有了专业知识并不等于会运用，要将知识转化为教学行为，还需要自我吸收内化。在这个过程中，于漪自我发力、课堂实践是转化的内因，上海市教研员听课指导则是其转化的外因。内因外因形成合力，就促进了于漪语文教学能力快速成长。

这个行动学习过程促进于漪实现了教学论层面的转化，她对语文教学的理解、把握进入一个很高的层次。学科知识转化为教学知识，进而生成了教学经验。这些经验不仅让于漪找到了语文教育教学的门，而且登堂入室，成为真正的语文教学主人。

第二，为语文专业救赎的行动学习

1978年我们迎来了改革开放的春天，但是，"文革"的遗毒依然在戕害着语文，语文教育迷失了自我。在这个历史转折的重要关头，于漪们又开始了第二阶段的行动学习。这个行动学习过程的目的是拯救语文教育教学。于漪在这一时期自发地学习了课程论，较系统地研究了教学目标设立、教学内容选择、教学方法使用、教学评价的设计与实施，这些结构化的学习使于漪站在课程的层面思考语文教育的问题。

面对目标教学、标准化考试快速引进与推进，于漪保持了少有的清醒，明确提出要实事求是，直面教育改革实践，不能崇洋媚外脱离中国语文教育教学实际。于漪大声呼喊标准化考试干扰了语文教育教学，语文教学是一门综合学科，不仅具有工具的特点，还具有人文的特点。

在这个过程中，于漪的教学经验转变成为她的教学主张。转变的内因是她对语文教育事业的挚爱，转变的外因是时代的变革。转变的标志性成果就是80年代于漪们的语文教学主张。于漪这个行动学习过程是出于对学科尊严的维护。正如叶澜先生所言："教育不是'人'与'物'的关系，而是'人'与'人'的关系；教育不是培养工具人、技术人、知识人，而是要培养全面发展的人。因此，教育活动要以'人'为中心、以'人'为目的。"于漪的主张也是关注"人"。

第三，为语文教育救赎的行动学习

随着20世纪90年代中国经济的快速发展，人们对教育的期望越来越高，家长望子成龙的期望越来越强烈。校园弥漫着应试教育的空气，语文教育见分不见人，语文考什么，课堂上教什么。语文教育把人（学生）弄丢了。于漪开始了自己的行动学习，这个学习过程的目的是拨乱反正，引导语文教育正本清源。于漪学习了中国古代的教育学、外国教育学、德育、美育、社会学，反思应试教育，这种学习是非结构化的，但是是基于语文教育现实问题的学习。

面对甚嚣尘上的应试教育，于漪大声疾呼，教育的核心是发展人，让人的生命富有张力。考试、升学只是教育的一部分功能，不是教育的全部。语文教育要眼中有人，教文育人。要借助语言学习，把民族文化的根植入学生心田。教文育人也就成了于漪的教育哲学。

在这个过程中，于漪的教学主张转变成为她的教育思想。转变的内因是她对语文教育的使命感，转变的外因是语文教育改革的外部环境催动。转变的标志性成果就是"教文育人"逐渐被大家所接受，并逐渐成为语文人的自觉行动。正如联合国教科文组织强调的"在教育和学习方面，要超越狭隘的功利主义和经济主义，将人类生存的多个方面融合起来"。于漪是一位先行者。

第四，为中国教育学救赎的行动学习

进入 21 世纪，中国开始了第八次课程改革，基础教育领域充斥着外国教育理论，一大批教师、学者言必称希腊，唯外国理论马首是瞻。于漪开始研究世界教育改革动态，考察中国基础教育成功经验。她比较西方教育理论、苏联教育理论、中国古代现代教育理论，果断地提出要建立中国的教育学，用中国话讲好中国教育故事。

这次行动学习的动因是西方教育理论主导了我们的基础教育改革，中国基础教育失去了自我。于漪开始梳理教育认识论、教师论、学习论、教育实践论、美育论，逐渐形成了具有中国特色的实践教育学。习近平总书记指出："教育是民族振兴、社会进步的重要基石，是功在当代、利在千秋的德政工程。"于漪把教育与国家命运关联在一起思考，这就是她的教育自觉。

在这个过程中，于漪教育思想转化为教育卓识。转变的内因是她对中国教育的自觉，转变的外因是国家的基础教育改革，转变的标志性成果就是中国实践教育学。

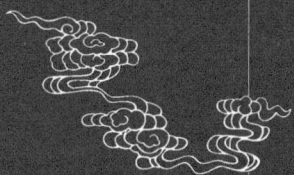

理论之光

袁振国

华东师范大学教育学部主任，终身教授，博士生导师

基础教育的高质量发展

很高兴在"泰州师说"这样一个专业的频道，和大家就"理论之光"这样一个有关教师成长、教师专业发展的培训话题，分享一个专门的内容。

我今天和大家分享的这个主题是"基础教育的高质量发展"。高质量发展在二十大报告当中被强调为今后一段时间内我们国家的主要任务，是经济社会各个方方面面的核心任务。教育当然也是高质量发展的一个重要的内容、重要的部分。国家十四五的发展规划中，有关于教育部分的标题是"构建高质量教育发展体系"。在十四五规划当中，关于高质量教育体系的构建，从学前教育到小学、初中、高中、高等教育以及终身教育，有非常明确的内容。我想大家一定是学习过、讨论过，所以我在这里就不去展开了。我把这个十四五规划关于各级各类教育发展的高质量体系的构建，理解为是一个外沿的表述。那么，关于高质量教育发展的内涵，该怎么理解呢？目前并没有权威的表达。所以我想今天和大家做一个讨论、交流，我们来共同思考这个问题。

高质量，当然它相对的一面还不够高。那么经济社会发展的高质量的对面就是数量的扩张、规模的扩张，一个非常重要的和具体的指标就是 GDP。在很长的一段时间内我们的经济发展水平是通过 GDP 的增长来衡量的，但是现在我们已经放弃了 GDP 经济，为什么？因为高增长的 GDP 是有代价的，比如说，环境的污染，能源的消耗，不顾及人的发展而强调经济的增长，比如说我们创新不够。现在我们高质量经济社会发展的目标很明确，就是要走科技发展的道路、智力发展的道路，走环保型、友好型城市的发展道路。特别是要走创新发展的道路？那么教育的高质量发展怎么理解，我想从三个维度来谈我对教育高质量发展的理解，即广度、深度和高度。

广度。我理解的高质量发展就是从认知发展向同样重视非认知发展拓展。认知，大家很明白：知识的传授、能力的培养、智力的发展。在认知发展这个方面，可以说我们已经有了几百年上千年的历史，已经有了成熟的做法、成熟的经验，我们这个知识点、知识面、知识的链条以及我们的考试评价选拔，已经非常成熟。我们现在这个考卷的信度、效度，可以说已经达到了很高的水平，这个高考大家是认的。社会上认为高考是最公平的，高考没考好那是我的本事不行，我的分数达到了我就能上大学。所以大家对这个考试的认同度是很高的。我们可以这么说，如果说我考分低，你考分高，我不敢说，两个人之间比较我也就一定不如你；但是一个分高的群体，和一个分低的群体，我们有很大的把握说二者就是有差别。所以在认知这个领域里面的教学考评已经达到了相当的程度，在这个方面我们也已经有了大量的理论和经验的总结，论文和书籍也可以说是汗牛充栋。那么问题就是什么呢？认知发展在一个人的人生当中，它能够起到多大的作用？它能维持多长时间？在人的发展过程当中，是不是有更重要的东西？尤其是在大学毕业之后，他在工作当中的贡献，他的个人发展水平，取决于什么？取决于他的认知发展吗？如果是，那么，在中学里面学得好的能考上好的大学；最优秀的、认知发展水平最好的学生能考上清华北大。我们现在按照这个分数录取线，清华北大录取了最好的学生。清华北大集聚了最好的高等教育资源，那么这些人到了清华北大以后，最优秀、最聪明的人，受到了最好的教育，那么这些人应该在各行各业都展示风采，取得最好的成绩，个人也取得最好的发展，应该是这个样子。若干年以后，是不是这样呢？显然这个答案不是肯定的。

我们现在在这个各行各业，在政界、军界、商界、医学界、文化界、企业界，包括我们科技界、教育界，可以说各种各样的人才有各种各样的风采，他们来自方方面面，来自各个大学。在某种意义上可以说，清华北大的毕业生，也没有显示出他们特别与众不同的地方。那么什么东西在起作用，甚至起着更重要的作用呢？非认知因素。以前叫"情商"，现在有一个学名，叫"社会情感能力"。社会情感能力在一个人离开了学校，告别了学习生涯，进入工作岗位以后，它就越来越发挥着决定性的作用。如果一个人的社会情感能力不能够得到很好的发展，他的智商再高，他在工作当中的表现，他的个人生活质量，他的发展前景，都不会像我们所期望的那样。对社会情感能力的研究，远远不如对认知能力的研究那么充分、完备，在教育当中更没有那么受重视。现在在全世界掀起了一个关于加强社会情感能力培养的浪潮，也可以说是个运动。很多的国家都把对社会情感能力的教育纳入了国家战略范畴，国家出了很多的文件来推动、来推广对社会情感能力的教育。

社会情感能力是什么呢？一般说来，社会情感能力有 5 个维度 15 个指标，有一两百项具体的要点。第一个维度是社会责任能力。我们素质教育讲要培养学生的社会责任感，培养学生的创新能力和实践能力。社会责任能力和我们素质教育所倡导的要求是完全一致的。什么叫社会责任能力？第一你要有责任意识；第二你要有对履行承诺责任的完成能力。我们在生活当中判断一个人有没有社会责任能力，有一个非常通俗的说法，就是这个人靠谱不靠谱。当这个人是敢负责任、能负责任的时候，我们说这个人很靠谱。你把事情交给他，你可以放心。反之我们说这个人是个不靠谱的人。什么叫不靠谱的人？没有责任意识，没有完成自己履行承诺的责任的能力。当一个人被贴上了"不靠谱"的标签时，谁还会把重要的工作交给他？他在社会生活当中，在工作岗位上，怎么可能得到好的发展？所以这个社会责任能力被认为是社会情感能力的第一个重要方面。

第二个维度是情绪控制能力。所谓情绪控制能力，就是对自己的情绪和对他人的情绪的控制力。我们都有喜怒哀乐，遇到高兴的事情当然会高兴，遇到不开心的事情当然会生气，这个很正常。但是这个高兴和不高兴，在我们的社会生活当中是有一个区间的。高兴到什么程度，高兴多长时间？如果一个人，为一点在别人看来是很小的一件事情大发雷霆，或者为一点小小的不愉快、一点点小小的损失，长时间地处于忧郁的状态，那么他就是一个完全不能控制情绪的人，他在生活当中也是很难相处的，也是不能够很好地履行他的这个社会责任，在生活当中相很难悦于对方，不能够很好地管控自己的情绪。这个是第二个方面。

第三个维度，就是我们的这种交往、沟通、合作的能力。现在是一个网络世界，是一个人际交往的世界，是资源整合、互相支持、互相帮助、互相取悦的世界。你能不能够和人家合作，能不能够和人家交往，在社会生活当中是非常重要的。现在不是小农经济时代，把自己家里粮食打出来就可以了，现在不是这样。现在的资源是分散在世界各地的，你能不能够聚集各种各样的人力、物力、财力，决定了你能够做多大的事情。关于你能不能够交往、能不能够沟通、能不能够合作，这里面有个很重要的特点，就是共情能力。什么叫共情？共情就是能够站在对方的立场上想问题和体验情感。有很多人，为什么大家不愿意跟他交往，为什么交往不好？就是因为他只从自己的角度出发，他只以自己为核心来思考问题，他不想别人怎么想，不想别人是什么感受，只考虑自己的思想和感受。他们想把自己的思想和感受强加给别人，所以他没有办法跟人家发生合作和沟通，不能取得成绩。

第四个维度，叫开放能力。这个世界变化很快，各种各样的新知识、新技术、新信息纷至沓来。你能不能够不断吸取新的知识、新的技术，获取新的信息能量，对于你能不能够很好地发展，能不能够引领工作向前进步，十分重要。有些人喜欢新的事物，喜欢新的信息，喜欢新的技术。当新的东西出来的时候，他去欢迎、去拥抱。而有些人对新的东西、新的思想、新的观念、新的技术，是排斥的、消极对待的，那么这就对一个人的发展，对一个部门的发展很不利。现在这个科学技术发展特别快，信息技术现在已经到了数字化、智能化的阶段，每天一个样子，每小时一个样子，变化是常态。如果你总是想抱残守缺，按照自己的想法去应付这个世界，你就会被边缘化。你只有不断接受新的事物，学习新的知识，才能够走在这个社会的主干道上，才能够不断前进。比如说现在科学技术已经发展得很好，各行各业的网络化数字化，已经达到了深入我们生活中的每一个角落的程度电商购物，我们以前买东西要到商店去，现在在网上就能完成。这个春节期间，我们国家有包裹数量有 7.49 亿件。7.49 亿什么概念？相当于什么呢？你想想看我们 14 亿人，14 亿那就是说差不多要有每个人要有 0.5 个包裹；那你想想看你在这个春节期间，在快递的使用上是在平均水平之上还是平均水平之下呀？通过物流业我们节省了多少时间，给生活带来多少方便？我们现在不用去银行，可以在手机上处理银行的业务；我们不用去车站，我们可以在手机上去处理车票。如果你不会这些基本的技能，你说你办银行业务要去银行，买张票要去机场或者是高铁站，那你想想看这是一个多么可怕的事情。在信息技术面前，你不积极，你消极地对待甚至排斥它，那只能给你生活带来不便，那只是你个人的事。而对于教师来说，你能不能够掌握现代信息技术，能不能让现代信息技术成为你的助手，帮助你的大脑、你的手臂、你的耳朵和眼睛，对于学生的发展来说极为重要。所以我说在某种意义上，掌握信息技术不仅是一种技术而且是一种师德。现代的师德内涵中，有一点是不断学习新东西、学习新技术。否则的话，你不仅影响你个人，而且影响到学生的发展，影响到班级的发展，影响到我们整个教育的发展。你想想看，我们一千几百万的教师，如果每个教师都采取消极的态度，不去拥抱新技术，那么这个教师群体将会给下一代带来什么呢？反过来说，如果我们一千几百万教师都是在信息时代的"弄潮儿"，都能够让人机互动、人机融合成为拿手本领，那对我们的教学改革，对教育的变化将会带来多大的帮助呢？所以我认为从这个意义上来说，拥抱、学习新东西、新知识、新能力、新技术，它不仅是一种能力，而且是一种道德，是师德。

第五个维度，就是领导力。有人可能会觉得，我也不是个领导啊，我就是普通教师啊，我领导谁啊？我们这里说的领导力，不是上下级的关系。领导力是什么能力？是规划能力，是组织能力，是协调能力，是对于结果的预计能力。我们现在不是有个概念叫"课程领导力"吗？那课程怎么领导，课程又不是个人，我们怎么领导它呀？课程领导呢，就是说你把这个课程校本化、班本化，是对课程规定的内容进行规划、组织、协调，能够让它符合我们这个班的学生的学习特点和学习水平，能够推动我们每个学生更好地发展。这个就是课程领导力。以前我们不讲，觉得课程都在教材里面，有什么教材我讲什么教材，讲完了我的任务就完成了。我们讲教学能力，但是不讲课程领导力。那么现在我们要有一种更高的要求，要对课程有领导力，有规划、组织、协调的能力，能够因材施教的能力。其实我们在生活当中，对时间的管理，对经济的管理，对人际关系的管理，都是领导力的表现。那么你想想看，这些能力在我们的人生发展过程当中是不是极为重要的？我告诉你，一个人大学毕业、走上工作岗位以后，这些能力在生活当中越来越重要，越来越起着决定性的作用。但是非常遗憾，我们对这个社会情感能力从来不强调，虽然也不是说一点都不培养，但是有计划、有组织且大规模地进行这样的活动是少的。所以我曾在一篇文章当中讲发展素质教育，其中一个重要内容讲的是社会情感能力的发展。对于高质量的理解就是从认知能力向非认知能力拓展，这是我对高质量发展的这个第一个观点。人是一个整体，但整体的一部分是认知能力，一部分是非认知能力，现在我们开发了一部分，还有一部分我们没有很好开发，或者说完全没有很好地开发。在这个背景下，我们加大开发力度，我们的课程建设、教材在我们的教学过程中体现出来。不是说要在现在的课程体系里面再增加一个部分，而是说要水乳交融，在活动当中，在教学过程当中，渗透对非认知因素的培养。

第二个方面，我想说的是这个深度。深度是什么呢？就是从一般素养向核心素养的升华。核心素养这几年是一个逐渐普及的概念，新编的课程标准中，从高中的到义务教育的，都把核心素养作为新课程标准的指导思想。那么怎么理解核心素养？怎么把核心素养和我们以往讲的基本素养之间的关系处理好？我觉得要说明这个问题，我先讲一讲核心素养这个概念、这个观点是怎么来的，想把这个问题说清楚大家就能够明白。

大概在 2002 年、2003 年的时候，美国有一个企业家的峰会，美国 300 多个头部企业，像微软、Facebook、Google、苹果、通用、波音这些影响最大的公司的总经理，在峰会还没有开始的时候，这些老总们在一起聊天，过程当中聊了一个话题，就说现在这几年啊，我们公司进人的这个标准感觉好像出了问题，以前 HR 人力资源部门按照多年积累的经验，选拔的人才都是非常成功的。可现在发现引进来的人啊，对我们公司的价值观是认同的，对我们公司的经营内容是非常熟悉的，业务能力很强，但是他跟不上公司发展的步伐，甚至于成为公司发展的阻力，他掌握的这些技术能力要求好像不太适应公司的发展新要求了，为什么呢？因为社会变化太快，公司在不断地调整，不断地创新，也就是有一个概念叫不确定性。以前我们做规划、想问题、想措施都是在确定的路线上来解决的，可现在呢？明天不知道是个什么样子。那么面对这种不确定性，我们到底怎么应对，便成为一个新问题。而在现在的这种人才引进方式的主导下。找的都是有比较成熟的思维、有工作经验的人，对于怎么面对变化，好像不是那么擅长。讨论后，总经理们就觉得这个问题的关键错在学校，错在教育上。历来教育的思路、方法、标准、考核，都是按照既定的方针来进行选择的，而人才对未来怎么发展有所忽视。他们列了一张表，把核心能力最重要的内容列出来以后，发现在教育里面都是缺乏的，或者说是很不受关注的。而在公司的发展当中，在社会的发展当中，恰恰是在上升的时期就出现了一个核心能力的概念叫 keyskills。然后对核心能力这个概念的研究一下子就膨胀开来，出现了很多报告，很多文章，很多成果。那么在各种各样的关于核心素养的讨论当中，最受关注的有这么几个品质。

第一个，几乎是所有国家的报告都把它放在第一位，就是批判性思维。什么叫批判性思维呢？批判性思维，不是有些人理解的反对一切，不是这个意思。批判性思维是指一个人独立学习、独立分析、独立判断、独立决策的能力，也就是说他不是人云亦云，他不是从书本上、从老师那里得到现成的答案。因为，在现在这个社会，这种现成的答案解决不了问题，现成的答案面对新出现的问题，是不能够解决的。新问题需要你根据此情此景临时地吸取知识，把这些知识加以综合分析，综合得出你自己解决问题的方法。而批判性思维能力，在我们的教育当中是不受重视甚至是最不受重视的部分。我们的教育有一个不成文的标准：一个好的老师就是把什么东西不懂的给你讲懂了，你不知道的给你讲知道了，到了考试的时候，你能够把你新学的东西能够完整地复述出来，那你就是一个优秀的学生，没有哪一个考试说你要把不知道的东西跟我讲出来。而现在的要求就是，你要在面对一个不知道的情境下，在谁都不知道现成答案的情况下，能够独立地学习、独立地判断、独立地决策，而这个学习、判断、决策，不是说一次性的，而是在不断地更新，这变成我们的一种基本学习方式和思维方式。那你想想看，如果这个批判性思维能力真的这么重要，我们也认为培养这种批判性思维能力应该作为重要的教育内容和学习内容的话，那么我们的课程设置、我们的教材、我们的教学方式，都要实行彻底的变革。因为我们现在的教育是给予一个答案的教育，而不是给予一个批判性思维的教育，包括我们的考试、我们的人才选拔。现在有经验的公司已经实行了对批判性思维能力的培养，但是教育上我们怎么办呢？我们做的最好的，可能就是搞些附加题，我们没有办法说没有标准答案吧，没有标准答案我们怎么判题啊？我们怎么判断谁优谁劣啊？所以这个对我们搞教育的人来说，是一个根本性的挑战。你看这个教材的编写，两种思想主导下编写的教材是不一样的，一种是传授知识的教材，那么就是讲定义，然后举例，然后练习，然后再总结，然后再布置习题。如果是培养批判性思维的一个教材，应该是怎么编的？那肯定是出现一个情境，然后我们来提炼问题，各自去找解决问题的办法，那么教材的写法和老师的教法就完全会发生变化。所以这是一个很尖锐的问题。尽管我说我们现在的课程标准里面，把批判性思维，把核心素养放在非常特殊的位置，作为我们的指导思想，但是要真正实现到培养这一步，这个距离还是很长的。

核心素养里面第二个非常重要的素养，也是跟前面批判性思维相关联的，就是综合性的素养。综合性跟什么相对呢？就是我们的这个分科学习。几百年来，工业革命以来，科学大发展以来，人类的科学发展路线就是个分科的路线、分化的路线、从模糊的、混沌的智慧之学，分出了科学，从科学中分出了物理、化学、生物、地理这么多的学科，然后每一个学科里面，比如物理学，又分出了电学、力学、光学、磁学等，还分出了物理化学、物理生物学等，学科的分化就是学科的深化的过程，这个是科学发展的一个非常重要的历史过程。所以，我们的教育也是越来越深化，你看小学的时候是很笼统的，到了初中开始分化，到了高中进一步分化，到了大学再分化，到了研究生那就是分化到二级学科、三级学科。所以，科学发展路线决定了教育分化的路线。那么这个分化的教育，就产生了一个什么问题呢？就是我们现在所说的高分低能。按照这个设计的教学路线，他可以考很高的分数，但虽然考了很高的分数，他在实际生活当中解决问题的能力很差。因为，我们在实际社会、实际生活当中，是没有什么学科概念的。出了门，你说这是个数学问题还是个化学问题还是个物理问题，会变成个笑话。你家里要装修，你说装修是个物理问题还是个化学问题还是个生物问题？很多人可能没有很深奥的知识，但是他知道装修要注意很多问题，包括要什么风格，用什么材料，要考虑价格问题，要考虑气味环保的问题，要考虑牢固的问题，要考虑买东西方便不方便的问题，这里面有很多的经济学、科学、文化、性格的因素。你家里要布置一个电力线路，你以为这是个力学问题吗？或者是个电学问题？远远不是这样子的。用什么材料，什么价格你承受得了，这个线路合理不合理，这个线路安全不安全，线路漂亮不漂亮，这些问题你说是什么问题？你说不是物理的，其实也是物理的；你说不是化学的，其实也是化学的。所以你看很多有经验的师傅，他处理这些问题的时候非常熟练。但是，一个学过电学、化学、光学、声学的本科生、研究生，你叫他去搞个装修，搞个电路，他搞不定的。为什么？你要讲知识，他哪一个不懂？但是他做不了，就是不把各个学科的知识能够运用于哪怕是简单的生活场景。所以你看我们现在这几年在教学改革上有很多新的变化，比如说主题式教学、项目式学习、任务式学习、探究式学习、研究性学习、合作性学习，为什么会有这么多学习的新模式、新范式出来？就是要改变这个学科知识分化的传统模式，向综合性的能力培养转变。

当然，我们尤其要重视党的二十大报告里面提出来的，要提高我们人才自主培养的质量。我想这个人才的自主培养最核心的就是创造力的培养。我们的教育总体上来说，是个接受性教育，是你给我什么，我学习什么，我掌握什么。把接受性学习变成创造性学习，要求我们整个教育制度评价方式、师生关系、教学关系，都要作出很多调整。现在我们把创造性人才的培养，尤其是对拔尖创新人才的培养作为紧迫的任务。党的二十大报告里提出了教育、科技、人才三位一体的国家战略。所以人才的培养，尤其是创造性人才的培养，关系到整个国家的未来。

所以，促进高质量发展就是要从一般素养向核心素养深化，能够在重视培养一般素养的同时，向综合素养升华，向批判性思维能力升华，向创造力素养升华，这个想想都是很难的。尽管很难，这件事情是非做不可的。第一个，这是中国教育发展的未来，这是不可以去怀疑的，也是没有办法退缩的。第二个呢，我们确实也在各级各类教育当中，在各个学校、各个班级上，有大量成功的实践经验，我们不是一无是处，我们不是毫无所得。所以我相信，教师培训的过程，也是我们学员之间的沟通交流、传经送宝的过程。实际上，我们从幼儿园到小学到初中到高中，都有大量培养学生的创造性、培养学生的思维方法、培养学生的综合素养的成功实践，我们有很多的本土课程、校本课程、校本教材，还有很多的课外活动、课外自选项目。特别是在"双减"的背景下，如何利用好三点半、四点半以后的时间，为我们的传统教育打开一扇窗户，打开一扇门，这里面有很多创造性的空间，有进行教育教学改革的可能性。对此，我还是很有信心的。我们泰州的教育、泰州的老师在这方面有很多的成功经验，我在报刊、电台上经常看到。

第三个维度，就是我想说的高度。这个高度，就是从全面发展向个性化发展，提升德智体美劳全面发展，这是我们党的教育方针。那么对每个学生，都是应该要倡导全面发展的。这几年，我们在强调德育、智育的同时，特别强调了美育、体育和劳动教育，中央发了很多的文件。但是，每个人又是不一样的，在满足基本要求的同时，我们应该为每个人更好地发展提供可能性，要扬其所长，避其所短。

在《国家中长期教育改革和发展规划纲要（2010—2020年）》里面有一段话，说办好每一个学校，教好每一个学生，为每一个学生提供适合的教育，这也就是我们说的因材施教。因材施教，说起来也是既古老又理性。人类教育的发展，经过了两次大的变革，现在正在孕育着第三次大的变革。第一次大的变革，是学校的诞生。在学校之前，我们也有教育，但是那种教育是自发的，是散漫的，是低效的。有了学校以后，人类开始了有目的、有计划、有组织的教育行为，人类文明的传递效率，得到了一个很高的提升。当然那个教育是很少一部分人的教育，是贵族教育，受教育的人数只有总人数的百分之一，甚至千分之一。所以，第二次教育大变革是在工业革命以后，工业革命一方面对每一个进入生产程序的人提出了必须要具备的基本知识和基本能力的要求；另一方面，生产力的发展、社会的发展，为每一个人接受基本的教育提供了可能。从教育的角度来说，班级授课制的诞生，为大规模的、高效率的教育创造了条件，以前是对着一个人的教育，现在是一个人对着几十个人甚至上百人的教育，所以教育的普及成为可能。但是，工业化以后的教育，我们现在称之为现代教育，让我们人类付出了沉重的代价，这个代价是什么呢？标准化！同样年龄的孩子，用同样的速度，用同样的进度，用同样的要求，教同样的内容，用同样的标准来考核所有的人。那么，这样的结果就是千人一面。人生下来是千差万别的，可是经过我们的教育之后，都变成一样的人了。知识是相同的，认知方式是相同的，道德标准是相同的，人和人除了长相不同其他都相似，这是不符社会生态要求的。社会的发展、自然的发展，只有多样化，才有生命力。所以，对于这个问题，工业革命之后现代学校制度产生的那一天起人们就开始了反思。工业革命以后的教育变革是没有停止的，教育改革的活动主要就是提出个性化选修制、学分制、走班制、升留级制度等。所有这一切都是希望能够改变标准化所带来的弊端，让不同的人有可能有更好的发展，但是我们也知道尽管我们做了很大的努力，还是杯水车薪，没有解决太大的问题。但是，现在数字化、智能化的发展为我们个性化的发展带来了可能，创造了条件，所以我说第三次教育大变革令我们看到了曙光。

这个就是在大规模背景下的个性化教育，大规模个性化教育的实现，寄托在数字化、智能化的身上，为什么？其实道理也很简单，你看看网络教育比起我们传统的教师教育，有很多明显的优势。

第一个优势，它不受时空限制，在任何时间、任何地点，可以对任何人开放，所以现在叫泛在教育。我们学校教育，只能在那个固定的时间里面，固定的地点，现在我们可以泛在。

第二个优势，我们这个网络教育、数字化教育的内容是海量的，我们在课堂上学的东西，在课程范围内又把它压缩成教材，教材又压缩为教师讲学、教学的那些内容，是一步步窄化。人类的知识那么丰富，我们没有办法学习尽，而现在网络打开都可以接触到。现在小孩子学习的内容，按照我们以前的理解都是不好的。我们讲循序渐进，讲系统化，小学的时候该学什么，中学的时候该学什么，大学的时候该学什么，早学是不好的。可现在的实际情况告诉我们，这种人为的设计是毫无道理的。小孩子还没上学，却知道根本我们不懂的，甚至有很多事，我们以为是很深奥的，但他可以跟你讲黑洞，可以跟你讲量子力学，讲得头头是道。那就是说我们认为这个东西只有到了大学才可以学习，人家三四岁就学会了。很多知识，很多深奥的道理，他还没上学已经明白了。所以，这种所谓的顺序，这都是我们自己人为规定的，经不起事实的检验。再比如说系统化，我们觉得知识是系统的，由点到面，由面到整个的知识树，应该先学什么后学什么，有一个课程的设计。可是你看现在的新媒体，现在的抖音、头条，各种各样的东西完全是碎片化的。"知识碎片化"在我们的头脑当中是一个贬义词，可是现在我们获取到内容就是由碎片化的知识拼接起来的，半分钟、一分钟、两分钟，时时刻刻地在受碎片化的知识的刺激，我们的大脑把它们拼接起来了。反而要有耐心

294

听四十五分钟课真的是很累的。现在看手机，谁强迫你看手机了？不仅不强迫你看手机，现在家长和孩子的战争关键是不让孩子看，他非要看。你看看这就是一种知识传播的方式发生了变化。你一个人坐在这里，我给你系统地传授知识，你会抵触。现在我们手机上的知识信息是碎片化的，但他主动地去看，结果你还不让他看。你看看这个是不是很有意思？

第三个优势，社区增加了。一个人在一个学校里面，说起来在某某某学校，其实他只认识他那个班里的同学。如果一个人从一年级到九年级都在同一个课堂上，他就认识这么几个老师，这么几个同学。现在在网络上，我们可以有无限的空间。在座的各位，哪个手机里面没有几百个甚至上千个微信群？我在里面认识了各种各样的人，各种各样的兴趣爱好、各种各样的知识面、他们有各种各样的性格。我遇到困难，不用找任何人，只要在朋友圈里发一个消息，马上很多人给你提供帮助，你想都想不到。你觉得根本是无望的事情，结果在别人看来很容易。

第四个优势，网络的内容、数字化的内容，可以随时重播、重放，而且可以进行剪辑、加工、编辑，课堂上的知识讲完就结束了，你要请老师把讲的东西再讲一遍，你得有多大的面子？现在，你要想再看一遍就看一遍，看两遍就看两遍，你想把这句话放大，把这句话剪辑，把这句话进行重新整合，都可以。下面我要说智能化，智能化是什么？就是自适应学习。人工智能上有个专门的概念，叫自适应技术。所谓自适应，就是它了解你的学习内容之后，再了解你的学习情况，可以自动推送适合你的内容，告诉你学习的方法。如果你学得很容易，他就会给你提高难度，如果你学得困难了，出错多了，它会自动降低难度，可以为每一个人量身定制。虽然我们现在还不能够很快地、很好地，把线上线下的资源融合起来，但是我们至少可以把信息技术，把数字化、网络化的内容，作为我们有益的补充。这方面，我们泰州走得比较早，也取了很多成功的经验。我们的微课堂、微教材、微课程，我曾经专门在《文汇报》上推荐过，这个不是不可能的，而是已经在做了。

在信息化、数据化的背景下，我们如何利用现代的信息技术，利用数字化、智能化的技术，来促进因材施教？上海智能教育研究院开发了一个产品，就是作文的自动阅改。作文放到这个系统里面去，它立刻给你进行批改，你的字词句写得好不好，哪里不好，在哪里错了，怎么修改，建议你参考什么内容学习深化，再给你总的评价，都能做到。现在这个阅改系统已经达到了百分之九十以上的教师水平，就是超过了百分之九十的教师的评估水平。这一方面可以极大地降低教师的劳动强度，另一方面可以为每个孩子提供服务。我们现在去建造数学的自适应学习系统，将来教师也完全可以把它拿来，进行学习辅导。这段时间大家一定知道，到处都在讲 ChatGPT，ChatGPT 如果用来辅导的话，可以为每个人的学习提供极大的帮助。因为每个人关心的问题不同，你有什么问题，去问它好了。如果五十个学生，天天问老师完全不同的问题，老师很难兼顾。现在 ChatGPT 可以任劳任怨的，二十四小时回答你的问题。当然这里面还有很多其他复杂的问题。从基础的角度来说，它一定可以为我们提供很好的帮助，所以我们要从全面发展向个性化发展提升，这是我们高质量发展毫无疑问的目标，是第三次教育大变革的一个方向。这就是我今天和大家分享的主要内容。

我们讲高质量发展，这是个仁者见仁、智者见智的问题，现在教育部还没有一个权威的文件来系统解释高质量发展的内涵，更多的是从构建一个高质量教育发展的体系来谈的。

今天我从内涵的角度，尤其是从广度、深度和高度，也就是从认知教育向非认知教育拓展，从一般性素养向核心素养深化，从全面发展向个性化发展提升，来进行教育的改革探索。我相信，在科学技术迅速发展、人们面临越来越多不确定性的时代，思考这样的问题，对我们是有帮助的。我衷心地祝愿各位教师，能够更好地成长，也祝我们泰州的教育越办越好！

成尚荣

江苏教育科学研究院研究员，著名教育家，江苏省"大先生"

在高质量的课堂里培养未来人才

中国式的现代化建设有一个首要任务，就是高质量发展。教育高质量发展就是要建构一个体系，这是一个非常显著的标志，也是一个非常重要的要求。让学生德智体美劳都得到发展。那么这种德智体美劳全面发展的教育体系，说到底是什么？它的本质是什么？我认为就是要建立一个更高水平的育人体系，高质量就是育人的高质量，而育人高质量有许多途径。

课堂的高质量指要把高质量发展真正落实在课堂教学的高质量上。那么高质量发展的首要任务就能得到实现。当今我们研究的课堂高质量发生了变化，在认识上应该有新的提高。我想到有以下三个方面的问题和大家讨论。

第一个问题：在人才强国的战略之下如何认识坐在课堂里的那些学生

我非常清楚地记得苏霍姆尼斯基这位伟大的教育家曾经讲过，说你看坐在课堂里，坐在课桌旁的那些学生，他们是什么人？苏霍姆尼斯基自己有一个回答，他说他们是思想劳动者。对吧，学生就是一个学习者，学习它本身就是一个劳动。这个劳动当然是建立在知识劳动的基础之上的。但是今天对这个劳动，我们应该有其他的更高的认识。这个劳动首先是思想劳动，他们是思想劳动者，也就是说他们在课堂里学习的时候，他们不仅有知识的成长，而且有思维的发展，他们有理想、有见解、有见识、有智慧，生长出自己的思想来。这种思想当然包括理想信念。把课堂里的学生当作思想劳动者的时候，我们就要重视他们的思想发展、思维发展，提高他们的思想认识水平，这是第一个。第二个，从另外一个方面看，他们又是精神劳动者。在思想成长的过程中，他们的精神也在培育，精神也得到发展，那么就是要生长出一种爱国主义的精神。教育要悄然地把爱国主义的种子播撒在儿童的心田里，让他们挺起民族的脊梁，用中华文化来塑造生命、塑造灵魂、塑造时代新人精神。劳动让学生能够站立在世界当中。马克思认为，人不是跪在世界之外的一个抽象的存在。他不是跪着的，而是站着的，是站在世界当中的。靠什么站立？用思想站立，用精神来站立，他们是精神劳动者、思想劳动者。但是思想劳动、精神劳动又离不开他的情绪劳动。情感一直伴随着学生，情感能激发学生的学习热情，让他们渴望学习，学习也在塑造他们良好的心理状态，让他们情绪沸腾起来。用美学之父鲍姆嘉通的话来说，情绪沸腾就会走向美学，培养出一种美学的精神。他们是思想劳动者、精神劳动者、情绪劳动者。那么我们换一个角度来讲，人才强国战略下的坐在课堂里的学生，他们应该是未来的人才。我们算算年龄账吧，今年是2023年，大家都知道，2035年中国基本上实现现代化，离2035年还有12年的时间了。今年毕业的小学生12岁，12年以后24岁，初中毕业生是27岁，高中毕业生30岁，大学生是30多岁了。正当年呐！这是中国式现代化建设的生力军、主力军，是国家的栋梁。因此我们今天看坐在课堂的学生，他们是未来的人才，我们要想象这些未来的人才他将来是个什么样的模样。

什么样的模样？在当今课堂里就要培养。如果想象不到未来成长的模样，那么我们现在课堂里的学生，他还是一个平常的学生。我们应该在人才强国战略之下，把现在的学生当作人才来看待，而且当作人才来对待、来培养。这个培养就是我前面讲的，让他们在长知识的过程中长思想、长精神和长积极的情绪，这样的人是完整的人，这样的人是未来人才，或者说他们是拔尖创新人才。这种拔尖创新人才，所有的学段都要培养，基础教育包括幼儿园也要培养。基础教育不能直接培养拔尖创新人才，但是绝不意味着中小学、幼儿园对培养拔尖创新人才就无所作为。基础教育阶段的拔尖创新人才培养，定位在八个字，这八个字是"早期培养，打好基础"。只有打好基础，他的发展才有更多的可能性、更大的可能性、各方面的可能性。

我曾经记得中国社科院有位著名的学者杨佳。杨佳是一个盲人学者，在20世纪80年代的时候，她曾经到美国哈佛大学去求学进修，学习非常刻苦勤奋，最后的毕业论文是根据哈佛大学肯尼迪政府学院的要求研究领导的艺术。当时她是写的邓小平，关于邓小平的领导智慧。这份论文写得非常好，在论文答辩之后，所有答辩专家都打上了 A 等，在毕业证书颁发的当天，是哈佛大学的肯尼迪政府学院院长约瑟夫·奈亲自给她颁发毕业证书。老师们大概对约瑟夫·奈可能不会太陌生，因为他是一个著名的学者。这个著名的学者，他提出一个重要的概念叫软实力，是文化的软实力。在颁发毕业证书的时候，约瑟夫·奈对杨佳说什么呢？他说的是：杨佳，你让我们美国人看到了中国的软实力。是啊，软实力不是虚无缥缈的，它是寄托在每一个人身上的，它是在课堂里生长起来的。当我们为了中国式的现代化建设积极回应人才强国战略要求的时候，把学生当作未来人才来培养，那就是培养他们的软实力，那就是让他们真正成为一个精神劳动者、思想劳动者、情绪劳动者。我想这就是今天高质量课堂的重要标志和要求。

习近平总书记对人才的培养早就明确了四条要求，今天我们不妨重温一下这四条要求：第一爱国情怀，第二社会责任感，第三创新精神，第四实践能力。我们要围绕未来人才的培养，来对待今天的课堂教学。因此就聚焦在一个重大的命题上，这个重大的命题叫作人才培养质量。提高人才培养质量是今天课堂教学的重大主题。上好每一堂课、教好每一个学生，就是把他们当作未来人才来培养，将来他们才能真正成为人才，成为未来人才的模样。

这个问题要在今天课堂里得到落实。未来照亮课堂，课堂透射着伟大的未来。这个思想观念我希望大家要转变，要真正确立起来。

第二个问题：高质量培养未来人才一定要通过课程改革实现

高质量培养未来人才一定要通过课程改革实现，为什么呢？课程它是一个育人的蓝图，按照课程来进行改革培养人才，那就是培养未来的人才。如果把2022 年所颁发的义务教育阶段的课程方案以及课程标准来进行一个对比，我们会有一个重要的发现。因为 2001 年我们国家开始第八次课程改革时，曾经颁发了一个重要文件叫《基础教育课程改革纲要（试行）》。通过对比会发现，去年颁发的课程方案比 2001 年多了一个板块。这个板块叫什么？叫基本原则。为什么在新的课程方案当中要增加一个基本原则呢？如果我们仔细学习，会看到基本原则开头的一句话，就是讲为了落实培养目标制定以下基本原则。看看，基本原则是为实现培养目标服务的。我想首先把我对基本原则的认识向大家做一个汇报。

什么叫基本原则？它的价值功能在哪里？我有以下几点认识：第一，我认为基本原则是一种标准。遵循基本原则就是要达到这个标准。课程标准里有学业质量标准，这个标准是必须达到的。第二，基本原则也是一个规则，或者说它是一个法则。所谓规则、法则，那就是必须要遵循的，要规范的，在规范的课程改革中来推进课程改革，这是一个重要的方面。第三个，基本原则其实是有专业化原理的。在基本原则里渗透着科学性、规律性，遵循基本原则就是在寻找教育规律，推动教育教学课程改革。在规律化的道路上向前进，我们专的业化水平就提高了。所以大家要记住基本原则，它是一种原理。第四，基本原则也是个思想框架。所谓框架，是一个整体设计，但是这个整体设计的框架，不只是内容，它是有思想渗透在里面的，是思想之下的一种框架。因此我们学习基本原则、把握基本原则，就是在形成自己的思想框架，提高自己的思想认识。第五，基本原则说到底是指导思想的凝炼。课程改革的指导思想非常鲜明，也非常丰富、非常深刻。我们把握了基本原则，其实就是从整体上把握了课程改革的指导思想。基本原则的确是这次课程改革的重要要求，是几种体现。那么这次课程改革，提出几条基本原则呢？这几条基本原则对建设高质量的课堂提出什么要求呢？我想和大家也讨论一下。

第一条叫作坚持全面发展、育人为本。这是一个课改的方向问题。方向就是我开始所讲的，要德智体美劳全面发展。德智体美劳全面发展当中，原来是有薄弱环节的，比如说德育，如何把德育落实在课堂里？我们提出所谓的思政课程和课程思政。加强课堂教学的道德教育，在课堂里让道德意义得到生长，这样的课堂是道德课堂，我们教师是道德教师。再比如说劳动教育，劳动教育本来就很薄弱，但是非常重要。中央提出来劳动教育要以体力劳动为重点。我们有没有思考过，为什么体力劳动是重点呢？我想起马克思说了一句话：体力劳动是防止社会上一切病毒的伟大的消毒液。说得真精彩！新冠病毒是一种病毒，我们都尝试了它带给我们的病痛。但是社会上也有其他病毒："躺平"、不爱劳动、好逸恶劳、坐享其成、不劳而获……请问这是不是病毒？梦想一个晚上就"暴富"了，就"啃老"了，不爱惜劳动成果，不尊重普通劳动者，这些都是社会上的病毒。这个病毒靠什么去防治？马克思讲的体力劳动。加强劳动教育，让学生出力出汗，当然还要动手动脑，那么这个薄弱环节就得到克服，学生就能全面发展，这就是育人为本。美育同样如此，我们过去总是把美育放在加强艺术教育上，没有错，艺术教育我们很薄弱，但只是艺术教育还不够，艺术教育只是美育的一个重要部分。中央文件对美育做了四个方面的规定，非常具有专业性。第一，美育是审美教育，那就是感受美、欣赏美、创造美。第二，美育是情感教育。第三，美育是心灵教育。第四，美育是有利于想象力、创造力发展的一种教育，培养学生的想象力、创造力。大家共同来培养的拔尖创新人才，首先是德智体美劳全面发展的人才。坚持全面发展、育人为本，这是课程改革的方向，也应该是课堂教学改革的方向。衡量课堂教学是不是高质量的，就看五育并举、五育融合如何落实在课堂里的。这是第一条基本原则。

第二条基本原则叫面向全体学生因材施教。因材施教，多么熟悉的概念——中华民族伟大的教育智慧。它不仅是中国的教育思想，也是具有世界普遍意义的。怎么能够面向每一个学生，不让每一个学生掉队，让所有学生都得到全面发展？只有因材施教。高质量的课堂应该是因材施教的课堂。"泰州师说"，顾名思义，我们要讲讲泰州老师的故事。我想起了扬泰地区的一位数学老师荀步章，他是教数学的，是数学特级教师，他研究数学教学中的因材施教。但是因材施教有多种角度，要落实在班级社会之当中，还是不容易的。他找到一个重要角度，那就是学生的认知风格，以认知风格的差异性来实施因材施教，这就跳出了以分数为基础的框架。来分班分层教学，那是我们反对的；以科学的态度，实施更高水平的因材施教才能面向全体学生。这个第二条基本原则，其实告诉我们的是课程改革的对象也是高质量课堂教学的质量，是指向每一个学生的真正的成长，这是对象问题。

第三，课程改革要聚焦核心素养，面向未来。各位老师对核心素养已经非常熟悉了，世界上几乎所有最发达的国家和最重要的国际组织都不约而同地研究核心素养，可见核心素养对一个人的未来成长是多么重要。今天的课程改革，今天的高质量发展，就是让我们学生从一般的素养发展走向核心素养的发展。比如说经合组织提出学生核心素养，在我印象当中非常强调三个方面：第一主动使用工具。第二在异质群体中学会互动。所谓异质群体，就是来自不同背景的，拥有不同性格、不同基础的学生在一起时，我们要学会协调、沟通、理解、对话，这是一种素养。第三是积极行动，思维是在行动中培育起来的。日本提出要发展学生的思维能力，提出五种思维能力，对我们也是很有启发的。一是逻辑思维，逻辑思维说到底是种理性精神；二是批判性思维，批判性思维不仅是一种质疑能力，还包括人的精神气质，比如说积极的态度、开阔的胸怀；三是元认知思维；四是适应性思维；五是创造性思维。韩国提出六大核心素养，除了以上说的，第六个方面的核心素养叫共同体素养。这些对我们都很有启发。他们都是聚焦核心素养，带领学生走向未来。而关于中国学生的核心素养，高中课程标准里把它凝聚成三个方面，那就是正确价值观念、必备品格和关键能力。我们以核心素养来对课程内容进行结构化，在结构化的内容当中推动学生的健康发展，这种发展是指向未来的，是能带着核心素养走向未来的。核心素养是随之发展的一种观念、品格和能力。那么这第三条基本原则其实讲的是课程内容高质量的课堂如何以学科核心素养推动课堂教学改革，学生在学科教学当中以学科核心素养再带动其他素养的共同发展。说到核心素养，我们还必须提到综合素质，要增强综合素质。而综合素质的核心问题是什么？是创新思维、创新素养。所以第三条基本原则也告诉我们课堂教学的高质量是一个以素养为导向的课堂教学。以素养为导向的课堂教学就是让现在的学生质量得到提高，也就是未来人才的培养质量得到提高，这是真正的课堂教学高质量。

第四条基本原则，增强课程综合，加强关联，也就是课程的综合问题。为什么强调课程综合？为什么在今天的课程改革当中规定每一个学科（当然除掉像劳动、道德与法治等学科课程和其他活动课程以外）要拿出 10% 的课时来设计组织跨学科的主题学习呢？因为那就是课程的综合地带。课程综合地带最有利于学生视野的开阔，有利于学生创新思维的培养。所谓课程的综合，在我看来就是三个"打开"。打开什么？第一是打开学科边界。学科不应该是孤立的，更不应该是割裂的，它是一个课程的育人蓝图，它是互相融通的。第二是打开眼界。打开眼界就是增长见识，见识比知识更重要。第三是打开自己的胸怀。所以课程的综合，说到底是培养学生的以创新素养为重点的综合素质。这在课程改革中，我们把这条基本原则叫什么？我们把它叫作机制。也就是说，课程改革、课堂教学改革应该有个机制的变革。这个机制的变革通过课程综合、教学综合来推进。

第五条基本原则大家都非常熟悉：变革育人方式，注重突出实践。我们要引导学生学好书本世界，在符号世界里提高自己的认知水平，但是这不够。我们还要引导学生从书本世界、符号世界，走向丰富的真实的生活世界。在真实的情境中帮助学生来学习，改变他的学习方式，那就是所谓的做中学、用中学、创中学。陶行知先生早就提出教学做合一，要以做为中心。做就是实践，实践育人。这是我们课程改革非常强调的一条基本原则，也是高质量的课堂教学的基本原则。这第五条基本原则，如果我们做个概括的话，叫作什么？方式。因此第五条基本原则从方向到对象，到内容到机制到方式，形成一个课程改革的框架。这个框架落实在我们今天的课堂教学当中，以基本原则引领课堂教学改革，把课程改革的主要思想精神要求落实在课堂里。那么我们这个课堂就是高质量课堂，而这样的课堂，它是能够提高未来人才培养质量的，让学生将来成为有用的人才。这是我讲的第二个问题。

教师的专业发展

那么，这两个问题就带来了教师的专业发展。教师专业发展如何紧紧聚焦人才培养质量的这个重大主题来促进自己的专业发展？我想到教师要建构几个坐标。

第一个坐标，道德坐标。教师的专业发展首先是道德发展，为什么？因为教育首先是道德事业。大家都知道教育是科学，在于求真；教育是艺术，在于创造；教育是事业，在于奉献。说得都对。其实在这三句话的背后，我认为还有第四句话，这第四句话叫作"教育首先是道德事业"。教师首先是道德教师，道德教师是超越学科的，道德教师也是超越岗位的，所有的教职员工首先要做道德教师。道德教师的坐标要求我们做到四点：第一，对道德教育认知要更加深刻。因为道德关乎到人类的幸福，关乎到智慧、法治等，道德和它们是紧密关联的。第二，我们教师本身是有道德的。第三，以道德方式来展开教育。如果不以道德方式展开教育，不是真正的教育。第四，能够将思想政治教育、道德教育，有机自然地融入自己所教的学科中。能做到这四条，我认为他就是道德教师。提高人才培养质量首先让自己成为道德教师，让课堂成为道德课堂。在这样的道德课堂里，让未来的人才成长，生长起道德意义，这是个最根本的问题。

这个坐标相当重要，老师们，我们建构起来了吗？

第二个坐标，理想坐标。我们要坚定理想信念，理想和什么有关系呢？理想实际上是和价值观有关系的。南京师范大学的鲁洁教授，已经离开我们了，我们非常怀念她，她是一个真正的大学者，在我看来她是一个大先生。她曾经对价值做了一个最简要的解释。她说什么叫价值？价值就是理想中的事实。我理解的价值、价值观是离不开事实的，离不开教育世界、教育现象、教育行为的。但是我们不能只看着教育现象，要从教育现象里看到我们的理想，要听从理想的召唤。所以理想中的事实是价值，讨论价值就是讨论理想。我们要做一个有理想的教师，建构起自己理想信念的坐标。这个理想信念坐标，在我看来，用一句话来概括，就是"胸怀国之大者"。什么叫国之大者？国之大者就是国家最重要的国家的战略、国家的安全、国家的利益、国家的立场、国家的命运、国家的未来，这是国之大者。胸怀国之大者，就是要把国家的大事放在自己心里，当作自己的责任，当作肩头上的使命，这样的人叫胸怀国之大者。对我们教师来讲，这个价值坐标体系，就是把立德树人扛在自己肩头。我建议大家牢牢记住人民教育家于漪老师讲的话，我站在课堂里有两个肩膀，一个肩膀挑着学生现在，另外一个肩膀挑着民族的未来。老师们挑着学生就是挑着民族啊。挑着学生的现在就是挑着民族的未来，我们大家都有两个肩膀，但是我们挑着了吗？我们把责任扛在肩头了吗？做到了这一点，把立德树人落实在教育教学过程中，落实在高质量课堂教学当中，那么我认为你这个价值坐标体系就建构起来了，那你就是一个胸怀国之大者。这是我讲的第二个坐标，是理想的坐标。

第三个坐标专业的坐标。这个专业坐标我侧重讲课程教学的智慧和本领，因为我前面第二个问题讲到了课程改革的五条基本原则，这五条基本原则把它融化在我们课堂里，就成为我们重大的课题，也成为我们教师专业发展的重要价值坐标体系。育人方向问题、因材施教的本领智慧问题、面向未来的关键能力问题、增强综合素质注重关联的机制问题、学习方式变革问题，说到底是育人方式变革问题。我们做到了吗？这个专业水平你得到提高了吗？这个专业的坐标体系是以育人为本，要提高未来人才培养质量，这是非常重要的，要进行系列化的、结构化的教学改革。我们固然要在许多方面一点一滴地做好，但是我们要整体设计系列化的改革方案，课堂教学质量提高的方案，这是一个专业问题。课程改革培养未来人才，专业化的水平也将会越提越高，我们时刻准备着。

第四个，建构儿童研究的一个坐标。儿童是我们教育的对象，但是他们更是我们教育的主体。教育就是为了他们，为儿童，为当今的儿童。从现在的学生要发展成为未来的人才，我们首先要研究当下的儿童。当下儿童和过去儿童有许多相同的地方：儿童的基质是不会改变的，但是随着时代发展，他在发展的各个方面又发生许多变化。比如说现代技术。人工智能出现后，如何让学生对待人工智能呢？这其中有伦理道德问题、人的主体问题，让技术退到后面去，让学生站到机器、技术前面来，千万记住不要让你的学生掉在手机里，千万记住不要让学生成为现代技术的奴仆。在我们拥抱现代技术的时候，我们发挥自己的主动性、想象力和创造性。再比如说，现在资源如此丰富，但是为什么联合国教科文组织提出好多学生存在着学习贫困呢？资源丰富和学习贫困造成一种矛盾，这个贫困来自哪里？学生不会学习，不能创造性学习。我们也不能够让每个孩子享有公平而有质量的教育，因此说他的学习是贫困的。再比如说，文化如此多元，影响价值观一直在影响着我们，但是对价值观我们是需要选择的，教学当中，不把价值观教育渗透在整个教学过程之中，帮助学生进行价值澄清、价值体认，帮助选择价值观，用价值观来引领自己，他不会成为一个健康发展的儿童。这和教师本身对儿童特点的认识和对价值观的认识是分不开的。再比如说，我们是一个合作的时代，合作要高于竞争，但是当下为什么如此内卷、如此焦虑呢？又比如说，三年的疫情给学生的内心带来多少的负面影响。这些负面影响总会被学生自觉或不自觉地表现出来，我们的教育做好准备了吗？我们教师专业发展的要求，关注到学生这些发展特点了吗？所以我认为教师要提高课堂教学质量，重点研究当今课堂中的儿童，把儿童研究好了，把儿童研究的坐标体系建构起来了，我们发展了，儿童也得到发展了。那么，未来人才培养质量也就得到提高了。

最后我还想说，"泰州师说"我真的很喜欢。今天和大家聊了这么多，聊得不对的地方请大家批评指正。让我们牢牢记住中国式教育现代化高质量发展，把高质量发展落实在课堂里，为培养未来的人才而共同努力。

郑毓信

南京大学哲学系教授，博士生导师，著名数学哲学家

"数学课程标准"与"数学教学"

我想讲的一个问题，就是"数学课程标准新课标"与"数学教学"之间的关系问题，这也是目前评论最高的两个关键词，把两者联系到一起，可能就会产生一些新的想法。我认为这也是目前一线教师应该需要加强，需要付出更多思考、更多关注的方面。课程标准目前是我国数学教育最主要的指导性文件，以前都叫作教学大纲，从 2001 年开始改叫课程标准。大家想过没有，名称改变是不是也会有一些实质性的影响？新课标是否会有一些无意中让你忽视的问题呢？我想是有的。

举个例子来说明，以前我们国家有一个公认的看法：数学教育包含三个主要部分：一个是数学课程论，一个是数学学习论，一个是数学教学论。这三论构成一个数学教学三角形，也就是课程、学生、教师三角形，世界上公认为数学教学三角形。但是现在课程标准强调的是课程，在三角形中只强调了课程这一个内容，这样的改变是否会造成一定的后果与影响？

我们来看新课标，2001 年版课标、2011 年版课标和 2022 年版课标，这些都叫作课程标准，采用的是课程的视角。课标的编写包括课程的理念、课程的目标、课程的内容、课程的实施，这些就构成了课程的视角。以刚才提到的三角形做背景，显然一个重要的方面——"教学"被忽视了，没有得到强调。新课标中涉及"教学"的内容究竟有多少？新课标中讲到"教学"的部分只是第六章第一节，一共三页纸的内容。一线教师需要天天上课，主要关心的是教学的问题，作为一线教师，应该要做更多的研究。

实际上，现在新课标所提倡的内容概括来讲包含了三方面：第一个是问题的提出；第二个是整体性教学，包括结构性教学；第三个是跨学科教学。我们要搞好数学教学，抓住这三个方面就足够了。这些问题不要指望别人来告诉你，因为你是一线教师，你可以在这方面进行自己的思考。

课标现在提倡三个东西：一个问题引领，一个整体性教学，一个整合教学跨学科教学．我想这几个提法有一定道理，但是依然还有很多问题值得研究。比如，问题提出，就是数学课上需要做到问题引领。你需要考虑三个问题，第一个是"问题提出"是不是真的有道理？第二个是你在实践的时候会出现一些什么问题？第三个是怎么处理好大问题和问题串之间的关系？

第一个问题，数学课是不是一定要搞问题引领？是不是真的有道理？我认为是有道理的。因为数学课需要启发学生的思维，老师要发挥引导作用，要引导同学自己思考，学生要有主体地位，用比较专业的语言讲就是双主体。一件事情怎么做到两头都能够兼顾？唯一的办法就是问题引领。老师提问题进行引导，学生对问题进行思考，主体地位就彰显出来了，所以强调问题引领是有道理的。第二个问题，你在实践的时候会出现一些什么问题？专家一般没上过一线课，对于这个事情他未必意识得到，这里面很多问题需要进行深入研究。第一个方面，新课标现在特别强调要按照真实情境，要创设真实情境去发现问题。那么问题引领是不是一定要讲究真实问题、现实中的问题？我想不一定。你可以试一下每一堂课在真实问题上花费了多少时间。数学是抽象的，数学一定要去情境，不能局限于某一个具体的情境。怎样去处理提出问题、情境设置和去情境之间的关系？我想新课标并没有讲清楚。第二个方面，现在很多老师提倡课堂中要调动学生的积极性，最好的办法就是让学生自己提出问题。当然，学生能自己提出问题固然是好，但是学生提出的问题能不能正好符合教师的要求？这显然很难。学生提的问题跟老师提的问题，这两者之间的关系，我认为这个问题还没有解决好，或者讲需要反复地去实践，需要进行探究。我们老师在一线最有发言权。问题引领的第三个大问题，就是处理好大问题跟问题串之间的关系。问题引领要学生进行思考，提出的问题显然不能太多，问题太多了学生就没时间思考，所以我们又提出核心问题引领，或者叫大问题引领。教师在上课的时候必须通过一系列的问题整体设计，把学生思想逐步引向深入。就像吴正宪老师讲的，问题要形成一个问题串，要由浅入深，一步步把学生的思想引向深入。

总结一下，新课标提倡的问题引领非常正确，但是下面具体操作时，你就一定会碰到这些问题：怎样去处理提出问题、情境设置和去情境之间的关系？怎样去处理学生提的问题跟老师提的问题这两者之间的关系？怎样去处理好大问题跟问题串之间的关系？我想，如果你把问题引领的三个方面问题都能这样仔细去琢磨，你就成长了，你就真的成了专家了，不需要人家来告诉你了。而且可以肯定地告诉你，到目前为止，这些问题都还没解决好，所以真正需要的是做工作、做研究，而不是要指望哪一个人有现成的答案来告诉你。这是我讲的第一个思想。我们还是要去学课标，领会课标的思想，但是不要被它束缚住，要自己成为课改的主人，要自己去发现问题，自己去想问题。

我认为，我们老师关心的数学教学的问题是这些年来新课改的一个重要关注点。课程改革刚刚开始特别强调课程教学方法的改革，当年特别提倡几种新的教学方法，即所谓的情境设计、动手实践、合作学习、主动探究。我们认为改革就是要用这些新的东西完全取代传统的教学方法，后来发现这是不对的。所以新课标现在特别强调教学方法的多元化。应当讲这是一个重大的进步。但是我认为有一个更大的问题，也就是新课标没有关注到的：教学到底该如何着手？教学方法变多了——教学方法本身就需要强调多元化，这没有问题，但是在多元化基础上，你下一步应该怎么走？那就需要化多为少，要化复杂为简单。

任何的认识活动，它本身都经过这么一个循环的过程，首先是由少变多，由简单变复杂，就像看一本书，越看越厚。然后更高的层次是要变多为少，化复杂为简单。而我们现在所需要做的是不能泛泛地去讲多元化，作为一个老师你一定要想清楚，搞好数学教育最根本的、最重要的是什么东西——我把它称为数学教学的关键，抓住了关键，很多东西都是次要的了。就比如说北京的一位老师，他说我做了一辈子老师，觉得小学数学其实就这么一点东西。这点东西是什么？是观念。

新老师容易出现的问题就是觉得每个东西都很重要，什么都要铺开，一上课什么都要讲到，顾此失彼，成天忙得要死。忙！茫！盲！一个是生存的忙，一个是茫然的茫，最后是盲目的盲。根本原因是缺少了判断能力。教学里面最重要的是要抓好关键。我最近做的一个工作就是探讨如何抓好关键，如果你觉得对这个问题感兴趣，你可以看看今年出来的一本新书《数学教学的关键》，这本书就包括了我刚才讲到的一些东西。

我认为，当今还有一个要特别当心的，就是要淡化形式，注重实质。什么意思？就是不要在形式上做文章，不要在口号上做文章。围绕数学教育目标来看，数学教育是一个人类社会的有意识的、有组织的社会行为，它是具有明确目标的，我们所做的一切都叫实现目标。但是我的问题是：让你突然想数学教育目标，你会想到多少？我想一讲到数学教育目标，你的头脑中一定会出现很多概念。因为这些年来我们出了三个课标，每个课标都有自己的想法，所以你头脑里想到的概念一定有这些字眼："三维目标""四基四能"，现在又出来一个概念叫"三会"，还有"核心素养"，还有"核心概念"，还有所谓的"三新"。你自己看看已经多少概念了。提到数学教育目标就是一大串，是不是有点堆积口号，是不是有点玩词语的游戏？如果一线数学老师完全没想清楚这些东西，那么越想要赶时髦，就越是欲哭无泪，为什么呢？大家可以试试看，你要上一堂样板课，首先就要备课，写教学目标。那么怎么写呢？一位课标审查组的老师介绍，比如要上"有理数的加法"这节课，教学目标需要怎么写？至少要六个方面。写作有两个要求。要讲"四基""四能""三会"。这是第一个要求。还有第二个要求，所有目标确定以后，所选用的词语都还必须要符合要求，就是都必须采用统一的格式：动词＋形容词。动词分两类，一个叫过程性目标；一个叫结果性目标，而每一个动词相对分为四个层次，每一个层次有不同的规定用语，不能乱用。六个目标都要按照这种要求来写。作为一线教师，怎么能写出一个符合这种要求的课程目标呢？比如说一个目标到底是用"认识"还是用"感悟"？还是用什么字眼？如果陷于此，就是新八股，这是一种误导。当然这只是个人的一种理解。但是我想更重要的东西，就是我们一定要淡化形式，注重实质。

什么叫淡化形式，注重实质？数学教育到底为了什么？我们为什么需要学这么多的数学？数学教育的目标到底是什么？我喜欢看书，有几句话我也记不大清楚，我觉得用在这边挺合适。一位专家说那些专门做教育的教育家，因为专注的做一件事情，容易陷到自己的口号里去，每一版（文件）就要起一些口号，口号越来越多，最后实在没办法，就说构成一个层次结构。再怎么讲层次结构你也不能这样搞，对不对？上一堂课要写这么多目标，这还得了？所以我今天讲的这些东西，主要是讲给一线老师听的：千万不要陷到这种纯形式的追求上去。那么怎么办呢？注重实质。你要想清楚数学教育目标的最终目标到底什么。我认为很简单，数学就是要让人变得比较聪明。语文主要是培养你的情感，数学就是让人变聪明，要让人学会思维，当然你可以具体展开来说。

我认为这里面最主要的有两个关键东西。第一个关键字是"跳"。一定要跳出数学来看，现在讲的"三会"自然就没跳出来，"三会"主要讲的数学的眼光，数学的思维、数学的语言，这些都是数学。但将来并不是所有的人都搞数学，大部分人是不搞数学的，而且数学思维也不是唯一有效的，还有文学思维，还有艺术思维，还有科学思维。为什么一定要有数学思维？如果每一种思维都像这样，学生必须要学，那么学生忙得过来吗？不要老想着数学，数学不是包打天下的东西。这第一个字，要"跳"出来。

第二个关键字是"入"。要回来，要入，什么意思呢？我们知道教育的总体目标是提高学生的素养，是立德树人，这是对的。每门学科到底能做些什么事情，才能有助于实现这个总体目标？数学能做些什么？刚才讲了，数学跟语文是不一样的，语文是培养人的情感，用诗意的语言来培养学生的情感，数学就是用深刻的思想来启迪学生。所以数学一定离不开思维，但我讲的不一定是数学的思维，而是通过数学学会思维。具体来说，不是非要让学生按照数学家的思维方法去想问题，难道我们不能按照逻辑思维吗？不能按照辩证思维吗？不能按照文学思维吗？我们需要讲究学会思维，需要提高思维的品质，这是数学要做的事情。数学要做的就是要提高学生思维的品质，让学生知道，到底什么是一种应该追求的方向。因为教育说到底就是一种价值观念培养，让学生知道往哪里走，要让学生学会，想得更加合理一点，想得更加深刻一点，想得更加全面一点，这才是数学所能够追求的东西，这才是数学需要做的事情。语文与数学不同，语文是感性的东西。而数学是一种理性的东西，其目的就是要让你学会想得更深一点，想得更细一点，想得更合理一点，想得更全面一点。所以不要去管那些三个还是四个、六个核心素养什么的。作为一名数学老师，你想的是需要怎么样才能对得起我的学生，特别是让学生记住你的课，给学生将来毕业以后真正留下一点有用的东西，而不是只是对付考试，不只是为了对付中考、高考。让他们逐步地学会思维，提高思维的品质。

当然这样讲还是有些空洞。具体地说，我认为当前特别重要的观点就三个。第一个是要学会联系。要让学生学任何东西就去思考跟以前的东西有什么关联，跟将来有什么关系，关系到深度跟广度。第二个是要学会变化。这个观点我以前早就提过，就是数学基础知识的教学不要求"全"而要求"联"，关键字是"联"。数学基本技能的学习也不要求"全"而要求"变"，方法太多你不可能全部掌握的，你掌握几个方法，会变就行了，这两点是我早就讲过的。现在我讲第三点，就是要学会总结反思后再认识。因为人的发展有过程，数学题不是一味快快快，而是要教学生学会深刻的思维，要强调反诘，即反思、强调、总结，强调再认识，这是我现在特别思考的事情。以前老讲反思，现在我觉得更好的提法是再认识。如果我们把这个事情想清楚了，我们上课的时候心里就更加有底了，不要在形式上做文章，也不要光去追求跟课标的一致性，追求时髦的东西，而是实实在在做点对学生真的有利的事情，帮助他们学会思维。而且每个人基础都不一样，不可能每个人的数学都学得很好，但是如果每个人都通过数学课在思维品质上有所提升，有点收获，知道想任何问题都不要太急，想深一点，想细一点，想得合理一点，老师就是作了贡献了。

所以我们一线老师，第一个要让学生学会独立思考；第二个认准方向，化多为少，化复杂为基础，然后踏踏实实去做，如果做到以上两点，不管你有没有高级职称，你都是一个好老师。这些思想在我另外一本书《数学深度教学的理论与实践》中都有所体现。深度教学，就是要从知识层面深入思维层面，深入思维品质。我觉得如果我们中国的数学教育能做到这一步，那就更加上了一个层次。

李政涛

华东师范大学教育系教授，博士生导师，长江学者

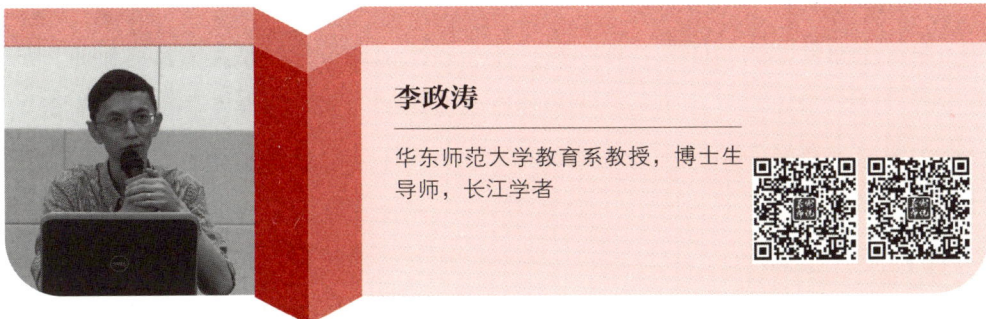

新时代的中国教师要有教育教学的新基本功

今天我想和大家分享这么一个主题，那就是"新时代的中国教师要有教育教学的新基本功"。

为什么要讲这么一个主题呢？我一直有一个困惑，也是一个思考。这么多年来，特别是新时代，中共中央、国务院、教育部出台了各种各样的重大的教育新政策，这些新政策也有许多的新理念，那么这些新政策、新理念该怎么落地呢？怎么来贯彻落实呢？如何在实践中落地、落实、落细呢？有很重要的一点，就是要转化。化到哪里去啊？化到咱们中小学教师的教育教学基本功那里去。如果不能把这些新政策、新理念化为咱们老师日常的教育教学新基本功，这些政策、理念就很难长到教师的身上。

那怎么化、怎么长？需要哪些教育教学新基本功呢？我说说我的想法。

第一个新基本功是立德树人。习近平总书记多次强调立德树人是中国教育的根本任务，这根本任务明晰了、确定了以后，咱们教师怎么办呢？人民教育家于漪先生有两句名言特别打动我：第一句说立德树人是中国教师的大基本功；第二句说中国教师要有立德树人的第一基本功。它既是大基本功，也是第一基本功。这话说得太好了。

第二个新基本功叫研究。在以往，我们多次强调教师要从经验型教师走向研究型教师。到了新时代，研究型教师要有什么新的内涵呢？要有新的研究对象、研究内容或者研究的问题。首先是研究学生。到了新时代，学生的发展需要、认知方式、学习方式、思维方式，都会因为时代的变迁而发生转变。比如，信息技术时代催生了视频图像，在这么一个视频时代、图像时代，孩子在一定程度上就成为了所谓的"视频人"和"图像人"，和我们这些"60后""50后"的人相比真的不一样。我们更多是"文字人"，是读纯文字书长大的。他们不一样，天天泡在视频图像的汪洋大海里，他们的认知方式、学习方式、思维方式和"文字人"有许许多多的差别。研究他们，研究作为"视频人""图像人"的孩子的基本状态，以此作为教育教学的新起点。还有，现在也是数字时代，人类正在走向数字文明，今天的学生需要有数字素养、数字能力，怎么对这个问题展开系统深入的研究？除了研究学生，还要研究学习。这跟学生是密切相关的。在这个时代，学生的学习方式和我们教师自己的学习方式有很大的变化，比如出现了移动学习。因为有了手机，有了电脑，有了网络，学习已移动化了，不再像以往那样固定在一个特定的时空里，时间通过课表来确定，空间通过教室、图书馆、书房来确定。现在移动化了，随时随地都可以让学习发生，因此出现了泛在学习。那么在移动学习时代、泛在学习时代，怎么处理好和课堂中的学习的关系？还有什么学习方式呢？碎片化学习也和手机、网络、电脑有关。现在我们习惯了通过手机来获取信息，手机也成为学习的载体。好处是便捷，信息量巨大，但毛病也是显而易见的，这方面我很有体会，过去呢我作为一个读书人，读一本理论书，完整读一遍是不难的。我常常给我的学生讲，我当年为了锤炼自己的思维品质，找了一本书，黑格尔的《小逻辑》，用了6个月的时间，一页一页，一段一段，一行一行，一句句地细读、研读，每一条注释我都读遍了。那个时候的读书很专心，很静心，也很有耐心，现在感觉不对了，因为习惯了碎片化阅读、碎片化学习。让我再来看一本理论书籍，时不时要跳着读、翻着读了，当年那种专心、耐心、静心在逐渐地流失。怎么办呢？怎么解决啊？我们在一些实验学校里专门做了一个课题，也是个课型，叫"碎片化学习与整本书阅读"，把两者打通。带着孩子们从碎片化学习、碎片化阅读走入整本书阅读，再带着整本书阅读过程中培养出来的尽心、耐心、专心，还有阅读的策略、方法，再回到、再走入碎片化学习，提升碎片化学习的质量。还有什么学习方式是这个时代特有的？人机交互式的学习。看手机是人机交互，看电脑、用iPad学习都是人机交互，怎么在人机交互学习中提升学习质量？怎么做人机交互学习中的主人？做机器的主人而不是做它的奴隶，这是新时代的学习方式面临的新问题。还有什么学习呢？深度学习，这两年太热了。深度学习的基本理念就是一句话：既要让学习在课堂上真实地发生，也要让学习在课堂上深度地发生。什么叫真实地发生啊？当学生面对一个复杂问题的时候，学习真实发生了；当他在学习过程中遇到困难、遇到障碍、遇到挑战的时候，学习发生了；当他在学习过程中，展现个性化的观点、主张、判断，有个性化的思考的时候，学习也真实地发生了。什么叫深度地发生呢？你只需要回答一个问题，深度学习深到哪里去？第一，一般人马上会想到深到思维那里去，培养学生的高级思维，比如说批判性思维或者审辩式思维，这大家经常讲的，但很容易忽略下面两个深度学习的路径。第二要深到情感那里去。情感的学习也可以很有深度，可以深到情感的吸引力、微妙之处，深到情感的丰富博大之处，还可以深到情感的深沉与复杂那里去。情感的学习也可以很有深度。第三，深度学习也可以深到审美那里去。对美的学习、感知、感悟，对美的创造和表达，同样可以很有深度，它和每个老师都有关。我常常说每个老师都要在课堂上努力地把自己的学科之美美出来，更要深度地美出来。要把学习方式的研究、学习方式的变革作为一个起点，学习方式变了，课程就要变，教学就要变，教研也要变，相应的评价等都要随之发生改变。研究学习，除了之外，还研究课标、研究教材、研究我们的教学方式等。这都是新时代教师研究的新基本功。

　　第三个新基本功叫融合。融合的新基本功表现在以下几个方面：第一，跨学科的融合。为什么需要跨学科融合教学？有两个原因。第一，生活和思想本身是不分科的，它本来就是浑然一体的；第二，每个学科都有它的所见所能，也一定有它的所不见和所不能。我们以"盲人摸象"这个成语为例。象是什么呢？象就是宇宙、自然万物，象就是人类社会，不同学科都以它各自的方式去摸，去探索、探究这个象的规律，但没有一个学科能够穷尽世界之下、社会之下的所有规律，那是不可能的。所以一个学科摸到了这个象的大腿，另外一个学科摸到它的鼻子、它的尾巴、它的耳朵等。正因为如此，才需要跨学科，用一个学科的所见所能，去弥补另外一个学科的所不见和所不能。但在跨学科教学中，需要坚持一个原则。什么原则呢？坚持学科本位，持守学科价值。不能因为语文跟思政跨、和历史跨、和数学跨，就把语文的根和本丢掉了，语文不是语文课了。不能因为数学和语文跨、和历史跨、和地理跨，数学课就没有数感了，就没有数学思维了，就没有数学文化了，数学课就不是数学课了，丢了它的魂了。所以跨学科的前提是学科教学，反过来，正因为有了跨学科的融合教学，我们才对每个学科独特、不可替代的价值有了更加清晰的体认，它是相辅相成的。还有一个跨时空的融合，那就是线上线下双线融合教学。今天的老师不仅要能线下教学，还要能在线教学，更要能够线上线下融合教学。这个教学方式更新了以后，意味着我们对什么是好课的评价标准，和过去相比要有新内涵了。当年我的导师叶澜先生曾提出过关于好课的五个"实"，是非常有代表性的好课标准：好课要扎实、充实、丰实、平实，还要真实。非常有代表性。但这五个"实"，是她老人家对于线下的课堂观察、分析、研究、梳理、总结而成的，课堂到了线上以后呢？课堂进入双线融合教学以后呢？同样是扎实、充实、丰实、平实和真实，它应该有什么样的新的内涵呢？我们要探究，我们要思考。至少我认为，融合度会成为双线融合教学基本的判断标准。线上线下穿梭切换、转换，它的自然度，它的自如度，它的流畅度都是融合度的具体表现。还有一个融合，跨五育的融合。五育并举、融合育人提出来以后，怎么让它进课堂呢？怎么让它变成咱们老师的教学新基本功呢？我们提出几个教学原则和要求。

第一个原则和要求：五育融合不等于学科融合。虽然五育融合要依托、借助学科之间的融合才能实现，但是五育的融合逻辑不等于学科的融合逻辑，不能用学科的融合来替代五育的融合，它是不一样的。

第二个原则和要求：五育融合要化为一种视角和眼光。五育融合不仅是个概念、是个理念，它也是一种视角、方法和眼光，要以此视角和眼光来解读课标、解读教材、解读具体的教学内容，还有解读学生以及解读教师的教学能力、教学素养和教学新基本功。

第三个原则和要求：我特别想讲一讲，五育融合不宜面面俱到。不是说每个学科、每一堂课都要全面地系统地、做到五育融合，这是不现实的，我们可以找本堂课的主融合，再配置于次融合把它结合起来。我举个例子，几年前北京的数学名师华应龙老师，也是我老朋友了，他给我发来了一堂自己的课堂实录，让我来点评。当时我很犹豫，我说我不是研究数学教学的，我是语文教学的研究者，我不懂数学啊。他说没关系，你就按照一般的课堂教学的要求原则来看看我这堂课。我看了以后很受启发。他这堂课是从讲故事开始的，讲了一个卖牙膏的故事：说在美国，有家很大的牙膏公司，很有名，但有段时间业绩不断下滑，老板很着急，召集大家开会，商量该怎么办呢？怎么扭转这个不利的局面呢？有一位员工提了个建议，说老板这么着，我们把牙膏管的口径从 4 毫米增大到 5 毫米。老板一听，哎，好主意啊！他眼睛一亮，采纳了。结果第二年……华老师让学生去猜，说你们猜一猜，自从牙膏管口径从 4 毫米扩充到 5 毫米以后，他们第二年的销售额，增加了多少啊？学生们都没有猜到。因为他们没想到就增加了 1 毫米，销售额就增加了 56%。从这个故事入手，华应龙引入了相应的数学知识、数学方法和数学思维，课上到这一步已经很好了，但这还不是华应龙老师应该有的水平，接下来的教学更精彩。他开始引用一个全国人大代表的提案。这个人大代表对中国的牙膏厂做了大范围的调研，就发现近年来很多牙膏厂都在悄悄地扩充牙膏管口径，有的甚至增大到了 8 毫米。他为什么写这提案呢？一方面呼吁政府加强监管，不能任由牙膏厂这么盲目地扩充；二来呢，他也希望牙膏厂不要一味地这么做，他做了个统计，把牙膏口径哪怕从 8 毫米降到 5 毫米，牙膏的使用量都将因此减少 75%。华老师为什么引用这样一个提案呢？接下来，他就开始从四书五经中的《大学》《中庸》找了一些名言警句，对学生开启了俭以养德的教育。俭以养德，节俭是中华民族的传统美德。公司老板心里想到的是利润，而人大代表和华老师心中想到的是节俭这个美德。这么一教，德育就在数学课上真实地发生了。这么一教，这堂课的主融合就出现了，那就是德智融合，德育和智育的融合。这堂课就是德智融合的一个典范。这是第三个原则和要求。

第四个原则和要求：五育融合要找到融合的路径、载体和抓手。当我们解读了五育的因子、五育的内涵、五育的价值以后，接下来就考虑用什么路径、载体、抓手，在课堂上把五育给它融起来。最重要的一个路径、抓手，那就是情境的创设。可以像华老师那样讲个故事，也可以开展一个学科的教学活动，比如说戏剧表演、角色扮演，通过情境，让孩子们在课堂上把五育融起来。

第四个新基本功是协同。这协同首先是家校社政协同，今天是个家校社政协同育人的大时代，那么老师们有没有在日常教学中培养和家长、社区工作者等协同育人的新基本功？还有一个协同，我称之为双师协同。这个双师不是一般我们所理解的校外教师、别班的教师、其他名师和本校教师或普通教师的双师协同。我指的不是人人双师，是人机双师。因为有了信息技术，有了教育元宇宙，有了ChatGPT，有了智能教育机器人，它们也承担了教师的角色，发挥了教师的功能。现在在人师之外也出现了机师。前段时间我们在北京开了一个会，主题就是人师和机师协同育人。华南师大的黄甫全教授带着两个团队，讲了两节课，给我们展现了智能教育机器人。现在机师已经开始进课堂，和人师共上一堂课，协同育人时代来了。所以教师有没有和机师协同上课、协同育人的新基本功呢？

第五个新基本功叫评价。《深化新时代教育评价改革总体方案》出台以后，评价改革的重要性越发凸显，它不仅是教育改革的最后一公里路，也是最初一公里路。一个用教育评价改革来撬动、引领教育教学改革的新时代来临了。这个政策文件里提出了许多新的评价理念，要求我们要从关注冷冰冰的分，转向关注活生生的人；要从育分走向育人，走向在育分中育人，以育人的方式来育分；更要去关注运用过程性评价、增值性评价等。这些都是新的评价理念、评价政策。还是回到刚才我提到的问题，这些关于评价改革的新政策、新理念有了，教师怎么办呢？我们怎么在日常教学中运用过程性评价、增值性评价，有没有相应的评价新素养、评价新能力和评价新基本功呢？这都是对我们新时代老师们的最新挑战。

第六个新基本功就是数字化。这是一个数字化转型、数字化教育的新时代，没有数字化就没有未来，没有教育的数字化就没有教育的未来。同样我们可以讲，没有教师的数字化也没有教师的未来。今天的教师在日常教学中，有没有数字化教学的素养能力和新基本功？这是数字时代、数字教育时代对教师的新挑战和新要求。

以上就是我对这个主题的所思所想，还非常粗浅，供大家参考。

编者感言

胡唐明
泰州市教育局教研室副主任，正高级教师，
江苏省特级教师

感言

  今年的"理论之光"课程以教育高质量发展为主题，邀请了四位国内知名专家为我们开讲。其中，袁振国教授讲的是《基础教育的高质量发展》，成尚荣研究员讲的是《在高质量的课堂里培养未来人才》，郑毓信教授讲的是《"数学课程标准"与"数学教学"》，李政涛教授讲的是《新时代的中国教师要有教育教学的新基本功》。

  袁振国教授认为教育高质量发展是国家高质量发展不可或缺的部分。理解教育高质量发展，要从教育的广度、深度和高度三个维度分析。袁教授要求我们在重视学生的认知发展的同时，还要高度重视非认知发展，建议我们的教学要注意向非认知方向拓展。他在开讲中接连抛出了五个反问：认知发展在一个人的人生当中，能够起到多大的作用？能维持多长时间？在人的发展过程当中，是不是有更重要的东西？个人的发展水平仅取决于他的认知发展吗？如果仅或完全取决于认知因素，那么清华北大毕业的学生一定是各业展示风采最突出的吗？接着，他结合实例向我们介绍了关于非认知因素在人的终身发展中的作用和意义。

  仔细想一下，非认知能力对一个人的成功确实重要，它既有助于促进认知能力的形成，也对将来的学历、就业甚至收入有极大的影响。非认知能力中最突出的就是社会情感能力，社会情感能力在一个人离开了学校、学习生涯，进入工作岗位以后，越来越发挥着决定性的作用。袁教授建议"把社会情感能力的教育纳入教育高质量发展战略体系之中"。那么，社会情感能力可测、可评吗？关于是否可以测量，美国芝加哥大学教授赫克曼及众多教育专业研究团队已通过科学研究得出非认知能力无法通过测试获知的结论；关于是否可以评价，研究一下各学段、各学科学业质量水平评价标准及要求就能明白。

以《义务教育语文课程标准（2022年版）》为例，其学业质量标准中有一条"乐于与他人分享积累的经验，并尝试在自己的表达交流中运用"，其中就蕴含着对非认知能力的要求。也就是说，非认知能力往往表现在人的性格、气质上，伴随在认知过程之中，两者不可分割。非认知能力是表现出来的，可通过表现性评价来说明。有一点必须强调的是，非认知能力不仅可评，还可学、可教。例如，小学生遇挫采取极端行为，这是典型的小学生社会情感问题的事件，如果没有正确的教育，这一问题会对学生个人的全面发展造成严重且持久的负面影响。教师、家长、社区可以在心理健康教师或工作者参与下针对"如何正确应对挫折"这一主题开展针对性的协同教育。国际上，已有多项实证研究证明，社会情感能力等非认知能力具有很强的可塑性，是能通过教育措施进行有效干预的，是可以通过系统化培养，促进学生这些能力的发展的。

有学者认为，针对人的生命发展中看似偶然出现，实则是以深存于人的本质中会必然出现的一些非连续性事件为基础的非连续性教育，是帮助人们应付各种困难和干扰并能对人后续的成长发展产生良好效果的教育活动。非连续性教育应受到高度重视，可以帮助学生走出生命发展困境，唤醒其本源性的道德意识，提升社会情感能力，引导个体成长，成为有责任感和实践能力的社会公民。非连续性作为生命发展中的一种本真状态，对生命自我生成与发展有其重要的价值和意义。

成尚荣先生带领我们讨论了三个问题：一是在人才强国的战略之下如何认识坐在课堂里的那些学生；二是高质量培养未来人才一定要通过课程改革；三是教师的专业发展。其实，三个话题顺应的就是"培养什么人？""为谁培养人？""怎样培养人？"三个基本问题。成尚荣认为，高质量育人有很多途径，课堂最为重要。课堂育人必须以立德树人为根本任务，以核心素养为基本目标，以教终身受用的知识为基本内容，追求适合学生发展的教学方法、教学手段和教学技术，尽最大可能保证人人发展。我想强调一下主体参与课堂教学这一重要策略。主体参与是裴娣娜在其所著的《教育研究方法导论》中提出的一种发展性教学策略，课堂中的主体参与是指个体进入教学活动并一起活动，所有个体都积极提出个人意见和看法，使教学系统更完整，使教学效率更高，以保证课堂教学质量。主体参与课堂教学策略实施目的是主体在课堂中全员参与、全程参与、全方位参与及深度参与。结合前面袁振国教授所讲内容，参与中主体的认知能力和非认知能力能够得到同时发展。因此，主体参与课堂教学是促进教育高质量发展的重要策略之一。

南京大学著名教授郑毓信讲的主题是"数学课程标准"与"数学教学"。课程改革已进入深化发展阶段，所有学科都必须回答"学科课程标准"与"学科教学"的关系问题。厘清两者关系，还要弄清楚"问题引领""整体性教学""整合教学跨学科教学"三者之间的关联。"问题引领"，强调教师的主导作用，也突出学生的主体地位。问题置身于情境中，教学中的"问题引领"需要创设情境，创设情境一定要"真实而复杂"吗？郑毓信在他的开讲中抛出了这个问题。怎样分析这一问题？我们一起来掮一掮：首先，情境是沟通知识与思维的桥梁。知识转化为素养，最重要的途径一定是情境。任何知识都是存在于一定的时空、理论、价值、语言符号等文化因素中的。教学情境的创设是把知识转化为与知识产生或具体运用的情境具有相似性结构的组织形式，让主体参与到情境中，从而直观地、富有意义地、快乐地理解知识或发现问题，最高质量是创造知识。其次，教学情境既有物理意义，也有心理意义。物理意义上讲，是教学背景，可以是现实生产、生活材料，也可以是学科问题，还可以是多学科综合性的问题。心理意义上讲，它充分反映了主体对学习的主观愿望，包含许多非认知成分在内。郑毓信教授所说的"数学是抽象的，数学一定要去情境，不能局限于某一个具体的情境"和"每一堂课在真实问题上花费了多少时间不一定有用"的观点与以上认识并不矛盾，他所说的情境侧重于"事实材料推送"这一维度，我们千万不要曲解。

关于郑毓信教授所提的"问题引领""整体性教学""整合教学跨学科教学"的关联问题，我想向大家推荐一本书，那就是由杰伊·麦克泰格和格兰特·威金斯所著的《让教师学会提问——以基本问题打开学生的理解之门》。书中认为，在课堂上，落实大概念必须依靠基本问题，基本问题就像"课程的指南针"一样，为学生指出了一条通往大概念理解的路径。课堂上，教师和学生之间，借助基本问题才能更好发现隐含在学习内容中的思维和逻辑。基本问题是理解的"钥匙"，不仅能打通不同的学科之间的壁垒，可以贯穿不同的年级学段，更为重要的是还可以融通生活，真正实现深度理解，提升元认知，形成迁移能力。

李政涛教授开讲的主题是新时代的中国教师要有教育教学的新基本功，回答的是面对重大的教育新政策、新理念、新概念如何在具体的教育实践中落地、落实、落细的问题。当前的基础教育改革比以往任何时候的概念都多，除了大家非常熟悉的立德树人、素质教育、有效教学等名词外，还有核心素养、学业质量观、ChatGPT教育、大概念、大单元、大任务、大情境、大阅读、智慧教育、以概念为本、协同思考、情境教育、深度学习、情景学习、整本书阅读、任务群、综合实践、学科实践、主题学习、跨学科主题学习、线上学习、线下学习、混合学习、逆向教学设计、学历单、任务单、活动单等等，随着社会的快速发展、思想的进一步解放、理念的不断更新、科学技术尤其是智慧教育技术的突飞猛进，今后新观念、新名词、新概念还将会越来越多的。概念多，不要怕，怕的是头脑不清，怕的是手忙脚乱，更可怕的是反感、反对。目前，我就听到不少教师"厌烦"新名词，甚至还有人发文"批判"。"厌烦"可以理解，"批判"大可不必。新名词确实多了一些，但都很重要。理解这些新名词，要从新名词的"出生"角度去思考。新名词产生于教育改革与发展这一时代背景，并且当前的改革已进入深化阶段。之所以要改革，一定是发展中出了问题。什么问题？归根结底是教育发展问题。当前，我们提出的是教育要高质量，其背后就是人的终身发展。终身发展的教育，就要教终身受用的知识、懂终身受用的方法，训终身受用的能力。也就是说，所有问题都归结于"教什么"和"怎么教"上。以这一角度来审视以上新名词，我们就会"豁然开朗"了。

各位老师，发展是事物本身由低级向高级、由简单向复杂的循序渐进的过程，高质量发展是当前教育的主要任务。着力推进教育高质量发展，建设和重构高质量的教育体系，是建设中国式教育现代化的必由之路。教育高质量发展以"五育融合"为抓手，以促进"人类命运共同体"建设为目标，建设高质量发展的教育是未来一段时间教育改革与发展的核心任务。

后记

　　"泰州师说"走过了十年，我们兑现了让泰州的教师说泰州的教育故事的承诺，我们兑现了与王定华司长的"十年之约"。

　　"泰州师说"，让泰州的教师说、让国内的大家说，说泰州教育故事，促泰州教育发展，这些一直是我们的追求。2016年，我们在南通向时任教育部教师工作司司长的王定华汇报"泰州师说"情况，王司长恳切地希望做十年，看看效果。"十年之约"实现了，我们可以自信地说"泰州师说"十岁了，小树已经长成了大树。

　　2023年的"泰州师说"注定是不平凡的。人民群众对教育有了新的期待。对于如何才能办人民满意的教育，泰州市委市政府提出了新要求：要始终坚持教育优先发展，全面贯彻党的教育方针，落实立德树人根本任务，加快建设高质量教育体系，培养德智体美劳全面发展的社会主义建设者和接班人，持续擦亮"教育之乡"的金字招牌。十年砥砺奋发，"泰州师说"始终围绕泰州教育的目标创新实践，逐渐成为享誉全国的教育品牌，为教育之乡增添了光彩。

　　2023年，我们战胜了疫情，学校教育工作逐渐走向正轨。三年堆积的工作需要处理，新课标、新教材、新评价、新教学又给泰州的教育带来了新的挑战。"泰州师说"如何在困境中助力泰州教育改革，这是课程研发团队必须回答的问题。还在疫情肆虐的年初，研发团队已经完成了全体教师的调研工作，摸清了一线教师的基本需求。2月，王雪飞主任又组织了区县级的广泛调研，教师期待开发的主题逐渐清晰。3月，经过专家的论证，万局长、陆局长等人的研判，最终确定了九个专题。可以说，问计于教师，"泰州师说"课程开发就有了底气。

教育部在《基础教育课程教学改革深化行动方案》中指出，至2027年，形成配套性的常态长效实施工作机制，培育一批深入实施新课程的典型区域和学校；总结发现一批教学方式改革成果显著、有效落实育人要求的教育教学案例；教师教学行为和学生学习方式发生深刻变化，教与学方式改革创新的氛围日益浓厚，基础教育课程教学改革形成新气象。这个行动方案规划了未来几年的工作目标，"泰州师说"必须结合泰州实际，踔厉奋发，形成泰州的经验。围绕核心素养的新时代，我们明确了工作的重点：大单元主题教学来了，集体备课怎样做才更有效？"双减"政策实施后，精准作业如何设计与实施？新课程实施之后，学业质量水平测试如何分析？教育部推动国家级精品课开发，泰州如何走在全国前列？教育高质量发展，教师的核心素养要有哪些变化？面对复杂的家长，如何开展有效沟通？面对跨学科主题学习，学科教师如何坚守学科本位？教育的新变革，宏观层面又有哪些理论新问题？当然，教育的问题，关键是发展教师，大家共读于漪《岁月如歌》，从人民教育家身上寻找教育的真谛。

2023年的"泰州师说"，得到了一大批热心的专家支持。江苏教育大先生成尚荣围绕教师的专业修炼娓娓道来，袁振国教授围绕教育的高质量发展多方解读，李政涛教授畅谈教师的新能力，郑毓信教授鞭辟入里地辨析数学教学的基本问题，仲稳山教授贴近实际剖析心理案例。名家说教育，回答了教育发展的关键问题，能够给泰州的教育工作者以启迪。3位国家级名师主动参与，23位特级教师分享观点，泰州24位名师积极参与。名师云集、名家荟萃，这为今年的"泰州师"说增加了亮点。

"泰州师说"强化了审查的力度，确保方向正确。2023年3月，开展了第一次审稿活动，每稿必审，不留死角。2023年4月，开展了第二次审稿活动。2023年5月，对点评专家的稿件进行审读。2023年6月20日，与出版社一起对书稿进行了第一次全方位审读；2023年6月25日，与出版社一起对书稿进行了第二次全方位审读。开发团队在陆瑢局长、曹浩明主任的带领下，精益求精；其情其景，令人感动！第一次拍摄、第二次拍摄时，都有老师出现"一阳""二阳"的情况，但大家在身体好转之后立刻投入工作，把自己最好的一面呈现给泰州教师，这种敢于负责、勇于奉献的精神，令人敬佩！

　　"泰州师说"能够满足大家的要求，是因为有几支队伍在默默奉献：拍摄制作非常辛苦，李念民团队默默坚守、不断创新；书稿编辑异常复杂，凤凰出版社的编辑孜孜以求、无怨无悔；网络学习涉及面广，电教馆、袁素屏团队攻坚克难、服务第一；学习评价责任重大，胡唐明、王帆团队殚精竭虑。没有这些团队的付出，就不会有如此的成就，我要向这些支持我们工作的朋友表示由衷的敬意。

　　"泰州师说"走过了十年的路程，有艰辛、有痛苦，但是我们在痛苦中前行，我们在痛苦中享受喜悦。正是有了泰州市教育局万永良局长的支持，正是有泰州4万多教师的支持，我们才有了工作的动力。路漫漫其修远兮，吾将上下而求索。

魏本亚

2023 年 8 月 1 日于徐州